START UP

労働法判例50!

HANREI

大木正俊　植村　新
鈴木俊晴　藤木貴史

有斐閣

＼ LET'S START UP!! ／

はしがき

W氏（編集者）：　さあ，始まりました！　労働法教科書私の推し本発表会！　本日は，名だたる大学教員の皆様をお迎えし，学びやすい労働法教材を紹介してもらいます！　皆さん，準備はよろしいですか？

F氏：　私の推しはO先生らによる『ストゥディア労働法』です。無駄な情報をそぎ落とし，最も重要なポイントだけを洗練された形で提示している本です。基礎から応用まで，的確なバランスでカバーしている点も秀逸です。短時間で全体像をつかみ，その後の学習の足がかりにもなる。労働法の学習の第一歩に最適です。

W氏：　コンパクトでありながら，本質をしっかり押さえているということですね！

O氏：　私は，M先生の『プレップ労働法』を推します！　この本の魅力は何と言っても，軽妙な語り口です。絵文字も交えたユーモアたっぷりの文章に，思わずクスッと笑ってしまう表現が随所に散りばめられています。それでいて，解説の的確性は失われていません。「笑っているうちに学んでしまう」。夢のような教科書，名著です！

W氏：　楽しみながら学べるというのは，学生にとって大きな魅力ですね！

S氏：　M先生の『労働法』もいいですよ。専門家から実務家まで，幅広い層に支持されている本ですが，私はあえて第１章の「労働法の歴史と機能」を推したい。ここを読むことで，単なる法律の解釈を超えて，労働法がどのように形成され，どのような社会的役割を果たしてきたのかが理解できます。歴史を知ることは，今後の法制度のあり方を考えるうえでも重要です。

W氏：　労働法を理解するための，盤石な基礎を築けるというわけですね！

U氏：　H先生による『ジョブ型雇用社会とは何か』は新書ですが教科書としても使えます。伝統的な日本型雇用慣行とジョブ型雇用を対比させながら解説した本ですが，労働法の法理が日本型雇用慣行と密接に結びつきながら形成・

発展してきたことが鮮やかに説明されています。実務と法の結びつきを知る上で格好の本だと思います。

W氏： 理論だけでなく，実際の働き方に直結する内容というのは，学生にも響きそうです！

W氏： さて，ここまで4冊の素晴らしい教材をご紹介いただきました。どれも優れた教科書ですが，より深い理解のためには，判例を通じた学習が欠かせません。

F氏 ： 確かに，どの教科書も理論的な解説がしっかりしていますが，判例を学ぶことで，制度の運用や法の趣旨をより具体的に理解できますね。

O氏： 特に労働法は，実際の裁判例を通じて法の解釈や適用の実態を知ることが重要です。良質な判例教材があれば，学習効果が飛躍的に高まります。

W氏： そこで登場するのが『労働法判例50！』です！ 重要な判例を50に厳選し，簡潔な事案紹介，丁寧な解説，判示事項の要点を示すガイドを備え，重要箇所には下線を引くことで，効率よく判例のエッセンスを学べる構成にしました。さらに関連判例も提示し，発展的な学習へと導きます！

S氏 ： これは素晴らしい！ 判例集はすでに何種類かありますが，本書は新しいタイプですね。読者にもやさしく，かつ学習の幅を拡げることができる理想的な本です。

U氏： 労働法を学ぶすべての人にとって，心強い味方になりそうですし，実務的な観点からも必携の一冊ですね！

W氏： ということで，皆さんもぜひ『労働法判例50！』を活用し，労働法の世界を楽しく学んでください！

＊以上の会話は著者の一人である大木の創作です。実在の人物や団体などとは関係ありません。

＊編集者注：文中で取り上げられた教科書は，小畑史子＝緒方桂子＝竹内（奥野）寿『労働法』（有斐閣ストゥディア），森戸英幸『プレップ労働法』（弘文堂），水町勇一郎『労働法』（有斐閣），濱口桂一郎『ジョブ型雇用社会とは何か』（岩波書店）だそうです。

2025年1月

著者を代表して　大木正俊

著者紹介

 ①私と労働，②執筆時に考えていたこと

大木正俊

早稲田大学教授 Masatoshi Ohki

① 小学校の入学式の日，校門をくぐり，短く細い桜並木を歩きながら，「これが定年まで続く長い労働の第一歩なのか」と，暗澹たる気持ちになりました。あの頃の自分に「楽しく働ける素敵な職業人生が待っているよ」と伝えてあげたいです。

② これまで「研究する人」として関わってきた研究者仲間と，「教える人」として議論を交わせたことが，新鮮でした。学生の理解を深めるため，皆さんがさまざまな工夫を凝らしていることを知り，学ばされました。

執筆担当：Chapter Ⅰ・Ⅴ，Introduction Ⅰ-1・Ⅱ-1・Ⅲ-3・Ⅴ-1，判例 01・02・05～08・26・27・34・35・48～50

植村 新

関西大学教授 Arata Uemura

① 法科大学院で受けた労働法の授業が面白くて，同級生の大半が法曹になる中，研究者の道を選びました。とても悩みましたが，最後は「人生は一度きり」と考えて決心しました。

② 私が感じた労働法の面白さを少しでもお伝えできればと思いながら解説を作りました。個人の生活（ミクロ）と社会の構造（マクロ）の双方に直接関わるダイナミックさを味わっていただけたら嬉しいです。

執筆担当：Chapter Ⅲ，Introduction Ⅲ-2，Ⅳ-3，判例 04・28～33・43～47

鈴木俊晴

早稲田大学教授 Toshiharu Suzuki

① 社会学専攻だった大学 3 年生のとき，たまたま受講した佐藤博樹先生の「人事労務管理」の講義が衝撃的に面白くて，それ以来ずっと人事や労働法を勉強しています。

② できるだけ簡潔に書くことを心掛けていたのですが，簡潔に書こうとすると情報が抜けて逆に分かりにくくなる，という矛盾に苦しんでいました…。

執筆担当：Chapter Ⅱ，Introduction Ⅱ-2・3，判例 09～21

藤木貴史

法政大学准教授 Takashi Fujiki

① 大学入学と共に上京したときは，研究者として働くとは思いませんでした。どうにか人前で話せているのは，学生時代の合唱部の経験のおかげかもしれません。

② 労働法は，身近であるのと同時に，法律学の応用編でもあります。注や図表が，みなさんのイメージを喚起する手助けになりますよう。

執筆担当：Chapter Ⅳ，Introduction Ⅲ-1・4・Ⅳ-1・2，判例 03・22～25・36～42

Contents

目次

2. 不当労働行為

3. 労働協約・団体行動

Chapter V — 労働市場法 167

労働市場法

本書の使い方

① タイトル

この項目で学ぶことを示しています。

② 事件名

当該判例の内容に関わる事件名を記載しています。よく使われる事件名がある場合にはそれに準じていますが，事件の内容がわかりやすくなるような本書オリジナルの事件名をつけたものもあります。

③ 判例

この項目で取り上げる判例です。この場合，東京高等裁判所で平成17年5月31日に出された判決のことです。詳しくは，「凡例」（p.x）を参照してください。

④ 出典

判決文・決定文の全文が，ここに掲げた書誌に掲載されています。学習が進んできたら，ぜひ原文にあたって，より理解を深めてください。「民集」「労判」などの略語については，「凡例」（p.x）を参照 してください

事案

この事件のおおまかな内容です。

どんな事案に対してどんな判断が示されたかを順番に確認することが大事！ まずは事案を丁寧に読んでみよう！

---

①　②

37

事業譲渡における特定承継とその修正

勝英自動車学校（大船自動車興業）事件

東京高裁平成17年5月31日判決（労判898号16頁）

③　④

事案をみてみよう

図

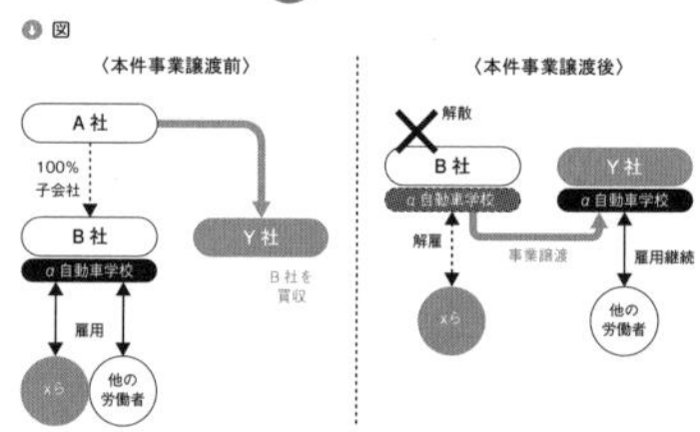

Xら8名は，α自動車学校を経営するB社の従業員であった。B社は，A社の100% 子会社であったが，自動車学校の入校者数・売上高の減少や，売上に占める人件費の割合が88% と高騰していたため，営業損失が1億円を超えていた。

B社の経営再建が可能と判断したY社は，A社からB社を買収した。その後，人件費削減が必要と判断したB社新経営陣は，従業員に対し，約1か月後に雇用関係を終了するので退職届を提出してほしいこと，退職届を提出した従業員はY社で雇用すること（ただし賃金額は約15% 減），一定期日までに態度を明らかにしない者は退職届なしの扱いとすること等を伝えた。Xらはこれに反発し，退職届を提出しなかった。

約1か月後，Y社は，B社からα自動車学校に関する事業の全部を譲渡された（本件事業譲渡[*1]）。本件事業譲渡契約においては，「Y社は，事業譲渡日以降は，B社の従業員の雇用を引き継がない。ただし，Y社は，B社の従業員のうち……〔一定期日までに〕Y社に対し再就職を希望した者で，かつ同日までにB社がY社に通知した者については，新たに雇用する」と規定されていた（本件規定）。また同日B社は，株主総会の決議を経て会社を解散し，Xら8名を含む従業員11名を，就業規則所定の「やむを得ない事業上の都合」により解雇した（本件解雇）。そこでXらは，Y社に対し，自らの労働契約が承継されているとして地位確認等を請求した。

＊1｜営業譲渡
本判決が下された当時は「営業譲渡」と呼ばれていた。現在では「事業譲渡」が法律上の用語なので，便宜上，事案・判決を全て「事業譲渡」に書き改めた。

読み解きポイント

① 事業譲渡において，労働契約の承継の原則は何だろうか。
② 裁判所は，なぜ解雇についての判断をしたのだろうか。
③ 裁判所は，本件事業譲渡の内容をどのように理解したのだろうか。

126

読み解きポイント

以下の判決文・決定文を読むときにどのようなところに着目すればよいか，意識するとよいポイントを説明しています。

判決文・決定文

裁判所が示した判断をまとめた部分です。全文は実際にはもっと長いものですが，ここでの学習に必要な部分を抜き書きしています。判決文・決定文の中でも，特に大事な部分に下線を引いています。

判決文・決定文は、この事件について裁判所がどう判断したか，という部分。言い回しや言葉づかいが難しいところもあるけれど，がんばって読んでみよう！

判決文を読んでみよう

(1)　会社「解散を理由とする解雇は，特段の事情のない限り，……有効である」。しかし，B 社と Y 社との間で，(i) α 自動車学校の事業に従事させるため，B 社と従業員との労働契約を Y 社に移行させる，(ii) ただし，賃金等の労働条件の低下に異議のある従業員については個別に移行から排除する，(iii) 排除の手段として，B 社従業員の全員に退職届を提出させ，提出者のうちから Y 社が再雇用するという形式を採るものとし，退職届を提出しない従業員は会社解散を理由に解雇する，との「合意がされたと認められる」(以下，本件合意)。このような本件「解雇は，……解雇権の濫用として無効である」。

(2)　事業譲渡「に伴い譲渡人がその従業員と締結していた労働契約が当然に譲受人に承継されるものではない[*2]」。X らの労働契約が Y 社に承継されるかは，「Y 社と B 社との間でその旨の特別の合意が成立しているか否かによることとなる」。

(3)　本件合意中，(ii)・(iii) の「合意部分は，民法 90 条に違反するものとして無効になる……。したがって，上記合意は，B 社と従業員との労働契約を，α の事業に同従業員を従事させるため，Y 社との関係で移行させるという原則部分のみが有効なものとして残存することとなる」。なお，本件規定も，本件合意と「符節を合わせたものとして，民法 90 条に違反して無効になる」。

(4)　本件解雇が無効となることに伴い，B 社の従業員としての地位を有していた X らは，「B 社と Y 社との上記合意の原則部分に従って……労働契約の当事者としての地位が承継されることとなる」。控訴棄却。

*2｜譲渡人・譲受人
本件の譲渡人はB社，譲受人はY社を指す。

左右のスペースで，この事案の登場人物の紹介，発展的な内容や，知っていると役立つことを付け加えています。参考にしながら読んでみてください。

Chapter — Ⅲ — 労働契約法

この判決が示したこと

① 事業譲渡において，労働契約は特定承継が原則となる。
② 解雇が無効であるため，事業譲渡時，XらはB社の従業員である。
③ 本件事業譲渡により，Xらを含むB社の従業員全員の労働契約が，Y社に承継された。

この判決・決定が示したこと

ここまでに読んだ判決文・決定文が「結局何を言いたかったのか」「どんな判断をしたのか」を簡単にまとめています。〔読み解きポイント〕にも対応しています。

解説

Ⅰ．口に出したら嘘になる？：本判決の論理と契約解釈

日本には，事業譲渡に関する明文のルールはない[*3]。譲渡会社と譲受会社が合意しない限り，労働者の労働契約は承継されないこと（特定承継）が原則である（**判決文 (2)**）。本判決は，そうした状況を前提に，「契約解釈」，「部分無効」等の技巧的手法により，労働者の保護を図っている。本判決は，大きく 3 段階に分かれる。

第 1 段階は，B 社による解雇が，労働条件の低下を強制しており無効である，と判断した部分である。これにより，事業譲渡の段階において，X らは B 社に在籍していたことが確認された。労働条件変更については，労働協約（[判例 **43**]）や就業規則（[判例 **26**]・[判例 **27**]）の変更，または個別合意が必要になることを確認しよう。

*3｜メンバーシップ型雇用と事業譲渡
職務を特定せずに労働者を採用する日本的雇用慣行のもとでは，仕事は労働者に一時的に割り当てられたものに過ぎないことも多く，事業譲渡のルール設定が難しい。これに対し，労働者に特定の職務のみを割り当てる（いわゆるジョブ型）働き方が主流のヨーロッパでは，事業譲渡においても包括承継が原則である。仕事が移転すれば，その仕事をする労働者も移転するのである。

127

解説を読むと、この判例の意義や内容をより深く理解できるよ！

解説

用語や考え方，背景，関連事項など，この判例を理解するために必要なことを説明しています。

How to use

凡例

 判例について

略語

〔裁判所〕

- 最大判（決）……… 最高裁判所大法廷判決（決定）
- 最判（決）………… 最高裁判所判決（決定）
- 高判（決）………… 高等裁判所判決（決定）
- 地判（決）………… 地方裁判所判決（決定）

〔判例集〕

- 民集 …………………… 最高裁判所民事判例集
- 刑集 …………………… 最高裁判所刑事判例集
- 労判 …………………… 労働判例
- 労経速 ………………… 労働経済判例速報
- 判時 …………………… 判例時報
- 労委 DB …………… 労働委員会労働委員会関係命令・裁判例データベース

表記の例

最高裁平成 8 年 11 月 28 日第一小法廷判決（労判 714 号 14 頁）
または
最一小判平成 8・11・28 労判 714 号 14 頁

「最高裁判所」の第一小法廷で，平成 8 年 11 月 28 日に言い渡された「判決」であること，そしてこの判決が「労判」（労働判例）という判例集の 714 号 14 頁に掲載されていることを示しています。

法令名について

本文中に引用された法律の名称や条文は，わかりやすさを考慮し，原則として以下の略称を用いました。

- 労基法 …………… 労働基準法
- 労契法 …………… 労働契約法
- 労組法 …………… 労働組合法
- 労災保険法 …… 労働者災害補償保険法
- 労働施策総合推進法 …… 労働施策の総合的な推進並びに労働者の雇用の安定及び職業生活の充実等に関する法律
- 男女雇用機会均等法（均等法）…… 雇用の分野における男女の均等な機会及び待遇の確保等に関する法律
- 障害者雇用促進法 …… 障害者の雇用の促進等に関する法律
- 高年齢者雇用安定法（高年法）…… 高年齢者等の雇用の安定等に関する法律
- 働き方改革関連法 …… 働き方改革を推進するための関係法律の整備に関する法律
- 労働契約承継法（承継法）…… 会社分割に伴う労働契約の承継等に関する法律

判決文・条文などの引用について

「　」で引用してある場合は，原則として原典どおりの表記としていますが，字体などの変更を行ったものや，濁点・句読点，ふりがな，下線，傍点などを補ったものがあります。引用の「　」内の〔　〕表記（小書き）は，著者による注であることを表します。

 その他

村中孝史＝荒木尚志編『労働判例百選〔第 10 版〕』の引用は，〔百選 2〕のように示しました。数字は百選の項目番号です。

総論

本章で学ぶこと

労働法の登場人物

労働法が対象とするのは雇用という働き方である。人間は狩猟採集による自給自足の時代からずっと，しごとをする（＝はたらく）ことで生活をしてきたが，他人の命令を受けて就労するという働き方（雇用）は，産業革命で機械による大量生産が可能となってから普及した。

雇用という働き方が普及した18世紀当時，民法のルールは当事者が対等な関係にあることを前提としていた。しかし，労働契約においては，使用者（雇う側）は労働者（雇われる側）と比べて強い立場にある。たとえば，雇用においては，労働者は使用者の指揮命令のもとで働くことを義務づけられており，使用者の命令に従わなければならない（法的にその命令が有効かは別問題だが）。また，経済的な面においても使用者は強く，労働者を一人ぐらい解雇しても使用者の経済状況がゆらぐことはあまりないが，労働者にとって，解雇は生活の糧を失う大問題である。以上のように，労働者は，使用者に対して従属しているのである（従属性）。

従属性があるがゆえに，労働者は，使用者からの無理な要求にも同意せざるを得ない。対等な関係であることを前提に，当事者の合意を尊重する民法のルールのもとでは，このような労働者による同意であっても法的には原則として有効とされ，第三者がその内容に介入することはできない。しかしながら，このように不本意ながらなされた労働者の同意に基づく労働者と使用者の「合意」は，実質的には使用者による一方的決定に過ぎない。これが法的に有効とされてしまうと，使用者は容易に不当な労働条件で働かせることができてしまう。結果として，雇用という働き方が普及した当時は酷い労働条件で働く労働者が大量に発生した。労働法は，この対等を前提とした民法のルールを修正して，その酷い状況を解消するために生まれた法分野である。

この **Chapter** では，労働法の基礎的枠組みを形成する，労働者および使用者の概念に係る裁判例，そして労働関係の規律にしばしば関与する過半数代表者に係る裁判例を取り上げる。

Contents

Introduction

労働法の登場人物

1. 労働法は君を守るよいつまでも

学生時代はブラックバイトに巻き込まれちゃって，サービス残業とか３週間休みなし勤務とかさせられてたから，今度入社するフデバコ社ではそういうことがないように労働法を勉強しておきたいな。でも，労働法ってなんだろう？

誰かに雇われ，その指示のもとで働いて報酬を得ている場合（雇用という働き方だ），法の世界では労働契約（雇用契約）が締結されていると捉えられる。労働契約は契約だから，民法のルールによって規律される。

「民法のルールが適用されるなら民法の授業や教科書で労働契約も扱えば十分で，労働法なんか要らないんじゃないの？」と思った人もいるだろう。でも，労働契約は普通の契約とは違う特殊な契約で，民法のルールだけではうまくいかなかった。なぜなら，労働者は使用者に対して交渉力が弱く，従属的な立場におかれているからだ（従属性）。

労働者は，解雇されたくないとか，使用者の言うことを聞くことが仕事だからという理由で，使用者の厳しい要求を受け入れざるを得ない弱い存在である。報酬なしに残業（サービス残業）をさせられたり，満足に休日をもらえなかったりするブラック企業が少なくないのは，労働者は本質的に対使用者で弱い立場にあるからにほかならない。

労働法は，このような現実を背景に，民法のルールを修正し，使用者と労働者の不均衡から生じる弊害を解消するためにさまざまなルールを設定している。ルール設定において大きな役割を果たすのは法律であり，主なものとして労働基準法（労基法），労働契約法（労契法），労働組合法（労組法）が挙げられる。実は，「労働法」という名の法律は存在せず[*1]，労働法というのはこれらの法令を中心とした労働者保護のための法規制を総称したものである[*2]。

＊1｜労働法〇条

残念ながら，少なからぬ労働法教員が毎年試験で「労働法〇条」と書かれた答案に遭遇する。「基本的な法律の名前も知らないのか！」とその時点で大きな×を心の中でつける教員もいるかもしれないので（この本の筆者たちはそうではない），学生の皆さんは絶対に間違えないようにしてほしい。

＊2｜労働法の体系

労働法は，対象とする関係に応じて3つの領域に分けられる。第1は，個々の労働者と使用者との契約関係を規律する個別的労働関係法。第2は，労働組合という労働者の集団を承認し，労働組合と使用者（あるいは使用者団体）との関係を規律する集団的労使関係法，第3は，求職者（未来の労働者）と求人者（未来の使用者）のマッチングなど，労働市場における労働力の需給関係を規律する労働市場法である。

2. 労働者

(1) 労働法関連の法律は「労働者」に適用される

テレビで私の好きなアイドルが「一番忙しかった時期は６か月くらい休日が全くなかった」って言ってたよ。でも，労働基準法には労働者には週１日の休日を与えなければいけないという規定があるよね。芸能事務所はその子に休日を与えないと法律違反じゃないのかな？

労働法では，労基法や労契法，労組法などの労働者を保護するための法律が用意されている。では，これらの法律は，どんな人たちに適用されるのだろうか。テレビ番組で司会をしているあのタレントなんかも，ディレクターの指示のもとで働いて報酬をもらっているから，彼らにもこれらの法律は適用されるのだろうか。

図

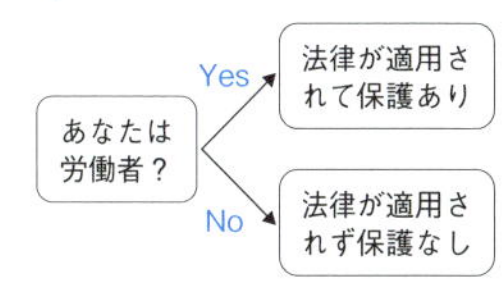

実は労働法分野の法律では，労働者であるか否かが，法律による保護を受けるうえで決定的に重要になってくる（図を参照)。すなわち，労働者であれば法律の適用対象となり法律上の保護を受けられるが，労働者でない場合には法律が適用されず，保護も受けられなくなる。したがって，労働者であるか否か（労働者性）は，労働法の適用範囲を決める重要な問題である。

(2) 法律が異なれば労働者の範囲も異なる

学説上はさまざまな議論があるが，一般に，労働者概念は個々の法律ごとに異なる，つまり，労働者とされる範囲は法律ごとに決まるものであり，それゆえ，法律の適用範囲も法律ごとに異なっていると考えられている。だから，ある法律では労働者ではないけれど，別の法律では労働者であるということもあり得ることになる。

法律ごとに設定される労働者概念のうち，重要なのは労基法における労働者（労基法上の労働者）と労組法における労働者（労組法上の労働者）である。

労基法は，労働法の中でも，労働者と使用者の労働契約関係を規律する個別的労働関係法と呼ばれる分野の中心となる法律である。労基法上の労働者には，労基法のみならず，同法を基礎とした他の法律（男女雇用機会均等法，労災保険法，育児介護休業法，労働者派遣法など）が適用されることになるし，労基法と並んで個別的労働関係法におけるもう一つの主要法律である労契法の労働者概念も労基法上の労働者とほぼ同一とされているからだ[*3]。

労組法は，労働法のうち集団的労使関係法と呼ばれる分野の中心的な法律である。集団的労使関係法は，労働者が団結して結成される労働組合に関わる法分野であり，労働組合法は，労働組合に関わるさまざまな制度に関する定めをおいている。労働組合法上の労働者の概念は，労基法上の労働者の概念よりも広く，失業者やプロ野球選手[*4]などの一部の自営業者も含まれると考えられている。

＊3｜労契法上の労働者

労基法，労組法とならんで重要な法律である労契法における労働者の概念は労基法上の労働者概念とほぼ同一であると考えられている。労基法と労契法で異なるのは，労契法が「事業」に使用されることを求めていない点である。これにより，労契法上の労働者の範囲は労基法のそれよりも若干広くなっている。

＊4｜スポーツ選手は労働者か

プロ野球選手は，労基法上の労働者とは考えられていないが，労組法上の労働者であると考えられており，選手が結成した労働組合日本プロ野球選手会は，東京都労働委員会の資格認証も受けて労働組合として活動している。同選手会は，2004年にはストライキもおこなって世間の注目を集めた。日本のプロスポーツではこのほかに労働組合日本プロサッカー選手会なども労働組合の資格認証を得ている。

3. 使用者

大変だ！　大変だ！　わがフデバコ社がペンケース社に買収されちゃったよ。ペンケース社は，フデバコ社の従業員の労働条件を引き下げろって経営陣に圧力をかけているみたい。労働条件を引き下げられるのは困るから労働組合に入って，なんとかならないか交渉してみたんだ。でも，社長には「ペンケース社の言いなりにならざるを得ないから，私はどうしようもできない」って言われちゃった。それならばとペンケース社に交渉しに行ったら「われわれはフデバコ社従業員の使用者じゃないから交渉に応じる義務はありません」って門前払いされたんだ。

使用者は，通常は労働者と労働契約を締結している事業主であり，労働契約の一方当事者として労働者に賃金を支払う義務を負っている。もっとも，労基法は，実際に労務の管理をする者にも法が求める内容を実施させる必要があることから，事業主だけでなく労務管理の担当者も使用者とし，同法に定められた義務（たとえば週 1 日の休日付与義務など）の履行主体としている（労基法 10 条[*5]）。

また，労働組合と団体交渉などをおこなう使用者も労働者の契約の相手方が原則となる。しかし，エンピツくんの事例にみられるように，労働条件の決定において事実上決定権を握っているのは，労働契約の直接の相手方であるフデバコ社ではなく，その親会社であるペンケース社の場合もある。そうだとすると，この労働条件引下げについてはフデバコ社よりもペンケース社に「使用者」としての責任を負ってもらう方がよいと考えるべきかもしれない。このように，使用者の概念は法律の趣旨や問題となる事項にあわせて，異なりうるものと考えられる。

＊5｜労基法 10 条
同条は「この法律で使用者とは，事業主又は事業の経営担当者その他その事業の労働者に関する事項について，事業主のために行為をするすべての者をいう」と定めている。「労働者に関する事項」には，労働条件の決定や労務管理の実施，業務命令の発出や具体的な指揮監督等すべてが含まれると解されている。上記の事項について「事業主のために行為をする者」であれば「その事業の……すべての者」に該当し，使用者となる。

01 個別的労働関係における労働者

横浜南労基署長（旭紙業）事件

最高裁平成8年11月28日第一小法廷判決（労判714号14頁） ▶百選1

事案をみてみよう

Xは，自ら所有するトラックをA社の工場に持ち込み，同社の運送係の指示に従い，同社製品の運送業務に従事していた者（傭車運転手[*1]）である。Xの業務や報酬等の実態は以下の通りである。(1)A社による業務の遂行に関する指示は，原則として，運送物品，運送先および納入時刻に限られ，運転経路，出発時刻，運転方法等には及ばず，また，運送業務の合間に運送以外の仕事を指示されることはなかった。(2)始業・終業時刻が定められていたわけではなく，当日の運送業務を終えた後は，翌日の最初の運送業務の指示を受け，その荷積みを終えたならば帰宅することができ，翌日は出社せずに，直接最初の運送先に対する運送業務をおこなうこととされていた。(3)報酬は，トラックの積載可能量と運送距離によって定まる運賃表により出来高が支払われていた。(4)トラックの購入代金，ガソリン代，修理費，運送の際の高速道路料金等はすべてXが負担していた。(5)報酬の支払にあたっては，所得税の源泉徴収および社会保険料の控除[*2]はされておらず，Xは，報酬を事業所得として確定申告していた[*3]。

Xは，A社の倉庫内で業務中に足を滑らせて転倒し，傷害を負った。そこでXは，Y（労基署長）に対して労災保険法所定の療養補償給付などの請求[*4]をしたが，YはXが同法の「労働者」に該当しないため，同法の適用対象ではないとして，これらの給付の不支給処分をおこなった。そこで，Xは処分の取消しを求めて提訴した。

読み解きポイント

① 最高裁は，労基法上の労働者性の判断について，どのような事情を考慮し，どのような結論を導いたか。

② 労基法上の労働者性が否定された場合，労災保険法上の労働者性はどのように評価されるか。

判決文を読んでみよう

「右事実関係の下においては，Xは，業務用機材であるトラックを所有し，自己の危険と計算の下に運送業務に従事していたものである上，A社は，運送という業務の性質上当然に必要とされる運送物品，運送先及び納入時刻の指示をしていた以外には，Xの業務の遂行に関し，特段の指揮監督を行っていたとはいえず，時間的，場所的な拘束の程度も，一般の従業員と比較してはるかに緩やかであり，XがA社の指

*1 | 傭車運転手

自らトラックなどの車両を所有し，なおかつ他人からの委託に基づき運送業務に従事する運転手である。事業に必要な車両を自ら所有する点で事業者的な性格をもちつつも，相手方から種々の指示を受けていることから労働者的な性格ももっているため，労働者であるか否かが問題となる。

*2 | 賃金からの控除

労働者の賃金からは，所得税や社会保険料（年金保険，健康保険，雇用保険（失業時の備えなど））があらかじめ天引きされて支払われる。賃金からの控除については賃金全額払の原則（労基法24条1項）との関係が問題となる。この点については，［判例**09**］を参照。

*3 | 税法上の分類

労働者の賃金は所得税の所得区分においては「給与所得」に分類される。これに対して，事業から生ずる所得は「事業所得」とされる。本件の原告（X）は，確定申告において自らの所得を（労働者が得る）賃金ではなく，事業所得と捉えていたことになる。

*4 |

労災保険の仕組みについてはⅡ-3 **Introduction** および［判例**18**］～［判例**21**］を参照。

揮監督の下で労務を提供していたと評価するには足りないものといわざるを得ない。そして，報酬の支払方法，公租公課[*5]の負担等についてみても，Xが労働基準法上の労働者に該当すると解するのを相当とする事情はない。そうであれば，Xは，専属的にA社の製品の運送業務に携わっており，同社の運送係の指示を拒否する自由はなかったこと，毎日の始業時刻及び終業時刻は，右運送係の指示内容のいかんによって事実上決定されることになること，右運賃表に定められた運賃は，トラック協会が定める運賃表による運送料よりも1割5分低い額とされていたことなど原審が適法に確定したその余の事実関係を考慮しても，Xは，労働基準法上の労働者ということはできず，労働者災害補償保険法上の労働者にも該当しない……。」

＊5｜公租公課

公租は租税の負担，公課は社会保険料の負担をさす。

この判決が示したこと

① XはA社の指揮監督下で労務を提供していたとはいえず，報酬の支払方法，公租公課の負担等をみても労働者性を認めるのを相当とする事情もない。そうであれば，Xの専属性，指示を拒否する自由の欠如，始終業時刻のA社による事実上の決定，報酬の決定方式を考慮してもXは労基法上の労働者に該当しない。

② 労基法上の労働者ではない場合，労災保険法上の労働者にも該当しない（したがって，当該就労者は，労災保険の給付を受けることはできない）。

解説

Ⅰ．労働者性の判断枠組みと本判決における判断

Introduction で示したように，「労働者」概念は労働関係法規の適用範囲を定める役割を果たしており，通説・判例によれば，法規ごとにその範囲は異なりうるものとされている。

本件で問題となったのは，労災保険法上の労働者性であるが，労災保険法上の労働者と労基法上の労働者は同一の概念と解されているため[*6]，本判決は労基法上の労働者性に関わる先例としての意味をもつ。

労基法9条は，労働者を「事業又は事務所……に使用される者で，賃金を支払われる者」と定義する。ある就労者が9条の労働者に該当するかは，雇用や請負などのように当事者が定めた契約の形式とは関係なく，就労実態に基づいて判断されなくてはならないと考えられている。当事者の合意に委ねると，交渉力が強い使用者の思うままに労働関係法規の適用回避ができてしまうからである。

労基法9条の労働者該当性の判断にあたっては，「使用される者」（使用従属性）の解釈が重要となる。この点，1985年の「労基研報告」（労働省労働基準法研究会報告「労働基準法の『労働者』の判断基準について」）が，従来の裁判例の示した判断基準を整理しており，参考となる[*7]。すなわち，同報告では「使用従属性」に関する判断基準として，(a)仕事の依頼，業務従事の指示等に対する諾否の自由の有無，(b)業務遂行上の指揮監督の有無，(c)拘束性の有無，(d)代替性の有無，(e)報酬の労務対償性が示されており，また，労働者性の判断を補強する要素として，(f)事業者性の有無，(g)専属性の程度，

＊6｜労災保険法上の労働者

労災保険法には「労働者」の定義を定めた規定は存在しない。しかし，労基法にはもともと労働災害に関する規定があり，労災保険法は，当初労基法に定められていた保護を拡大するなどの趣旨で制定されたものであるから，一般に，両法の労働者概念は同一であると理解されている。最高裁も，労災保険法上の労働者が，労基法上の労働者と同一の概念であるという立場をとったうえで，Xは労基法上の労働者でないため，労災保険法上の労働者にも該当しないという論理で結論を導いている。

＊7｜労基研報告の法的効力

労基研報告は法令上の根拠がない文書に過ぎないため，それ自体に法的効力はない。しかし，下級審判決には同報告が示した労働者性の判断基準を採用もしくはその基準を参考にした判断基準を用いるものが多いため，同報告は，労働者性の判断において，事実上大きな影響力をもっている。

(h)その他（採用，委託等の際の選考過程や報酬の税務・社会保険上の取扱い，服務規律，退職金制度および福利厚生を適用していることなど）が示されている。

下級審判決の多くは，労基研報告の諸要素を総合考慮して，労基法上の労働者性を判断しているが，本判決を含めてこれまで最高裁は，労基法上の労働者性について個別の事案の当否の判断をしたことはあるが，一般的な判断枠組みを示したことはない。もっとも，本判決は指揮監督下の労務提供であるかを中心に労働者性の判断をしており，また他に挙げた諸要素も労基研報告で取り上げられたものであることから，最高裁も同様の判断要素を重視していると考えられる。

Ⅱ. 本判決における判断および他の職業類型に関する判断

本判決は，一般的な判断枠組みを示さずに以下の判断のポイントのみを摘示して結論を導いた。すなわち最高裁は，(1)業務の性質上当然に必要とされる指示以外には特段の指揮監督をせず，時間的・場所的拘束の程度も他の従業員よりも緩やかだったこと，(2)報酬の支払方法，公租公課の負担等を労働者性否定の要素として，また，(3) A 社専属であったこと，(4) A 社の指示を拒否する自由がなかったこと，(5)始業・終業時刻は，A 社の指示で事実上決定されること，(6)運賃がトラック協会制定の運賃表による運送料より 1 割 5 分低い額とされていたことを労働者性肯定の要素として挙げている。結論として，(1)(2)を重視して労働者性を否定した原審判決を支持した。

裁判例が採用している総合考慮方式では，本件のように労働者性を否定する要素と肯定する要素が混在する場合に，労働者性の有無が何を決定打として決せられるかは明確ではなく，結局のところ各事案の個別の事情を実質的に判断している[*8]。

＊8｜労働者性の肯定例・否定例

労働者性は，個別の事情を考慮して判断されるため，ある職業だからといってただちに労働者／非労働者が決まるわけではないが，これまで，一人親方の大工，映画撮影技師，クラブのホステスなどに労働者性が認められ，証券会社の外交員，NHKの受信料集金受託者，自転車メッセンジャーなどでは労働者性が否定されている。近年では，力士などのスポーツ選手やアイドルやオペラ歌手などの芸能実演家の労働者性も問題となっている。

Ⅲ. 時代は変わる。労働者性はどうだ？

これまで説明してきたように，労働者性判断にあたっての重要な要素は，使用者からの具体的な業務指示の有無や働く時間・場所に関わる拘束の有無などであった。もっとも，近年，サービス業の拡大やデジタル技術の発展に伴う働き方の変化を背景に，時間的・場所的拘束が希薄な就労者が増加している。

これらの就労者は，従来の労働者性の判断枠組みにおいては，労働者と認定されない可能性があるものの，労働者並みに契約の相手方に対しては弱い立場にある者も少なくない。たとえば，アプリなどを用いてデジタルなプラットフォームを介した就労をする者（ライドシェア，フードデリバリーやクラウドワークなど）などがそれにあたる。

仮にこれらの就労者が労働者でないとされた場合，労働法上の保護を受けられず，十分な法的保護が確保されないおそれがある。この問題に対処する上で重要なのは，働き方の変化に応じて労働者性の判断枠組み自体を根本的に見直す必要があるのではないのかという論点である。労働法は，時間と場所を共有した働き方（典型的には工場での労働）を前提に発展してきたが，デジタル技術の進展により，企業は労働者が時間と場所を共有せずとも体系的に労働力を活用できるようになった。現代の企業活動は，労働者性の判断枠組みが形成された時代とは異なる段階に入っており，新しい時代に合わせた新たな判断枠組みが求められていると言えよう。

02 過半数代表者

トーコロ事件

最高裁平成13年6月22日第二小法廷判決（労判808号11頁）　▶百選39

事案をみてみよう

Xは，年度後半の繁忙期[*1]における有給取得や時間外労働などをめぐって上司とトラブルを起こしていたところ，残業を拒否したことなどを理由に勤め先のY社から解雇された。Xは，この解雇が無効であるとして，雇用契約上の地位の確認などを求める訴訟を提起し，訴訟において，解雇が無効である理由の一つとして，当時Y社で締結されていた三六協定[*2]は，Y社の役員，従業員ら全員で構成される「トーコロ友の会」会長が便宜的に締結したものであり，同会の会長は，三六協定締結にあたって労働者の代表として選出された者[*3]でなく，有効な協定ではないとの主張をおこなった。

原審（東京高判平成9・11・17労民集48巻5・6号633頁）は，本件三六協定は親睦団体の代表者が自動的に労働者代表となって締結されたものというほかなく，作成手続において適法・有効ではないため無効であり，したがってXが残業を拒否し，あるいは残業を中止すべき旨の主張をしたからといって，懲戒解雇事由にあたらない等としてXの雇用契約上の地位等を認めた。

*1｜Y社の繁忙期
Y社は卒業記念アルバム等の製造を業とする会社であり，Xは電算写植機オペレーターとして勤務していた。卒業アルバム制作は11月から翌年3月が繁忙期であり，またY社の管理職は，業務の性質上，納期の遅れは許されないと述べていた。

*2｜三六協定
労基法上，使用者は1日8時間，週40時間を超えた就労をさせてはならず（同法32条），また，休日を毎週少なくとも1日付与しなければならない（同法35条1項）。したがって，時間外労働（1日8時間や週40時間を超える労働）や休日労働をさせることは労基法違反となるが，例外的に，労基法36条に定められた労使協定（三六協定という）を締結し，労働基準監督署長に届け出た場合，時間外労働や休日労働をさせても労基法違反とはならない。「三六」の部分は，「サンロク」もしくは「サブロク」と読むのが通常である。サンロク派とサブロク派のどちらが多いかは不明である。

読み解きポイント

① 三六協定の締結主体となる「労働者の過半数を代表する者」（過半数代表者）はどのような手続によって選出しなくてはならないのか。

② 過半数代表者でない者が締結した三六協定の効力はどうなるか。

判決文を読んでみよう

「原審の事実認定は，原判決挙示の証拠関係に照らして首肯するに足り，上記事実関係の下においては，協定当事者が労働者の過半数を代表する者ではないから本件三六協定が有効であるとは認められず，Xが本件残業命令に従う義務があったということはできないとし，Xに対する本件解雇を無効とした原審の判断は，正当として是認することができる。」

この判決が示したこと

① 過半数代表者は，民主的な手続によって選出されなければならない。したがって，親睦団体の代表者が自動的に選出されるような方法では，労基法に定められた

過半数代表者とは認められない。

② 過半数代表者が適正に選出されなかった場合，当該労使協定は無効となる。

解説

Ⅰ．労働法における過半数代表制

労働関係法規においては，しばしば事業場等の労働者の過半数の支持を得た主体（過半数代表）が手続に関与し，労働者の意見を反映させることが保障されている（過半数代表制）。たとえば，労基法では，就業規則の作成・変更[*4]時に労働者の代表の意見を聴取することが使用者に義務づけられている（90条）。本件で問題となった36条では，時間外労働をさせるためには過半数代表と書面で一定の内容を含む協定を締結する必要があると定められている。これらの制度において，過半数代表となるのは，第一に労働者の過半数を組織する労働組合（「過半数組合」）であるが，過半数組合がない場合には，労働者の過半数を代表する者（「過半数代表者」）である[*5]。

日本の労働組合の組織率は16.3％（2023年）と低いため，そもそも事業場に過半数組合が存在しない場合が多い。それゆえ，多くの企業においては過半数代表者が過半数代表となる。

Ⅱ．過半数代表者の選出方法

では，実務上，過半数代表となることが多い過半数代表者はどのように選出すればよいのか。かつては，この点につき労基法には定めがなく，不適切な選出がされる例が多かった。本判決は，このような状況を背景に，本件事実関係の下においては三六協定を締結した者は過半数代表者ではないと判示し，適正な手続による選出が必要とされることを示している。

本判決自体はこの結論のみを示したに過ぎないが，第一審判決（東京地判平成6・10・25労民集45巻5・6号369頁）では，「友の会」が親睦団体であること，その役員は選挙によって選出されるが，その選挙をもって「三六協定を締結する労働者代表を選出する手続と認めることもでき」ないとされており，民主的な選出であっても団体内部の役員選出手続による選出では過半数代表者として認められないとした。

原審判決では，通達[*6]を参照しつつ，適法な選出といえるためには，当該事業場の労働者にとって，選出される者が労働者の過半数を代表して三六協定を締結することの適否を判断する機会が与えられ，かつ，当該事業場の過半数の労働者がその候補者を支持していると認められる民主的な手続がとられていることが必要であると述べる。

現在では過半数代表者の選出に関する定めが労基法施行規則にあり，(1)労基法41条2号にいう管理監督者でないこと，(2)労使協定締結等をする者の選出であることを明らかにして実施される投票，挙手等により選出された者であって，使用者の意向に基づき選出されたものでないことが求められている（労基則6条の2第1項）。

＊3｜労働者の代表

三六協定は，労働者の代表が使用者と締結しなければならない。本文で詳しく述べるように，Xが主張する「労働者の代表」とは，過半数組合または過半数代表者を指す。本件では，親睦会会長がこのうちの過半数代表者に該当するかが争われている。

＊4｜就業規則

就業規則の作成・変更時の手続については，［判例**26**］＊1を参照。

＊5｜過半数代表の役割

過半数代表は，このほかにも賃金の一部控除，変形労働時間制やフレックスタイム制，裁量労働制などの柔軟な労働時間形態の導入や時間外の割増賃金の代替休暇，過半数代表との労使協定による年次有給休暇の時間単位付与などの労基法の諸制度や，労働安全衛生，育児・介護休業，労働者派遣，企業年金などの手続にも関与しており，重要な役割を果たしている。

＊6｜通達

通達とは，各省大臣，各委員会および各庁の長官が，所掌事務に関して，所轄の機関や職員に対して示達する形式の一種である。法令の解釈や運用方針などを示すものが多く，行政の実務を知るうえで重要である。

03 集団的労働関係における労働者

INAXメンテナンス事件

最高裁平成23年4月12日第三小法廷判決(労判1026号27頁)　▶百選3

事案をみてみよう

Y社は，親会社Aの製造した住宅設備機器の修理・補修を業とする従業員約200名の株式会社である。ただし修理・補修業務の大部分は，約590名のカスタマーエンジニア（CE）に業務委託されていた（CEらの就労実態については，**判決文**参照)。

CEらは，Z労働組合に加入し，CEの労働条件の変更等に係る団体交渉を申し入れたところ，Y社は，CEがY社の労働者に当たらないとしてこれを拒絶した。Z組合は労組法7条2号違反の不当労働行為[*1]に該当するとして救済を申し立て，大阪府労働委員会および中央労働委員会（X）はいずれも，団交応諾命令を下した（大阪府労委命令平成18・7・21労委DB，中労委命令平成19・10・3労委DB)。

これに対してY社は，当該命令の取消しを求めて訴訟を提起した。原審[*2]は，労組法上の労働者とは「他人（使用者）との間において，法的な使用従属の関係に立って，その指揮監督の下に労務に服し，その提供する労働の対価としての報酬を受ける者」であるとして，CEらが労組法上の労働者ではないと判断し，団交応諾命令を取り消した。そこでXが上告した。

＊1｜不当労働行為
使用者が行ってはならない違法な行為のこと。不当労働行為の判断は，裁判所ではなく行政機関（労働委員会）が行う（Ⅵ-2 Introdcution 2〔p. 138〕参照)。

＊2｜原審
最高裁判決の場合，最高裁に上告される前の高裁判決のこと。本件では，東京高判平成21・9・16労判989号12頁。

読み解きポイント

① 個別的労働法の適用されない業務委託就労者に労組法は適用されるか。
② 労組法上の労働者を判断するうえで，着目すべき指標は何か。

判決文を読んでみよう

(1)　Y社は，①「CEをライセンス制度やランキング制度の下で管理し，全国の担当地域に配置を割り振って日常的な修理補修等の業務に対応させて」いたうえ，②「各CEと調整しつつその業務日及び休日を指定し」，日・祝日も各CEに交代での業務担当を要請していた。このことから，「CEは，Y社の上記事業の遂行に不可欠な労働力として，その恒常的な確保のためにY社の組織に組み入れられていた[*3]」。

(2)　業務委託契約の内容は，「Y社の定めた『業務委託に関する覚書』によって規律されており，個別の修理補修等の依頼内容をCEの側で変更する余地がなかった」。このことから，Y社が「契約内容を一方的に決定していた」。

(3)　CEの報酬は，「Y社が商品や修理内容に従ってあらかじめ決定した顧客等に対する請求金額」を基礎として「支払われていた」。このことから，CEの報酬は「労

＊3｜組織への組入れ
先行する最高裁判例（CBC管弦楽団事件・最一小判昭和51・5・6民集30巻4号437頁）を意識したものとみられる。ここでいう「組織」は，少なくとも，単一の法人格をもつ「会社」に限定されるわけではない。

務の提供の対価としての性質を有する」。

(4)　①「Y 社から修理補修等の依頼を受けた場合，CE は業務を直ちに遂行するものとされ……CE が承諾拒否通知を行う割合は 1% 弱であった」。②「業務委託契約の存続期間は 1 年間で Y 社に異議があれば更新されないものとされていた」。③「各 CE の報酬額は……Y 社が毎年決定する級によって差が生じており，その担当地域も Y 社が決定していた」。これらに照らすと，「各当事者の認識や契約の実際の運用においては，CE は，基本的に Y 社による個別の修理補修等の依頼に応ずべき関係にあった」。

(5)　CE は，①Y 社が指定した担当地域内で，Y 社から依頼された顧客先で業務を行っており，午前 8 時半から午後 7 時まで Y 社からの発注連絡を受けることになっていた。②顧客先で就労する際，Y 社の制服・名刺を使用し，業務終了時には Y 社に報告書を送付するものとされていた。③作業手順や報告方法，心構えや役割，接客態度等の記載されたマニュアルに沿った業務の遂行を求められていた。これらのことからすれば，「CE は，Y 社の指定する業務遂行方法に従い，その指揮監督の下に労務の提供を行っており，かつ，その業務について場所的にも時間的にも一定の拘束を受けていた」。

(6)　「平均的な CE にとって独自の営業活動を行う時間的余裕は乏し」く，「自ら営業主体となって修理補修を行っていた例はほとんど存在していなかった」。こうした「例外的な事象を重視することは相当とはいえない」。

(7)　「以上の諸事情を総合考慮すれば，CE は，Y 社との関係において労働組合法上の労働者に当たる」。

⇩ この判決が示したこと ⇩

労組法上の労働者性の判断において，次の6つが指標となりうる。**(1)** 事業組織への組入れ，**(2)** 契約内容の一方的決定，**(3)** 報酬の労務対価性，**(4)** 業務の依頼に応ずべき関係にあること，**(5)** 指揮監督下の労務提供，時間的・場所的拘束性，**(6)** 顕著な事業者性がないこと。

解説

Ⅰ. 労働者概念の相対性――雇われていなくても労働者！？

「労働者」は，企業に雇用される従業員に限られず，また法律ごとにその範囲も異なる（**Introduction**〔p. 3〕）。労組法 3 条の「労働者」には，伝統的に，「失業者」のように現に雇用されていない就労者も含まれるとされており，プロ野球選手や，管弦楽団の団員，劇場と個別に出演契約を結ぶオペラ歌手[*4]等も，「労働者」として認められている。憲法 28 条，そして労組法の目的は，労働者の経済的地位の向上であり，その達成のために，労働組合の団結や，団体交渉そして団体行動が奨励されている[*5]。雇用されていなくとも，これらの保護が必要とされる場合はあるからだ。

しかし原審は，「法的な使用従属の関係」，「指揮監督」を過度に強調し，CE らが

＊4｜最高裁 3 判決

新国立劇場運営財団事件判決（最三小判平成23・4・12民集65巻3号943頁）。本判決と同判決，さらに1年後にビクターサービスエンジニアリング事件判決（最三小判平成24・2・21民集66巻3号955頁）は，労組法上の労働者性に関する重要判決である。

＊5｜団体交渉権中心説

憲法28条の目的を，「団体交渉を中心とした労使の自治」に求める有力説もある。この立場に立てば，「団体交渉の保護を及ぼす必要性と適切性」という観点から，**判決文 (1)～(6)** の指標が導かれることになる。

労組法上の労働者ではないと判断していた。本判決の第１の意義は，こうした理解を否定し，労組法の目的に沿った解釈を示した点にある。「指揮監督」を過度に重視することは，労組法の趣旨・目的に反する。

Ⅱ．労組法上の労働者を判断する指標の例示

では労組法上の労働者か否かを判断する指標は何か。本判決の第２の意義は，**判決文 (1)** から **(6)** の具体的な当てはめを通じ，参考となる指標を提示した点である。その内容を見ると，**(1)** ランキング制などを通じて不可欠の労働力と位置づけられていた（＝事業組織への組入れ）か，**(2)** 契約条件を一方的に決められ，内容に交渉の余地がなかった（→交渉力格差），という経済的な力関係が主たる判断指標となっていることが読み取れる。また，**(3)** 報酬が，労務の対価であることも必要になる。労組法３条が「収入によつて生活する」ことを要件としているためである。本件のように，仕事の件数や時間と報酬が連動している場合等は，この要素を肯定しやすいだろう。以上の基本的判断要素では結論を下せない場合，**(4)** 以下の補充的判断要素を加味することになる。この際，労基法上の労働者性の判断とは異なり，厳格な指揮監督が要求されていないことも確認しておこう。

Ⅲ．残された課題

もっとも，本判決は，元請一下請関係の事案における判断である。しかし近年，①フランチャイズ契約[*6]関係にたつコンビニ店長のように事業者性[*7]を帯びつつ働く者や，②デジタルプラットフォーム[*8]からアプリで指示を受ける食品配達員のように時間的・場所的拘束が希薄な働き方をする者など，新たな類型での労働者性が問題となっている。労働法は，時間と場所を共有した働き方（典型的には企業の経営する工場での労働）を念頭において発展してきた一方で，デジタル技術の発展は，企業に対して，労働者が場所と時間を共有しなくても体系的に労働力を利用できる手段をもたらした。現代の企業活動は，労働者性の判断枠組みが形成された時代とは異なる段階に入っており，新しい時代に合わせた新たな判断枠組みが求められていると言えよう。

なお近年では，労組法上の「労働者」でない者にも一定の法的保護を与える法律（いわゆる「フリーランス取引適正化法[*9]」）も制定されている。しかし，個人として働く者に対する保護は，本来労働法が与えるべきであり，安易に，「フリーランス＝労働者でない」と理解すべきではない。労働者性の柔軟な解釈等により，労働法上の保護を与えられないかを第一に検討すべきであろう。

＊6｜フランチャイズ契約
コンビニを例にすると，本部（フランチャイザー）からブランド名や商品の仕入方法，値段などのノウハウの提供を受け，コンビニオーナー（フランチャイジー）が対価を支払う契約。

＊7｜事業者性
6つの指標を検討する前に，コンビニ店主が，店舗運営業務について「独立した事業者として位置付けら」れていることを強調した裁判例があり（セブン-イレブン・ジャパン事件・東京高判令和4・12・21労判1283号5頁），事実上，**(6)** 顕著な事業者性を優先的に検討している可能性がある。

＊8｜プラットフォーム就労
オンライン上のプラットフォーム（PF）に登録した就労者が，同じくプラットフォームに登録した企業から仕事を受注する仕組み。ライドシェアやフードデリバリーのように比較的類型的な仕事から，デザインやビジネスプロジェクトなど高度な仕事まで多様な類型がある。
Uber Japanほか事件・東京都労委命令令和4・10・4労判1280号19頁は，PF就労者が労組法上の労働者に当たると判断した。

＊9｜フリーランス取引適正化法
正式名称は「特定受託事業者に係る取引の適正化等に関する法律」。業務委託契約を受託し，従業員を使用していない事業者（いわゆるフリーランス）について，業務委託内容の書面化や60日以内の報酬支払等を定めている。詳細は鎌田耕一＝長谷川聡編『フリーランスの働き方と法』（日本法令，2023年）参照。

04 集団的労働関係における使用者 朝日放送事件

最高裁平成7年2月28日第三小法廷判決（民集49巻2号559頁） ▶百選4

 事案をみてみよう

Y社はテレビの放送事業を営む株式会社である。P社，Q社はY社からテレビ番組の制作業務を請け負い，R社はQ社がY社から請け負った業務を下請けしていた（以下，P社〜R社を「請負三社」という）。Z組合は番組制作業務を請け負う企業の従業員で組織される労働組合であり，請負三社にはY社に派遣されて業務に従事するZ組合の組合員がいた（図を参照）。

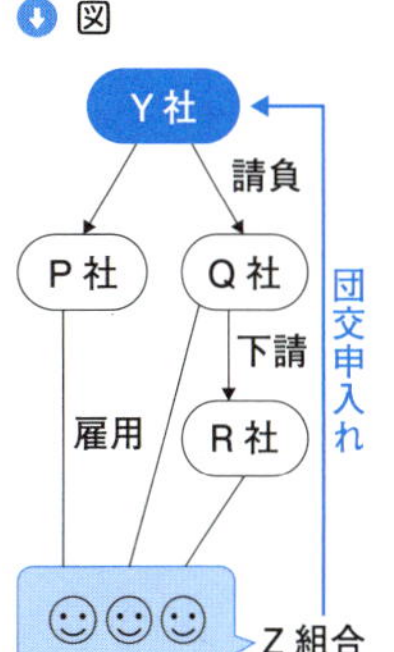

Y社の番組制作は次のように進められていた。①Y社は毎月，請負三社に日ごとの制作番組名，作業の開始・終了時刻，作業場所が記載された編成日程表を交付する，②請負三社は編成日程表に基づいてY社に派遣する従業員を決める（実際には毎回ほぼ同じ従業員が派遣されていた），③請負三社の従業員は編成日程表のほか，Y社が交付する台本・制作進行表に記載された作業内容・作業手順に従いつつ，Y社が支給・貸与する機材を使用して，Y社の従業員と一緒に制作業務に従事する，④作業の進行はすべてY社の従業員であるディレクターの指揮監督下で行われる。ディレクターは進行状況に応じて作業時間帯の変更や作業時間の延長，休憩時間の設定を指示する。

Z組合はY社に対して，賃上げ，一時金の支給，組合員の直接雇用，休憩室の設置を含む労働条件の改善を議題として団体交渉を申し入れたが，Y社は自身が組合員の使用者ではないとしてこれを拒否した。そこで，Z組合はY社の行為が団体交渉拒否（労組法7条2号），支配介入（同条3号）の不当労働行為に該当するとして労働委員会に救済を申し立てた。労働委員会が救済命令を発したため，Y社はその取消しを求めて訴えを提起した。原審[*1]が救済命令を取り消したため，労働委員会が上告。

*1 原審
東京高判平成4・9・16労民集43巻5・6号777頁。

 読み解きポイント

① 労組法7条で不当労働行為が禁止されている「使用者」とは誰だろうか。「使用者」は労働契約の相手方である雇用主に限定されるのだろうか。

② 本判決は，Y社がどのような事項について，正当な理由がない限りZ組合との団体交渉を拒否できない（労組法7条2号）と判示しているだろうか。

判決文を読んでみよう

(1) 「労働組合法7条にいう『使用者』の意義について検討するに，一般に使用者とは労働契約上の雇用主をいうものであるが，同条が団結権の侵害に当たる一定の行

為を不当労働行為として排除，是正して正常な労使関係を回復することを目的としていることにかんがみると，雇用主以外の事業主であっても，雇用主から労働者の派遣を受けて自己の業務に従事させ，その労働者の基本的な労働条件等について，雇用主と部分的とはいえ同視できる程度に現実的かつ具体的に支配，決定することができる地位にある場合には，その限りにおいて，右事業主は同条の『使用者』に当たるものと解するのが相当である。」

(2) 「これを本件についてみるに，……Y社は右従業員に対する関係で労働契約上の雇用主に当たるものではない」。しかしながら，Y社の番組制作は**事案**①〜④のように進められていたことが認められる。「これらの事実を総合すれば，Y社は，実質的にみて，請負三社から派遣される従業員の勤務時間の割り振り，労務提供の態様，作業環境等を決定していたのであり，右従業員の基本的な労働条件等について，雇用主である請負三社と部分的とはいえ同視できる程度に現実的かつ具体的に支配，決定することができる地位にあったものというべきであるから，その限りにおいて，労働組合法7条にいう『使用者』に当たるものと解するのが相当である。」

(3) 「そうすると，Y社は，自ら決定することができる勤務時間の割り振り，労務提供の態様，作業環境等に関する限り，正当な理由がなければ請負三社の従業員が組織するZ組合との団体交渉を拒否することができないものというべきである。」

この判決が示したこと

① 雇用主以外の事業主であっても，雇用主から労働者の派遣を受けて自己の業務に従事させ，その労働者の基本的な労働条件等について雇用主と部分的とはいえ同視できる程度に現実的かつ具体的に支配，決定することができる地位にある場合には，その限りにおいて，労組法7条にいう「使用者」に当たる。

② Y社は，自ら決定できる勤務時間の割り振り，労務提供の態様，作業環境等について，正当な理由がない限りZ組合との団体交渉を拒否できない。

解説

I.「使用者」＝労働契約の相手方？

本件において，Y社は自身がZ組合の組合員との関係で労組法7条[*2]の「使用者」ではないとして不当労働行為の成立を争っている。同条は「使用者」の不当労働行為を禁止しているから，Y社が「使用者」でなければ不当労働行為は成立しない。しかし，労基法（同法10条[*3]）や労契法（同法2条2項[*4]）と異なり，労組法には「使用者」を定義する規定がないため，「使用者」とは誰なのかを解釈する必要がある。

労組法7条が保護しようとする団体交渉は主に労働契約上の労働条件をめぐって行われる。それゆえ，労働者と労働契約を締結している相手方（本件では請負三社）が労組法7条の「使用者」であることに問題はない。では，「使用者」は労働契約の相手方である雇用主だけを指すのだろうか。本件においてZ組合が団体交渉を申し入れたY社はZ組合の組合員と労働契約を締結しておらず，注文者として組合員から

＊2｜労組法7条
「使用者は，次の各号に掲げる行為〔注：不当労働行為〕をしてはならない。」

＊3｜労基法10条
「この法律で使用者とは，事業主又は事業の経営担当者その他その事業の労働者に関する事項について，事業主のために行為をするすべての者をいう。」

＊4｜労契法2条2項
「この法律において『使用者』とは，その使用する労働者に対して賃金を支払う者をいう。」

労務の提供を受けるだけであったため，この点が問題となった。

Ⅱ.「使用者」は広がるよどこまでも？

この問題について，「使用者」を文字通り労働契約の相手方に限ると理解したのでは不合理な事態[*5]が生じることが実際の事件を通して意識されていった。そこで学説では，ⓐ労働者の労働関係に影響力，支配力を及ぼしうる地位にある者を「使用者」として把握する見解が主張された（支配力説）。しかし，支配力説には，影響力や支配力の内容が曖昧で，「使用者」の範囲がどこまでも広がりかねないという難点[*6]がある。そこで，ⓑあくまでも労働契約を基準としつつ，両当事者が労働契約関係と近似または隣接する関係にある場合に限り，労働契約の相手方でなくても「使用者」といいうるとする見解が登場した（労働契約基準説）。

こうした議論があるなかで，本判決は，雇用主以外の事業主であっても，㋐雇用主から労働者の派遣を受けて自己の業務に従事させ，㋑その労働者の基本的な労働条件等について，雇用主と部分的とはいえ同視できる程度に現実的かつ具体的に支配，決定することができる地位にある場合には，㋒その限りにおいて，労組法７条の「使用者」に当たると判示した（**判決文 (1)**）。「雇用主と部分的とはいえ同視できる程度」の関係を求める㋑の判示は，ⓑ労働契約基準説に親和的である。

そのうえで，本判決は**事案**①～④に示される業務従事の実態から，Ｙ社は実質的に請負三社から派遣される従業員の勤務時間の割り振り，労務提供の態様，作業環境等を決定しており，要件㋑を満たすと認定して，Ｙ社の「使用者」性を肯定した（**判決文 (2)**）。

Ⅲ. 本判決の限界――部分的使用者概念と間接支配の類型

もっとも，本判決が示した「使用者」概念の拡張には一定の限界がある。

第１に，㋑の要件を満たした場合でも，「使用者」性が認められるのは雇用主と同視できる程度に支配，決定できる労働条件に関する部分のみ（㋒「その限りにおいて」）である（部分的使用者概念）。本件でＹ社が請負三社と同視できる程度に支配，決定できたのは組合員らの勤務時間の割り振り，労務提供の態様，作業環境だから，この部分についてＹ社は「使用者」である。これに対して，賃金，一時金，直接雇用についてＹ社は「使用者」ではなく，Ｚ組合との団体交渉に応じる必要はない（**判決文 (3)**）。

第２に，㋑の要件によって「使用者」性が判断されるのは，事業主が㋐雇用主から労働者の派遣を受けて自己の業務に従事させている場合（社外労働者利用の類型[*7]）である。これとは異なり，親会社が子会社の株主総会で事業部門の譲渡を決議する等によって子会社従業員の雇用・労働条件に影響力を及ぼす場合（間接支配の類型）には，本判決と別の判断枠組みが必要になると解される。もし間接支配の類型にも本判決の枠組み（㋑）を用いると，親会社が「使用者」と認められる場面がなくなってしまう。親会社が子会社と同視しうる程度に子会社従業員の労働条件を直接支配，決定している場合などは想定しづらいからである。これは不合理であろう。間接支配の類型における「使用者」性をどう考えるかは，今後さらなる検討を要する課題といえる。

＊5｜不合理な事態
本件の場合のほか，子会社従業員と親会社，譲渡事業の従業員と譲受会社，被解雇者と解雇した会社等の場合に，団体交渉が一切認められなくなってしまう。

＊6｜支配力説の難点
支配力説によると，労働者を雇用する会社の取引先や会社に融資を行う銀行も「使用者」になりかねない。

＊7｜社外労働者利用の類型
なお，現行の労働者派遣法には，一定の事項（例：労働時間規制の遵守，労災防止）について派遣先を派遣労働者の使用者とみなす旨の規定がある（同法44条2項，45条1項等）。そのため，これらの事項については，現在では労働者派遣法上の規定によって派遣先の「使用者」性が認められうる。

Chapter

Ⅱ

1. 人権
2. 労働条件
3. 労働災害

労働保護法

労働契約は，労働者と使用者が対等な立場で合意し，内容を定めるべきものである（労契1条・3条1項）。しかし，多くの労働者は，生活のために安定した収入を得る必要があるため，実際は，賃金，労働時間や労働環境等に不満がありながらも，しぶしぶ契約を締結してしまうことが少なくない。このように，労働契約関係においては，労働者に不利益な契約内容となる傾向があることは否定できない。

そこで，労基法とその付属法などが，労働条件の最低基準を定めており，違反者には罰則を科したり労働基準監督官による行政指導を行っている。また，「強行的直律的効力」（労基13条）により，法が要求する水準に満たない契約内容を強制的に修正している。これらは，「賃金，就業時間，休息その他の勤労条件に関する基準は，法律でこれを定める。」としている憲法27条2項の要請を直接的に実現するものである。

加えて，憲法14条の平等原則など，憲法が定める各種の人権規定の理念を実現すべく，労基法には各種の人権保障規定が設けられたり，男女雇用機会均等法などが制定されている。こちらについては，罰則を伴うものから，罰則を伴わず行政指導にとどまるものもあり，規制形式は多様である。

Chapter Ⅱでは，これら「労働保護法」と呼ばれる法領域にまつわる，基本的な裁判例を概観していくことにしよう。

Contents

Introduction

1

Contents

人権

1. 体験！　危険！　人格権[*1]！

友だちが会社の研修の時にみんなの前で「自分はダメエンピツです！」って何度も叫ばされた[*2]って言ってたよ。「自分がダメエンピツだって認めるからこそ，意欲的になって会社人間として成長できる」ってその子の上司は説明していたみたい。そう言われると，ダメエンピツって叫ぶのも仕事に必要な指示かなって思えてきちゃう。

労働者は，労働契約における主要な義務として，使用者の指揮命令の下で労務を提供しなくてはならない。だから「労働法」の授業をしなさいと命令されたのに，勝手に「保健体育」の授業をしても，労働契約上の義務を果たしたことにはならないのである。

このように，労働契約は，労働者が使用者の指示通りに物事をおこなうことを義務づけている。また，労働者に対して圧倒的優位にある使用者の業務命令は，単なる契約の上の義務を超えて労働者に強く作用し，労働者が使用者の命令に抵抗するのは困難である。しかも，労務の提供は労働者の身体を用いてなされるため，労務の提供は本質的に労働者の人格と切り離すことはできない。こういった諸要素が組み合わさった結果として，労働関係においては，労働者の人格権（人格的利益）は使用者によって常に損なわれる危険がある。「三べん回ってワン！　と言いなさい」という業務命令を労働者が拒否することは難しく，労働者はこのような人格権侵害のリスクに晒され続けているのである。

＊1｜人格権（人格的利益）
生命，身体，名誉，信用など自己の尊厳や人格の自由な発展に関わる法的に保護される非財産的な利益の総称。

＊2｜「ブラック」研修
企業がおこなう研修の中には人格権の保護という観点から問題のあるものも存在する。何度も大声で挨拶をさせられるが指導者が絶対にOKと言ってくれないのでいつまでも繰り返さなくてはならない，など業務との関連が低く，ただ労働者の人格を傷つけることを目的とする研修などがそれにあたる。

2. 使用者による人格権侵害の類型

実際の裁判では，使用者による労働者の人格権（人格的利益）の侵害はさまざまな場面で問題とされてきた。

具体的には，(1) 使用者による執拗な退職の勧奨行為やその強要，(2) ほとんど意味のない業務命令や労働者の経験・知識に見合わない業務命令もしくは職務への配置，(3) あるグループを企業内で孤立化させるなどの，職場における自由な人間関係の形成を阻害する行為，(4) 同意を得ない監視や病気の検査などのプライバシーの侵害行為，などがそれにあたる。これらの事例において，裁判所は，使用者に対して，労働者の人格的利益を侵害したものとして，損害賠償の支払を命じている。

このほか，差別を受けないことは，労働者の人格・尊厳と大きく関わるものであることから，性差別，障害差別などの差別行為も使用者による人格権侵害行為といえる。これらの差別行為は，人格権侵害行為として損害賠償の対象となる（民法709条）と同時に，その一部は男女雇用機会均等法，障害者雇用促進法などにより禁止されているため，各法律に定められた救済も与えられる。

もっとも，ある行為が差別に該当するかどうかの判断は困難な場合が少なくない。たとえば，一定の身体的特徴を理由に採用を拒否された場合，それが合理的な職務要件に基づくものか，あるいは不当な差別なのかを判断するのは容易でない。さらに，宗教的信条に基づく特定の服装の着用が職場の服装規律と衝突する場合においても，当該服装が合理的に禁止されるべきか，または信教の自由を尊重すべきかの判断が難しい場合がある。このように，使用者の行為が法律上禁止される差別に該当するか否かを決するには，解釈作業が必要となる。

3. 人格権侵害は会議室でも現場でも起きている

最近はニュースでセクハラやパワハラという言葉をたくさん見かけるけど，こういうのも人格権（人格的利益）の侵害の一種なのかな？　でも，セクハラやパワハラって上司だけじゃなくて同僚がやったりもするし，業務命令で労働者が従わなくちゃいけないっていうケースでなくとも生じることがあるの？

人格権（人格的利益）の侵害は，使用者による業務命令だけから生じるものではない。職場では，さまざまな人間関係が生じるため，そこで人格権（人格的利益）の侵害が発生する場合もある。たとえば，上司や同僚などが職場で卑猥な会話をした場合もセクシュアル・ハラスメントに該当することとなる。

人格権（人格的利益）の侵害が生じた場合，加害者は被害者に対して損害賠償責任を負うこととなる。もっとも，職場では，上下関係（必ずしも職位の上下だけではない）などによって，労働者が加害者に抵抗し難い場面が生じやすいという特徴をもつ。この点について，職場を管理する権限や能力をもつ使用者が，職場の管理を適切にするならば，ハラスメントが生じにくい職場とすることができる。そこで法は，使用者に対して，ハラスメントを防止するような体制等を整備する義務を課している（男女雇用機会均等法11条以下，労働施策総合推進法30条の2，育児介護休業法25条など[*3]）。使用者が職場環境を十分に整えていないために，ハラスメントが生じたときには，加害者だけではなく使用者も損害賠償責任を負うことがある。

＊3　フリーランスに対するハラスメントに係る体制整備義務
ハラスメントは労働者と同様に（あるいはそれ以上に）弱い立場にあるフリーランスに対してもなされることが多い。2023年制定のフリーランス取引適正化法では，労働者に係るハラスメント防止体制等の整備義務をモデルに，発注事業者に対して，フリーランスへのハラスメントについても体制整備等を義務づけている（同法14条）。

05 人格権の尊重

関西電力事件

最高裁平成7年9月5日第三小法廷判決(労判680号28頁) ▶百選13

事案をみてみよう

X_1〜X_4 は，Y 社の従業員で構成される Z 組合の組合員である。Z 組合の主流派は Y 社経営陣と協調的な態度をとっていたのに対して，X らは経営陣に批判的な組合内少数派であった。

Y 社では，かねてより Z 組合内の左派系活動家の排除を組織的に推進していたところ，昭和 40（1965）年頃からは，昭和 45（1970）年の日米安保条約改定時に，昭和 35（1960）年安保闘争[*1]のような騒乱状態が発生することを予期し，企業防衛のため従業員による防衛陣容の充実を図ることとした。

Y 社ではその対策の一環として，「特殊対策」の名の下に，X ら共産党員やその同調者から成る左派グループを「不健全分子」と位置づけ，X らの監視・調査と孤立化，排除政策の推進強化をおこなった。

この方針のもと，Y 社は，職制[*2]に X らの職場内外での監視をさせ，また，他の従業員に対して X らとの接触を断つように働きかけるなどした。X_3 については，それに加えて職制が指紋を残さないよう手袋まで用意したうえ，X_3 のロッカーを無断で開け，上着から民青[*3]手帳を取り出し，写真を撮った。

X らは，Y 社による一連の行為が思想・信条の自由および名誉・信用を侵害するものであると主張して，損害賠償を Y 社に請求した。

＊1｜1960 年安保闘争

1960年の日米安保条約改定に反対する大規模な社会運動のことである。条約改定に反対する学生や労働組合が中心となって，激しいデモやストライキが全国で展開された。国会周辺では数十万人規模の抗議がおこなわれ，一部は警察との衝突に発展するなど政治的に不安定な状況が生じた。

＊2｜職制

企業において管理，監督的地位にある人をさす。

＊3｜民青

日本民主青年同盟の略。政治活動もおこなう青年組織であり，日本共産党と近い立場にある。

読み解きポイント

Y社による一連の行為は，労働者のどのような人格的な利益を侵害し，その侵害行為に対して，労働者にはどのような法的保護が与えられるのだろうか。

判決文を読んでみよう

「Y は，X らにおいて現実には企業秩序を破壊し混乱させるなどのおそれがあるとは認められないにもかかわらず，X らが共産党員又はその同調者であることのみを理由とし，その職制等を通じて，職場の内外で X らを継続的に監視する態勢を採った上，X らが極左分子であるとか，Y の経営方針に非協力的な者であるなどとその思想を非難して，X らとの接触，交際をしないよう他の従業員に働き掛け，種々の方法を用いて X らを職場で孤立させるなどしたというのであり，更にその過程の中で，X_2 及び X_3 については，退社後同人らを尾行したりし，特に X_3 については，ロッカーを無断で開けて私物である『民青手帳』を写真に撮影したりしたというのである。そうであれば，これらの行為は，Xらの職場における自由な人間関係を形成する自由を不当に侵害するとともに，その名誉を毀損するものであり，また，X_3らに対する行為はそのプライバシーを侵害するものでもあって，同人らの人格的利益を侵害するものというべく，これら一連の行為がYの会社としての方針に基づいて行われたというのであるから，それらは，それぞれYの各Xらに対する不法行為を構成するものといわざるを得ない。」

この判決が示したこと

① Y社の行為は，労働者の職場における自由な人間関係を形成する自由を不当に制限するもの，名誉を毀損するもの，プライバシーを侵害するものであり，この場合，労働者の人格的利益を侵害したものとしてY社は法的責任を負う。

解説

Ⅰ．労働法における人格権（人格的利益）の保護および本判決の意義

労働者は労働契約に基づいて，使用者の指揮命令下での就労をする義務を負う。就労は労働者の自らの身体を用いておこなわれ，また，多くの場合，企業という組織に組み込まれておこなわれることから，使用者の措置などにより労働者の自由な人格が侵される危険が存在する。したがって，使用者は労働者の身体・自由・名誉・プライバシーなどの人格権（人格的利益）を一般的に保護する義務を負うものと解釈されている。

労働者の人格権は，労基法（3条～7条）などにおいて一部保護されている。また，人格権に関わる裁判例は古くから存在はしていたが，それらは特定の思想・信条などを理由とした解雇[*4]や懲戒処分の有効性など，不当な解雇や懲戒処分の一類型の問題として議論されるにとどまり，これらの問題が，労働者の人格権の保護という観点から論じられることはなかった。

しかし，1990年代に入ると人格権の侵害を理由に使用者の損害賠償責任などを認める判決が増加した。本判決は，この傾向を示す裁判例の中では最初の最高裁判決であり，労働者の人格権が法的に保護されることを明確にした点に意義がある。

＊4｜レッド・パージ
特定の思想・信条をもつ者を大量に職場から排除した出来事としてレッド・パージがある。1950年代初頭の冷戦下に占領政策の一環としてGHQの指示のもと，共産党員やその同調者が職場から追放された。

Ⅱ．本判決の内容

本判決は，Yによっておこなわれた職場の内外での継続的な監視，Xらの思想を非難して職場内で孤立化させること，退社後の尾行，私物の無断撮影を，「職場における自由な人間関係を形成する自由を不当に侵害するとともに，その名誉を毀損するものであり，また，〔ロッカーを無断で開けられ，私物の写真撮影をされた〕X_3らに対する行為はそのプライバシーを侵害するもの」であると捉え，最終的にXらの人格的利益の侵害を理由として損害賠償請求を認めた。

もっとも本判決では被侵害利益として思想・信条の自由には触れておらず，また，

人格的利益の保護について一般論を展開しているわけでもない。したがって，裁判例上保護される人格権の範囲は本判決のみからでは明らかではない。たとえば，本件に先立つ最高裁判決（東京電力塩山営業所事件・最二小判昭和 63・2・5 労判 512 号 12 頁）では，営業所の機密が政党の機関紙に掲載されたことをうけて，情報の出所が調査された場合，調査の過程で当該政党の一員でないとの言明を書面にすることを求める行為は，当該従業員の精神的自由を侵害した違法行為であるとまでは言えないと述べている。この判決の解釈次第では，最高裁は，一定程度であれば使用者による労働者の思想・信条への介入を認める立場を採用しているとも理解できよう。

Ⅲ．人格的利益の保護に関わる裁判例

労働者の人格的利益の保護に関わる事例としては，思想に基づく差別，組合員の差別，使用者による不適切な教育指導，退職の強要，本人の知識・経験にふさわしくない業務への配転，セクシュアル・ハラスメント，パワー・ハラスメント（パワハラ）[＊5]などがあり，人格的利益の侵害が認められれば，使用者が賠償を命じられたり，使用者の行為が無効とされることが多い。

この中でも，特に注目されるのがプライバシー侵害の事例である。

プライバシーに関わる裁判例としては，まず，健康診断等において，特段の必要性もなく，かつ労働者の同意を得ることもなく HIV の検査をおこなった事例（東京都〔警察学校・警察病院 HIV 検査〕事件・東京地判平成 15・5・28 労判 852 号 11 頁），特段の必要性もないのに，労務提供義務がない時間帯，期間にナビシステムを利用して労働者の居場所確認をした事例（東起業事件・東京地判平成 24・5・31 労判 1056 号 19 頁）など，労働者の同意を得ずに私的な情報を取得したケースで不法行為による損害賠償が認められている。また，HIV 陽性という情報が，本人の同意なく他の職員と共有されていた事例（社会医療法人 A 会事件・福岡高判平成 27・1・29 労判 1112 号 5 頁〔百選 15〕）など，使用者がもつ労働者の私的な情報を第三者に開示することも不法行為となる場合がある。近年では，就職ポータルサイトを運営する会社において，個人情報の管理不備や同意のない第三者提供などが生じたリクナビ事件[＊6]が社会的に注目された。

また，最近では，人格権侵害に対する損害賠償ではなく，人格権の保護を理由に使用者に一定の措置を求める事例も出てきている。行政事件ではあるが，戸籍上男性である性同一性障害の職員が，措置要求制度[＊7]のもとでおこなった，執務階およびその上下階の女性トイレの利用を認めない措置の撤廃などの求めに対して，これを退けた人事院の決定を違法と判断した事例が存在する（国・人事院〔経産省職員〕事件・最三小判令和 5・7・11 民集 77 巻 5 号 1171 頁）。

＊5｜パワー・ハラスメント

労働施策総合推進法30条の2（2019年の改正で新設）では，パワハラを「職場において行われる優越的な関係を背景とした言動であって，業務上必要かつ相当な範囲を超えたもの」と定義した。同条は，使用者に対して，パワハラによって労働者の就業環境が害されることのないよう，当該労働者からの相談に応じ，適切に対応するために必要な体制の整備その他の雇用管理上必要な措置を講じることを義務づけている。

＊6｜リクナビ事件

就職ポータルサイトであるリクナビを運営する会社が，登録者の同意を得ないまま，自らが収集した登録者の情報を企業から提供された情報と合わせて分析した上で，内定辞退率を算定し，算定結果を当該企業に提供していた事件。運営会社は，個人情報の管理不備や同意のない第三者提供について，個人情報保護法違反のみならず，職業安定法（職安法）上，職業仲介事業者に課される個人情報の適切な取扱義務違反についても行政指導を受けた。

＊7｜措置要求

一般職の公務員は，人事院に対して，勤務条件の改善などを求める行政措置の要求をおこなうことができる（国家公務員法86条）。当該職員は，この制度に基づき女性トイレの利用の制限撤廃を求めた。

06 男女別コース制

兼松事件

東京高裁平成20年1月31日判決（労判959号85頁） ▶百選16

 事案をみてみよう

Xらは昭和32（1957）年から昭和57（1982）年の間に総合商社であるY社，または後にY社と合併する他社で採用された女性である。Xらの入社当時，Y社では実質的に男女で異なる採用方法，賃金体系（男女のコース別雇用管理）がとられており，男性の賃金の方が高く設定されていた。その後，Y社は昭和60（1985）年1月に職掌別人事制度[*1]を導入し，男性従業員のうち一定の役職以下の者を「一般職」，Xらを含む女性従業員を「事務職」に分類したが，一般職と事務職の間には変わらず賃金格差が存在していた[*2]。職掌別人事制度の導入に合わせて，Y社では異なる職掌への転換を可能とする職掌転換制度（以下「転換制度」）が設けられ，労働者が希望し，一定の要件を満たした場合には事務職から一般職などへの転換が認められることとなった。職掌別人事制度および転換制度は平成9（1997）年に再編，制度変更が行われている。

Xらは同期の男性一般職との間に生じた賃金格差は違法な男女差別によるものであるなどと主張して，一般職の男性に適用されている俸給表（賃金体系）の適用を受ける地位にあることの確認（在職者のみ），標準本俸（月例賃金，一時金）・退職金の差額の支払などを求めた。

＊1｜職掌別人事制度
職掌とは担当する職務のことである。担当する職務の種類ごとにグループ分けをし，「○○職」や「××職」と位置づけ，それぞれ異なる人事異動を行ったり賃金体系を設けたりする制度のことをいう。

＊2｜職掌別人事制度の導入
Y社で職掌別人事制度が導入された1985年は，男女雇用機会均等法が成立した年である（翌1986年に施行）。同法成立を機に男女平等の観点から男女別の雇用管理を廃止し，代わりに職掌別人事制度を導入したものと推測される。もっとも判決によれば，職掌別人事制度は，従来の男女のコース別雇用管理をおおむね引き継いだものと認定されており，実質的には男女のコース別雇用管理は職掌別人事制度導入後も維持されていた。

読み解きポイント

① 当初実施されていた男女のコース別雇用管理に基づく採用・処遇は違法か。
② 職掌別人事制度導入後のY社の人事管理は男女別の雇用管理を行っていたものとして違法か。

判決文を読んでみよう

入社当時におこなわれていた男女別の処遇は「性によって採用，処遇を異にするというものであるから，法の下の平等を定め，性による差別を禁止した憲法14条の趣旨に反するものである」。

「性による差別待遇の禁止は，民法90条の公序をなしていると解されるから，その差別が合理的根拠のない不合理なものであって公序に反する場合に違法となるというべきである」が，⑴男女のコース別雇用管理は労基法3条および4条に違反しないこと，⑵入社当時は募集，採用，配置，昇進に関する性差別の禁止を努力義務とする法律すら存在していなかったこと，⑶企業がもつ広範な採用の自由に照らせば，入

社当時，一般に勤続期間が長く業務上の知識，経験の蓄積が期待できる男性に比較的処理の困難度の高い業務を担当させる等の処遇は公序良俗に違反するとまではいえないこと，(4)実際に昭和 59（1984）年までは比較的処理の困難度の高い業務は男性が，困難度の低い業務は女性が，それぞれ中心となっておこなっており，その処遇が男女のコース別雇用管理と一致することなどから「……賃金の格差には，それなりの合理的な理由が一応あるものというべきであり，この格差の存在が，雇用関係についての私法秩序や公の秩序，善良の風俗に反するものとまではいえない」。

昭和 60（1985）年導入の職掌別人事制度における「一般職」と「事務職」は従前の男女のコース別雇用管理をおおむね引き継いだものであるが，女性の勤続年数が長くなるにしたがって「一般職の男性と事務職の女性が截然と区別される別の職務を行っているのではなく，男性の行う職務と女性の職務が重なる場合がある」ようになっており，少なくとも平成 4（1992）年 4 月の時点では，X らのうち勤務年数が長い者については，職務内容と困難度において X らと同質の「一般 1 級中の若年者である 30 歳……程度の男性の一般職との間にすら賃金についての……認定のような相当な格差があったことに合理的な理由が認められず，性の違いによって生じたものと推認され」るのであり，賃金格差を形成，維持した Y 社の措置は「労働基準法 4 条，不法行為の違法性の基準とすべき雇用関係についての私法秩序に反する違法な行為」である。転換制度も賃金格差を是正するものとは認められない。平成 9（1997）年 4 月の新人事制度導入後も一般職，事務職の区別の根幹は，改められたものとはいえず，新しい転換制度も賃金格差を是正するものとは認められない。

この判決が示したこと

① 男女のコース別雇用管理は憲法14条の趣旨に反するが，男女雇用機会均等法制定以前においてはこれを禁止する立法等はなく，また，実際に男女別で仕事の困難度が異なっていた本件では公序良俗違反とは言えない。

② 職掌別人事制度は従前の男女のコース別雇用管理をおおむね引き継いだものであり，男女の職務が截然と区別されていることを前提としたこの制度のもとで，男女で同質の仕事をしているのに賃金で相当な格差がある場合は違法となる。また，転換制度があるだけでは賃金格差を是正するものとは認められない。

＊3｜均等法の制定

1975年国際婦人年世界会議の決議や1979年の女子差別撤廃条約の採択を契機として，日本では均等法制定の気運が盛り上がっていった。しかし，使用者側の抵抗は強く，同法制定にあたっては労使で激しい攻防が繰り広げられた。当時労働省婦人少年局長として法案成立に尽力した赤松良子の回想として赤松良子『均等法をつくる』（勁草書房，2003年）がある。また，制定当時の女性官僚の活躍はNHKのプロジェクトXでドラマチックに描かれており，同番組の書籍版も存在する（NHK「プロジェクトX」制作班編『女たちの10年戦争――「男女雇用機会均等法」誕生』（NHK出版，2012年））。

解説

Ⅰ．男女のコース別雇用管理

かつては多くの企業において，男女別に募集・採用その他の人事処遇をおこなう男女のコース別雇用管理がおこなわれていた。このような男女別処遇は性差別的であり，憲法 14 条などに定められている男女平等の理念とも合致しない。しかし，男女別の雇用管理を明文で規制する立法は存在しなかった。

まず，労基法 4 条は，女性であることを理由とした賃金差別を禁止するが，同条は，賃金以外の募集・採用，配置・昇進，教育訓練などにおける差別を禁止していない。それゆえ，性差別的な募集・採用等は同条に違反するものではなく，その募集・採用等における差別の結果として企業内の地位に差が生じ，それが賃金格差に繋がったとしても同条に違反しないと考えられている。

1985年には，男女雇用機会均等法（均等法[＊3]）が制定されるが，同法制定当初は，教育訓練，福利厚生，定年・退職および解雇における差別的取扱いは禁止されていたものの，募集・採用，配置・昇進における差別的取扱いの禁止は努力義務規定[＊4]にとどまっていた。これらの差別的取扱いの禁止が努力義務から単純な禁止規定となったのは1997年の同法改正時である（したがって男女別コース制は現在では違法である[＊5]）。

均等法の制定により職場における男女平等が意識されるようになると，多くの企業では同法制定に合わせて，職掌別人事制度を導入し，形式的には男女別の処遇の管理ではないという体裁をとるようになった。しかしながら，実際には企業は男性を「総合職」や「営業職」，女性を「一般職」や「事務職」などに機械的に振り分け，導入以降は一定程度の女性を「総合職」等で採用はするものの，それ以前に採用された女性については，基本的に従来の男女別雇用管理を維持することが少なくなかった。

Ⅱ．男女のコース別雇用管理の違法性に関わる裁判例

上記のように1997年の均等法改正までは男女のコース別雇用管理を明確に違法とする立法は存在しなかったため，改正前の雇用管理について公序良俗に違反するか（民法90条）が問題となった[＊6]。裁判例は，1985年均等法制定以前については，本判決と同様，男女別の雇用管理は憲法14条の趣旨に反するが，労基法4条等に違反するものではなく，その他コース制を禁止する法律はないこと，また使用者には広範な裁量の自由が認められることなどから公序良俗違反とはならないと判断するものが多い。

これに対して，均等法制定以後については，多くの裁判例は，配置・昇進等における差別的取扱いが努力義務規定にとどまっていた1997年の均等法改正以前と，改正以降で公序良俗違反成立の余地が大きく異なることを述べる（改正以前の格差を違法とした本判決の立場については後述のⅢを参照）。すなわち，均等法改正以前については，努力義務にとどまっていたことを重視し，公序良俗違反とは認めないことを原則とする。これに対して，改正以降については，男女別雇用管理を維持することは違法であるとするものが多い。ただし，その場合でも，長年の男女別雇用管理により現実的に能力や経験等に男女差がついてしまったことを考慮し，コースの転換制度が合理的である場合には男女別雇用管理を違法とはしないとの判断をする裁判例（本事件第一審判決〔東京地判平成15・11・5労判867号19頁〕）もある。

Ⅲ．本判決の内容

本判決は，単純に配置等における女性差別が1997年改正により明文で禁止されたことを違法性判断の基準とするのではなく，事実認定を緻密におこなって男女間の仕事の困難度等が変わらないことを認定し，改正以前についても違法とした点に特徴がある。また，転換制度（試験合格などを要件に他の職掌に転換できる制度）についても，実際上制度利用の条件が厳しく設定されている場合には男女別雇用管理を正当化するものではないと判断した点も重要である。

＊4｜努力義務

「～するように努めなければならない」という形式の義務づけであり，違反に対する法的な制裁を予定しておらず，また，私法上の効力も通常は否定される。

＊5｜職場における男女平等の進展

職場における男女平等の進展については，2015年にNHKで放映された「戦後史証言プロジェクト：日本人は何をめざしてきたのか：2015年度『未来への選択』第2回　男女共同参画社会～女たちは平等をめざす～」が，当時の映像などを交えながらよくまとめている。日本国内からであればNHKアーカイブスのウェブサイトで視聴できるので，ぜひ見てほしい。

＊6｜職場における男女平等と公序良俗

均等法制定以前の裁判例では，昭和41（1966）年に，東京地裁が初めて，女性のみ結婚時に退職とする結婚退職制を公序良俗違反と判断した（住友セメント事件・東京地判昭和41・12・20労民集17巻6号1407頁）。その後，男女の定年格差を公序良俗違反とする裁判例も出るようになり，最高裁は昭和56（1981）年に男性60歳，女性55歳を定年とする制度を公序良俗違反とする判決（日産自動車事件・最三小判昭和56・3・24民集35巻2号300頁）を出した。なお，均等法制定時に中心的役割を果たした赤松良子は，昭和41年判決に喜び，当時すでに官僚であったにもかかわらず，青杉優子のペンネームで判決の評釈（婦人展望1967年2月号6頁）を書いている。

07 妊娠中の軽易業務転換と降格

広島中央保健生活協同組合事件

最高裁平成26年10月23日第一小法廷判決（民集68巻8号1270頁）　▶百選18

事案をみてみよう

理学療法士であるＸはＹの運営する訪問介護施設Ａにおいて副主任として訪問リハビリ業務をおこなっていた。2008年2月，第2子を妊娠したＹは，労基法65条3項に基づく軽易業務への転換[*1]を申し出て，負担がより軽いＢ病院（同じくＹが運営）のリハビリ業務への転換を希望した。これを受けてＹはＸを同年3月1日にＢ病院のリハビリ科へと異動させたが，当時同科にはＸよりも職歴の長い副主任がいたことから，副主任を免じられることとなった。

Ｘは，産前産後休業，育児休業を経て2009年10月に職場復帰をしたが，その際にＹはＸの希望聴取をしたうえで再びＡに異動させた。しかし，異動当時のＡには他の職員（ただし職歴はＸより短い）が副主任として勤務していたことから，ＹはＸを副主任に任ずることはしなかった。なお，Ｙの規程上，副主任は管理者として位置づけられており，副主任には月額9500円の管理職手当が支払われている。

Ｘは，副主任を免じた措置が男女雇用機会均等法（以下「均等法」）9条3項に違反して無効であるなどと主張して，管理職手当の支払や損害賠償を求めた。

読み解きポイント

① 均等法9条3項違反となる行為は私法上の効力をもつか。

② 妊娠中の軽易業務転換を契機とした降格は均等法9条3項が禁止する不利益な取扱いに該当するか。

判決文を読んでみよう

「均等法の規定の文言や趣旨等に鑑みると，同法9条3項の規定は，上記の目的及び基本的理念[*2]を実現するためにこれに反する事業主による措置を禁止する強行規定として設けられたものと解するのが相当であり，女性労働者につき，妊娠，出産，産前休業の請求，産前産後の休業又は軽易業務への転換等を理由として解雇その他不利益な取扱いをすることは，同項に違反するものとして違法であり，無効である」。

「女性労働者につき妊娠中の軽易業務への転換を契機として降格させる事業主の措置は，原則として同項の禁止する取扱いに当たるものと解されるが，当該労働者が軽易業務への転換及び上記措置により受ける有利な影響並びに上記措置により受ける不利な影響の内容や程度，上記措置に係る事業主による説明の内容その他の経緯や当該

＊1｜妊娠中の軽易業務への転換

労基法65条3項は，母子の生命・健康を保護する趣旨から「使用者は，妊娠中の女性が請求した場合においては，他の軽易な業務に転換させなければならない」と定めている。したがって，労働者が求めた場合には使用者は軽易業務への転換をしなければならない。この場合，使用者は新たに軽易な業務を創設することまでは求められず，転換可能な軽易な業務がある場合にのみ対応すればよいとされている。

＊2｜均等法の目的および基本理念と同法9条3項

本判決は，引用した判示部分の直前において，「均等法は，雇用の分野における男女の均等な機会及び待遇の確保を図るとともに，女性労働者の就業に関して妊娠中及び出産後の健康の確保を図る等の措置を推進することをその目的とし（1条），女性労働者の母性の尊重と職業生活の充実の確保を基本的理念として（2条）」，同法9条3項が置かれていると整理している。最高裁は，同項を均等法1条および2条に定められた目的および基本理念を実現するための規定と位置づけているのであろう。

労働者の意向等に照らして，当該労働者につき自由な意思に基づいて降格を承諾したものと認めるに足りる合理的な理由が客観的に存在するとき，又は事業主において当該労働者につき降格の措置を執ることなく軽易業務への転換をさせることに円滑な業務運営や人員の適正配置の確保などの業務上の必要性から支障がある場合であって，その業務上の必要性の内容や程度及び上記の有利又は不利な影響の内容や程度に照らして，上記措置につき同項の趣旨及び目的に実質的に反しないものと認められる特段の事情が存在するときは，同項の禁止する取扱いに当たらない」。

この判決が示したこと

① 均等法9条3項は強行法規であり，同項に違反する不利益な取扱いは無効となる。
② 妊娠中の軽易業務転換を契機とした降格は原則として均等法9条3項が禁止する不利益取扱いに該当する。しかし，自由な意思に基づいて降格を承諾した場合，同項の趣旨および目的に実質的に反しないと認められる特段の事情がある場合には同項の禁止する不利益な取扱いには該当しない。

解説

Ⅰ．婚姻，妊娠，出産等を理由とする不利益取扱いの禁止

均等法９条は，婚姻，妊娠，出産等を理由とする不利益取扱いなどを禁止する。具体的には，同条は，婚姻，妊娠，出産を理由とした退職予定の定め（1項），婚姻を理由とする解雇（2項），妊娠，出産，および産前産後休業の取得等の妊娠・出産に関する事由に基づく不利益取扱い（3項）を禁止するとともに，妊娠中もしくは出産後1年未満の労働者の解雇の無効（4項）を定める。

同法９条３項・４項は，1985年の均等法制定時から存在していたものではなく，2006年改正によって導入されたものである。妊娠，出産を理由とする不利益取扱いは，改正以前も法的紛争としては存在していたが，[*3] 近年も多くの事例が見受けられることから，明確な禁止規定がおかれることとなった。

なお，妊娠・出産と密接な関連をもつ育児休業についても，育児休業の取得を理由とする不利益取扱いが禁止されている（育児介護休業法10条）。

Ⅱ．本件における最高裁の判断

本件でＸが求めた妊娠中の軽易業務への転換は，均等法９条３項に定める「妊娠又は出産に関する事由」の一つであり（均等法施行規則２条の２第６号），これに基づく降格の効力が争われた最初の最高裁判決である。

最高裁は，均等法９条３項が強行規定であり，同項違反の行為は無効であることを示すとともに，降格は原則として同項が禁止する不利益取扱いにあたること，しかしながら(1)労働者の自由意思に基づく承諾がある場合，あるいは，(2)業務上の必要性がある場合であって同項の趣旨・目的に実質的に反しない特段の事情があるときには例外的に同項に違反しないとの一般論を示した。

＊3｜産前産後の不利益取扱い
均等法9条3項制定以前の事例として，産後休業を取得し，復帰後は勤務時間短縮措置を受けていた労働者への賞与の不支給が問題となった事案がある（東朋学園事件・最一小判平成15・12・4労判862号14頁）。最高裁は，産前産後休業および勤務時間短縮措置はそれぞれ労基法65条，育児介護休業法10条により保障された権利等であるため，権利等の行使を抑制し，これらを保障した趣旨を実質的に失わせるものは公序良俗に違反するという枠組みを示し，結論として当該事案において不支給を違法と判断した。もっとも，最高裁は，従業員の出勤率の低下防止等の観点から，出勤率の低い者につき，ある種の経済的利益を得られないこととする措置ないし制度を設けることは，一応の経済的合理性をもつとも述べている。実際，判決は賞与額の計算において産前産後休業等を欠勤とし，減額対象にすることは認めている。

2006年均等法改正前の裁判例では，妊娠・出産を理由とする人事措置については，使用者側が基本的には裁量をもって自由に決定できることを前提に，妊娠・出産を理由として不利益措置がなされたかを審査する傾向にあったが，本判決では原則と例外が逆転し，原則として妊娠・出産を契機としてなされた不利益措置は違法であり，例外的な場合にのみ不利益措置を許容するという枠組みを採用している。

例外として示された(1)労働者の自由な意思，(2)業務上の必要性に基づく特段の事情であるが，(1)については，労働者の主観的な意思が純粋に問題とされるのではなく，軽易業務への転換により生じる有利な事情，不利な事情などの客観的な要素も考慮した枠組みに基づいた判断がなされるため，労働者が同意さえしていればどんなに不利な内容でも認められるというわけではない点に注意が必要である。[*4] (2)については，単に業務上の必要性があれば特段の事情が認められるのではなく，均等法9条3項の「趣旨及び目的に実質的に反しない」場合にのみ同項が禁止する取扱いに該当しないとしている。

＊4｜最高裁判決の「自由な意思」論に対する批判

最高裁が，均等法9条3項を当事者の意思にかかわらず適用される強行規定と捉えつつも，労働者の自由な意思による逸脱を認めている点については，これを批判する見解がある（水町勇一郎・ジュリスト1477号106頁）。その見解によれば，同項の強行性からすれば，労働者の意思による適法化を許容することは，本文で説明したようにそれが主観的な意思ではなく客観的な合理的理由を問うとするものであったとしても問題であるとされる。同項を妊娠等に基づく差別を禁止する規定と捉えたうえで，差別を禁止する趣旨の規定においては，労働者の意思による適法化はなじまないと主張しているものと考えられる。

Ⅲ．近年の裁判例

妊娠・出産，あるいは育児介護休業の取得を契機とする不利益取扱いに関わる裁判例は，近年，コンスタントに出ている。

たとえば，産前産後休業および育児休業（6か月）を取得した労働者が職場復帰するにあたり，従前従事していた業務上の負荷が高い業務（海外ゲームライセンス取得業務）から比較的負担の少ない業務（国内ゲームライセンス取得業務）へと担務を変更された措置について，育児介護休業法10条が禁止する育児休業取得を理由とする不利益取扱いには該当しないと判断しつつ，この担務変更に伴い役割等級制におけるグレードが引き下げられた点については，人事権の濫用にあたると判断した事例がある（コナミデジタルエンタテインメント事件・東京高判平成23・12・27労判1042号15頁）。また，育児休業からの復帰時に無期契約の正社員から期間の定めのある契約のパートタイム契約社員へと雇用形態を変更することを労使で合意したことにつき，育休明けに保育園に入園できる見込みがなかったことなどから，当該合意は労働者の自由な意思によってなされたものであるとして，均等法9条3項違反や育児介護休業法10条違反を否定した事例もある（ジャパンビジネスラボ事件・東京高判令和元・11・28労判1215号5頁）。

08 セクシュアル・ハラスメント

福岡セクシュアル・ハラスメント事件

福岡地裁平成4年4月16日判決（労判607号6頁） ▶百選17

事案をみてみよう

Y_1 は Y_2 社の従業員で，同社発行雑誌の編集長を務めていた。X は Y_2 社に入社し，Y_1 のもとで雑誌の取材，執筆，編集に携わっていたところ，徐々に仕事ぶりが評価され，Y_2 社の経営を含めた業務の方針が，Y_1 抜きに X と出向してきた係長の間で決まることが多くなった。

Y_1 は，①社内の関係者に対して，X の私生活，ことに異性関係に言及してそれが乱脈であるかのようにその性向を非難する発言をしたり，②X の異性関係者の個人名を具体的に挙げて，Y_2 社の内外の関係者に噂するなどし，X に対する評価を低下させ，また，③直接 X に対してその私生活の在り方を揶揄（やゆ）するなど，いずれも異性関係等の X の個人的性生活をめぐる発言をおこない，上司である A 専務にも真実であるかのようにこれらを報告した。これにより X は Y_2 社を退職せざるをえなくなった。

そこで，X は，Y_1 による一連の行為は性差別であり，セクシュアル・ハラスメントに該当する違法な行為であるとして Y_1 は民法 709 条に基づく不法行為責任を負うべきであると主張し，あわせて，Y_2 社に対しても，Y_1 の行為および A 専務らの行為が「事業の執行に付き」おこなわれたものであるから，Y_2 社は使用者責任（民法 715 条）を負うべきなどと主張し，慰謝料，弁護士費用の支払を請求した。

読み解きポイント

① 加害者であるY_1はXのどのような利益を侵害したとして損害賠償責任を負うのか。

② 使用者であるY_2社に損害賠償責任があるか。あるとすれば，どのような理由によるものか。

判決文を読んでみよう

「Y_1 が，……X 又は職場の関係者に対し，X の個人的な性生活や性向を窺わせる事項について発言を行い，その結果，X を職場に居づらくさせる状況を作り出し，しかも，右状況の出現について意図していたか，又は少なくとも予見していた場合には，それは，X の人格を損なってその感情を害し，X にとって働きやすい職場環境のなかで働く利益を害するものであるから，Y_1 は X に対して民法 709 条の不法行為責任を負うものと解するべきことはもとよりである。」

「Y_1 の X に対する一連の行為は X の職場の上司としての立場からの職務の一環又はこれに関連するものとしてされたもので，その対象者も，X 本人のほかは，Y_1 の上司，部下に該たる社員やアルバイト学生又は Y_2 社の取引先の社員であるから，右一連の行為は，Y_2 社の『事業の執行に付き』行われたものと認められ，Y_2 社は Y_1 の使用者として不法行為責任を負うことを免れない。」

「使用者は，……労務遂行に関連して被用者の人格的尊厳を侵しその労務提供に重大な支障を来す事由が発生することを防ぎ，又はこれに適切に対処して，職場が被用者にとって働きやすい環境を保つよう配慮する注意義務もあると解されるところ，被用者を選任監督する立場にある者が右注意義務を怠った場合には，右の立場にある者に被用者に対する不法行為が成立することがあり，使用者も民法 715 条により不法行為責任を負うことがある」。

この判決が示したこと

① Y_1によるセクハラ行為は，Xの人格を損なってその感情を害し，Xにとって働きやすい職場環境のなかで働く利益を害するものとして損害賠償責任を生じさせる。

② Y_1の行為は「事業の執行に付き」おこなわれたものであり，Y_2社は民法715条により損害賠償責任を負う。また，使用者には，人格権侵害等の発生防止および発生時の適切な対処を通じて職場が被用者にとって働きやすい環境を保つよう配慮する注意義務があり，これに違反した場合も損害賠償義務を負う。

解説

Ⅰ. セクハラと労働者の人格

セクハラ（セクシュアル・ハラスメント）は，「他の者を不快にさせる職場における性的な言動」（人事院規則 10─10〔セクシュアル・ハラスメントの防止等〕2 条 1 号）などと定義されることが多い。日本でセクハラが社会問題として認識されるようになったのは，女性の社会進出が進んだ 1980 年代の終わり頃である[*1]。セクハラは，法的には労働者個人の人格と尊厳を損なうものとして，職場内における労働者の人格権侵害行為の一類型と位置づけられる。

一般的にセクハラには，対価型と環境型があるとされており，対価型セクハラは，セクハラに対する労働者の対応（拒否や抵抗）に起因して労働者が，労働条件につき不利益を受けること（解雇，降格など）を意味する。これに対して，環境型セクハラは，労働者の意に反する言動により労働者の就労環境が害され，その結果就業上の支障が生じることを意味する。

*1｜「セクハラ」という語の定着
セクシュアル・ハラスメント（セクシャル・ハラスメントとも表記される）という語が日本社会に浸透したのは1989年である。同年6月に雑誌MOREが「もう許せない!! 実態セクシャル・ハラスメント（性的いやがらせ）」という特集を組み，また，8月には本事件のXが訴訟を提起した。本事件は，日本初のセクハラ訴訟として，マスコミが盛んに報道をおこなった。この年，「セクシャル・ハラスメント」は，新語・流行語大賞の新語部門金賞を獲得している。

Ⅱ. セクハラの法的責任

セクハラ行為があった場合，私法上，加害者は，被害者に対して損害賠償責任を負う（民法 709 条）。また，直接の加害者ではないが，雇い主である使用者も損害賠償責任を負うことがある。本判決が示すように，雇用する労働者が第三者（職場の同僚も含む）に損害を与えた場合，使用者責任（民法715条[*2]）が認められ，使用者も損害賠償責任を負うケースが多い[*3]。本判決では，これに加えて，使用者には職場の環境に配慮する義務があり，使用者がそれに違反する場合も損害賠償責任を負うと述べている点が注目される[*4]。

このほか，セクハラ行為は，それ自体が職場の秩序を乱す行為であるため，加害労働者は，懲戒処分の対象にもなりうる。近年の最高裁判決では，管理職による卑猥な言動について，被害者から許されていると勘違いした結果であることや，セクハラ行為に対する事前の警告や注意が無かったことなどを加害労働者に有利な事情として斟酌して懲戒処分を無効とした高裁判決を破棄し，使用者による当初の懲戒処分の有効性を認める（海遊館事件・最一小判平成27・2・26労判1109号5頁）など，セクハラに対して厳しい態度をとるものが目立つ。

Ⅲ. パワハラの法的責任

近年では，セクハラだけでなく，職場上の優越的な関係を背景としたハラスメント，すなわちパワハラも問題とされるようになった。パワハラについてもセクハラと同様に加害者や使用者の法的責任が問われることになる。

パワハラは，抽象的な概念であり，上司などがおこなう業務上の指導等の延長線上でおこなわれることが多い。それゆえ，ある指導等の行為が，法的に許容される範囲に収まるものなのか，あるいは損害賠償責任を発生させるだけの違法性を備えたものなのかを区別することは難しい。この点につき，下級審裁判例をみると，違法性の判断は，業務上の指導などの行為について，当該指導がなされるにいたった経緯やその目的に加え，その態様が，被害者の人格権との関係で社会通念上許容しうる範囲を超えたものであるか等の観点からおこなわれていると考えられる（違法性の肯定例として，ザ・ウィンザー・ホテルズインターナショナル事件・東京高判平成25・2・27労判1072号5頁など。否定例として，前田道路事件・高松高判平成21・4・23労判990号134頁）。

また，2019年には労働施策総合推進法が改正され，事業主に対して，労働者からの相談に応じ，適切に対応するために必要な体制の整備等の雇用管理上必要な措置を講ずる義務が課されることになった（同法30条の2）（［判例**05**］＊5も参照）。

＊2｜使用者責任の成立

民法715条1項は，使用者は「被用者がその事業の執行について第三者に加えた損害を賠償する責任を負う」と定めている。「事業の執行について」という要件は，比較的広く解釈されているので，雇用する労働者によるセクハラ行為の場合には通常この要件は満たされることとなる。また，同項はただし書において，上記の場合に該当したとしても使用者を免責する場合を定めているが，実際には免責の定めは機能しておらず，免責が認められることはほとんどない。

＊3｜債務不履行構成による職場環境配慮義務

本文での説明は，不法行為責任に係る職場環境配慮義務であるが，法的構成としては不法行為責任のほかに，被害者と使用者とで締結されている労働契約上の付随義務として，職場環境配慮義務を位置づけることもできる。実際に裁判例の中には，契約上の職場環境配慮義務に言及するものもある。

＊4｜使用者による体制整備の義務

男女雇用機会均等法11条は，使用者に対して，セクハラに関する相談に応じ，適切に対応するための体制整備等の雇用管理上必要な措置を講じることを義務づけている。同条に基づき，厚生労働省は「事業主が職場における性的な言動に起因する問題に関して雇用管理上講ずべき措置等についての指針」（セクハラ指針）を出しており，事業主の方針等の明確化やその周知・啓発など，使用者が具体的にとるべき措置を示している。

Introduction

2

Contents

労働条件

1.「賃金」って何だろう？

この前，フデバコ社長に「エンピツくんすまん！　うちの会社，いまちょっと赤字で経営が厳しくてさ……今月の給料払えないんだけど，代わりにわが社の商品の炊飯ジャーを10個支給するよ！　定価だと給料と同じくらいだし！」って言われちゃったんだよね。僕ひとり暮らしだし，そんなに炊飯ジャーあっても困るよ……。ネットの「ボールペンオークション」で売るしかないかな……でもちゃんと定価で売れるのかな？

労働者の「賃金」を保護するため，労基法にはさまざまな規定が置かれている。たとえば，労働契約を結ぶ際には，使用者は労働者に対して賃金について明示しなければならない（労基法15条1項）とか，労働者が女性であることを理由として賃金について差別してはならない（労基法4条）など，このほかにも多くの規定がある。また，労働者が賃金を確実に受領できるよう，賃金の支払方法についてのルールが定められている（労基法24条。〔判例 **09**〕）。

これらの賃金保護規定に違反した使用者には，罰則が科される。したがって，何をすると罰則となりうるかを使用者が予測しやすくするためにも，労基法上の「賃金」とは何かを明確にしておく必要がある。そこで，労基法を見てみると，「賃金とは，賃金，給料，手当，賞与その他名称の如何を問わず，労働の対償として使用者が労働者に支払うすべてのもの」との規定がある（労基法11条）。したがって，この定義に当てはまるものが労基法上の「賃金」ということになる。

もう少し具体的に見ていこう。この定義に関して一番問題となるのが「労働の対償」か否か，という点である。「労働の対償」とは，労働に対する対価ということであるが，使用者が給付する金銭がこれにあたるかをひとつひとつ精査するのは極めて難しい。そこで，行政実務上は，「任意的恩恵的給付[*1]」，「福利厚生給付[*2]」，「企業設備・業務費[*3]」という概念を打ち立てたうえで，これらにあたらないものを「労働の対償」であるとしている。このほか，賃金の定義のうち「使用者が労働者に支払うすべてのもの」という部分も注意が必要である。「チップ」は客が労働者に直接支払うものなので賃金ではないとされる。しかし，同じ位置づけの金銭であっても，客が「サービス料」という形で会計時に飲食代と併せて支払い，それを使用者が当日労働した者に

＊1｜任意的恩恵的給付
たとえば，結婚祝金，病気見舞金，近親者死亡の弔慰金などの慶弔金がこれにあたる。また，退職金や賞与についても，それを支給するか否か，いかなる基準で支給するかが使用者の裁量に委ねられているものについては，任意的恩恵的給付とされる。しかし，このようなものでも，労働協約や就業規則などで支給条件が明確に定められているものは「労働の対償」であるとされている。

＊2｜福利厚生給付
生活資金・教育資金などの金銭貸付，労働者の福利の増進のための定期的な金銭給付，住宅の貸与などがこれにあたる。家族手当および住宅手当もこれにあたるが，賃金規定等で内容が明確になっている場合には賃金とされる。

機械的に分配する場合には，使用者が支払っているので賃金にあたると解されている。[＊4]

賃金については，前述の支払方法のほかに，退職金をめぐる争いも重要である（[判例 10]）。

2. しっかり働き，しっかり休もう！

僕，お金が欲しいから，もっと働きたいんだ！　だから，フデバコ社長と話し合って，1日 15 時間働く契約を結ぼうと思ってるんだ。休憩時間も有給休暇も要らない！　体力には自信があるから，問題ないよ！　……え？　そういう契約は結べないの？　ちゃんと合意して決めてるのに？

企業においては，多くの場合，就業規則で働く時間が定められ，労働者はこれに従って労働をすることになる。このように，企業が定める，始業時刻から終業時刻までの時間から休憩時間を除いた時間のことを「所定労働時間」という。

一方で，労基法は，1 週間および 1 日につき労働者を労働させることのできる最長時間を「1 週間 40 時間，1 日 8 時間」と定めている（労基法 32 条）。労基法が定めるこの労働時間の原則的な限度のことを「法定労働時間」という。また，同法は，1 日の労働時間が 6 時間を超える場合には 45 分以上，8 時間を超える場合には 1 時間以上の休憩を労働時間の途中に与えなければならず（労基法 34 条 1 項[＊5]），また原則として週 1 回以上の休日を与えなければならないとしている（労基法 35 条 1 項[＊6]）。使用者がこれらの条文に違反する内容を就業規則に定めていた場合には，その定めは無効となり，強制的に，これらに違反しないように修正される（労基法 13 条）。たとえば，ある企業が就業規則に「始業午前 8 時 30 分，終業午後 6 時，休憩午前 12 時から午後 1 時まで」と定めていた場合，所定労働時間が 8 時間 30 分となっているので，最後の 30 分の部分が無効となり，終業時刻は午後 5 時 30 分に修正される。加えて，これらの条文に違反して働かせていた使用者には，罰則が科されることとなる（労基法 119 条）。

このように，労基法では，労働時間・休憩・休日について，労働者保護のために最低基準を設けている。そして，この労働時間にあたるか否かは，「使用者の指揮命令下」に置かれていたものと言えるか否かにより客観的に決まる（[判例 11]）。もっとも，これら規定は「管理監督者」などの一定の者には適用が除外されている（労基法 41 条。[判例 15]）。また，労使の合意により法定時間外・休日労働ができるようにするための労使協定（いわゆる「三六協定」）を締結し労働基準監督署に届け出れば，割増賃金の支払と引き換えに，適法に法定時間外・休日労働をさせることができる（労基法 36 条・37 条。[判例 12] [判例 13]）。加えて，現在では労働の柔軟化に対する労使双方の要望を受けて，さまざまなかたちの労働時間制度が創られている（[判例 14]）。

また，労基法は，前述の法定休日のほか，労働者の心身の疲労回復を図り，またゆとりある生活の実現に資するという趣旨から，毎年一定日数，賃金を得ながら休暇を取ることができる権利を保障した（詳細は [判例 16]）。しかし，わが国では，この「年次有給休暇」を労働者が十分に消化できておらず，また使用者が利用を拒むケースも少なくない（[判例 17]）など，多くの問題を抱えている。

＊3 | 企業設備・業務費

たとえば，作業服，作業用品代，出張旅費，交際費，器具損料などがこれにあたる。ただし，通勤手当やその現物支給たる通勤定期券は，本来なら労働者が負担すべきものであるので，その支給基準が定められている限りは賃金にあたるとされる。

＊4 |

そのほか，社外積立ての退職年金等で外部の金融機関や基金から支払われるものは賃金ではないとされている。

＊5 |

休憩時間中は，労働からの解放が完全に保障されていなければならない（休憩自由利用の原則）。したがって，休憩時間中の外出も原則として自由である。

＊6 |

例外として，就業規則において起算日を定めることで，4 週間ごとに 4 日以上の休日を与える「変形週休制」という方法でもよいとされている（労基法35条2項）。

09 全額払と合意による相殺

日新製鋼事件

最高裁平成2年11月26日第二小法廷判決(民集44巻8号1085頁) ▸百選32

事案をみてみよう

Zは，Y社に在職中，退職の際には退職金等によって残債務を一括弁済する約定で，Y社などから計550万円を借り入れた（以下「本件借入金」という)。しかしその後，Zは交際費等に充てるために借財を重ねたため，総額7000万円余の負債をかかえ破産申立て[*1]をするほかない状態になってしまった。そこで，Y社を退職することを決意し，Y社に対し，本件借入金の残債務を退職金等で返済する手続をとるように依頼した。これに応じたY社は，Zの退職金等を本件借入金の弁済に充て，後日，残額のみをZに交付した（以下「本件清算処理」という)。

その後，破産宣告（現行の破産法では「破産手続開始決定」）を受けたZの破産管財人[*2]となったXは，本件清算処理が労基法24条1項に定める賃金全額払の原則に違反して無効であるなどと主張して，Y社に対しZの退職金等の支払を請求した。第一審はXの請求を認容したが，原審は第一審判決を取り消したことから，Xが上告した。

＊1｜破産申立てと破産手続

破産申立てとは，裁判所に破産手続の開始を申し立てること。また，破産手続とは，破産管財人が，支払不能または債務超過の状態に陥った債務者（破産者）の財産を管理・換価処分して，それによって得た金銭を債権者に弁済または配当するという裁判（法的整理）手続のことである。

＊2｜破産管財人

破産手続において財産の管理処分権を有する者である。裁判所は，破産手続開始の決定と同時に，破産管財人を選任する。多くの場合は弁護士が選任される。

＊3｜抵当権

債務者が貸金などを返済できなくなった場合（債務不履行）に，債権者が担保とした土地や建物の売却代金をもって弁済を受ける権利のことである。抵当権を設定できるほどの高価なもの（土地や建物など）がないと多額の借財をすることはできないのが一般的だが，本件では，抵当権の設定をしなくても借財ができており，これはZにとって有利なものであった。

読み解きポイント

① 賃金全額払の原則について，労基法24条1項ただし書で認められている例外のほかに，同原則の例外は認められているか。

② 本判決の言う「労働者がその自由な意思に基づき右相殺に同意した場合」とは，具体的にはどのような場合が想定されているか。

判決文を読んでみよう

「労働基準法……24条1項本文の定めるいわゆる賃金全額払の原則の趣旨とするところは，使用者が一方的に賃金を控除することを禁止し，もって労働者に賃金の全額を確実に受領させ，労働者の経済生活を脅かすことのないようにしてその保護を図ろうとするものというべきであるから，使用者が労働者に対して有する債権をもって労働者の賃金債権と相殺することを禁止する趣旨をも包含するものであるが，労働者がその自由な意思に基づき右相殺に同意した場合においては，右同意が労働者の自由な意思に基づいてされたものであると認めるに足りる合理的な理由が客観的に存在するときは，右同意を得てした相殺は右規定に違反するものとはいえない……。もっとも，右全額払の原則の趣旨にかんがみると，右同意が労働者の自由な意思に基づくものであるとの認定判断は，厳格かつ慎重に行われなければならない」。

「Zは，Y社の担当者に対し右各借入金の残債務を退職金等で返済する手続を執ってくれるように自発的に依頼しており，本件委任状の作成，提出の過程においても強要にわたるような事情は全くうかがえず，右各清算処理手続が終了した後においてもY社の担当者の求めに異議なく応じ，退職金計算書，給与等の領収書に署名押印をしているのであり，また，本件各借入金は，いずれも，借入れの際には抵当権[*3]の設定はされず，低利かつ相当長期の分割弁済の約定のもとにZが住宅資金として借り入れたものであり，……Zの利益になっており，同人においても，右各借入金の性質及び退職するときには退職金等によりその残債務を一括返済する旨の前記各約定を十分認識していたことがうかがえるのであって，右の諸点に照らすと，本件相殺におけるZの同意は，同人の自由な意思に基づいてされたものであると認めるに足りる合理的な理由が客観的に存在していたものというべきである。」

この判決が示したこと

① 労働者が相殺に同意した場合において，その同意が労働者の自由な意思に基づいてされたものであると認めるに足りる合理的な理由が客観的に存在するときは，当該相殺は賃金全額払の原則に反しない。

② 相殺を合意する手続の際，労働者は自発的に行っており強要されたような事情は全く見られないことや，Zが相殺の具体的内容を十分認識していたことの諸点に照らして，Zの自由な意思に基づいて相殺を行ったと認めるに足りる合理的な理由が客観的に存在している。

解説

Ⅰ．賃金の支払に関する諸原則

労働者の生活の糧である賃金が確実に労働者の手に渡るよう，労基法24条では賃金の支払い方について4つの原則が定められている。1つ目は「通貨払の原則」である。これは，賃金が即座に使用できるよう，「通貨」で支払わなければならないとするものである。「通貨」とは日本国において通用力のある日本円のことであり，ドルなど外国通貨はこれに含まない。小切手による支払も，労働者がそれを日本円に換金しなければならず即座には使用できないので許されない[*4]。会社の商品などを賃金の代わりに支給する現物支給ももちろんダメである[*5]。通貨払の原則の例外としては，①法令で定める場合[*6]，②労働協約で定める場合，③厚生労働省令で定める場合がある（労基法24条1項ただし書）。③の例としては，賃金の口座振込み[*7]などのほか，近年のキャッシュレス決済の普及をうけて，2023年から，いわゆる賃金のデジタル払いも認められている。

2つ目は，「直接払の原則」である。これは，賃金は直接労働者に支払わなければならないとするものである。以前は親方や職業仲介人が労働者の代理で賃金を受け取り中間搾取してしまうことや年少者の賃金を親が奪い取るなどの弊害が多く見られていたため，これを排除するために定められたものである。労働者が賃金債権を第三者

*4　ただし，退職金については自己宛ての小切手で支払うことは許されている（労基則7条の2第2項）。

*5　通勤定期券も現物支給と扱われる。

*6　今のところ，これにあたるものは存在しない。

*7　労働者の賃金を銀行振込みにする場合，①労働者の同意を得ること，②労働者が指定する銀行その他の金融機関の本人名義の預貯金口座に振り込むこと，が必要である（労基則7条の2）。なお，振込手数料を労働者負担にして振り込むことは，賃金全額払の原則に反するので許されない。

*8　債権譲渡
契約により債権を第三者に譲り渡すことをいう（民法466条）。これにより，もとの債権者（A）の債務者（B）に対する債権は，そのままの内容で，債権を譲り受けた第三者（C）のBに対する債権に転換する。

*9　ただし，限度額あり。民事執行法152条および国税徴収法76条を参照。

*10　ただし，出勤日数が少ないアルバイトなどに対し，本来の給料日の直近の出勤日に賃金を支払うといったことは許容されるべきだろう。

*11　相殺
相手に対して同種の債権をもっている場合に，双方の債権を対当額だけ消し合う行為のことである（民法505条）。どちらかの当事者の一方的な意思表示によって行うことができる（民法506条）。

に譲渡した場合[*8]でも，債権の譲受人に賃金を支払うことは許されない。もっとも，国税徴収法や民事執行法に基づいて賃金が差し押さえられた場合に，使用者が行政官庁や債権者に賃金の一部を支払うことは例外として許されている[*9]。

３つ目は，「全額払の原則」であり，賃金はその全額を支払わなければならないとするものである。ただし，法令に別段の定めがある場合または労使協定がある場合においては，賃金の一部を控除して支払うことができる。法令に別段の定めがある場合とは，給与所得税の源泉徴収や社会保険料の控除などである。

最後の４つ目は，「毎月１回以上一定期日払の原則」である。これも文字通り，賃金は毎月１回以上，一定の期日を定めて支払わなければならないとするものである。賃金支払期日の間隔が長すぎることや支払日が一定でないことによる労働者の生活上の不安定を防ぐ趣旨である。そのため，たとえば「毎月第３月曜日」といった定め方も，変動幅が７日間もあるため許されない[*10]。もっとも，賞与および１か月を超える期間についての精勤手当などはこの原則が及ばないとされている（労基法施行規則８条）。

Ⅱ. 全額払の原則と合意に基づく相殺・放棄

1 ▸▸ 合意に基づく相殺

さて，本件では，前述の全額払の原則の例外として，使用者が労働者との合意に基づき賃金債権を相殺[*11]することが許されるかが問題となった。最高裁は従来から，生活の基盤たる賃金を労働者に確実に受領させることが全額払の原則の趣旨であるとして，使用者の一方的な意思表示による相殺については禁じている[*12]。ただし，例外として，使用者が賃金を払い過ぎた場合に，のちの賃金から差し引くこと（調整的相殺）は，金額が多額でない場合に，過払いのあった時期と接近した時期に労働者に予告を経て行うなど，労働者の経済生活の安定を脅かすおそれがない場合には許容されている[*13]。

また，本件では，労働者との合意に基づく相殺の適法性が問題となったが，「労働者の自由な意思[*14]に基づいてされたものであると認めるに足りる合理的な理由が客観的に存在するとき」に限り，当該相殺は適法であると判示している。具体的には，相殺合意の前後にそれを強要されたような事情がないことや，労働者が相殺の内容を十分に理解していることなどから，当該合意に基づく相殺は賃金全額払の原則に違反しないとした[*15]。

2 ▸▸ 賃金債権の放棄

このほか，労働者が賃金債権を放棄することが賃金全額払の原則に反しないかも問題となるが，合意による相殺の場合と同様に，労働者の自由な意思に基づいていることが認められる場合には同原則には反しないとされている[*16]。

＊12｜
関西精機事件・最二小判昭和31・11・2民集10巻11号1413頁，日本勧業経済会事件・最大判昭和36・5・31民集15巻5号1482頁。

＊13｜
福島県教組事件・最一小判昭和44・12・18民集23巻12号2495頁〔百選31〕，群馬県教組事件・最二小判昭和45・10・30民集24巻11号1693頁。

＊14｜自由な意思
詳細は〔判例**27**〕を参照。

＊15｜
もっとも，このように合意による相殺を認める立場に対しては，①労基法は同法が定める基準に違反した場合には当事者の合意があってもそれを許さない法律（強行法規）であること，②全額払の原則には前述のとおり労使協定による集団的な合意がある場合に限り例外が認められていること，の2点から，使用者と労働者個人との合意による例外を安易に認めるべきではないと批判する見解も有力に主張されている。

＊16｜
在職中の不正経理の損害填補の趣旨も込めて退職金を放棄した退職者が，賃金全額払の原則によりその放棄は無効であるとして退職金を請求した事件において，退職者の当該意思表示は自由な意思に基づくものと認めるに足りる合理的な理由が客観的に存在していたとして，退職金の放棄が有効とされている。シンガー・ソーイング・メシーン事件・最二小判昭和48・1・19民集27巻1号27頁。

10 退職金の減額 小田急電鉄（退職金請求）事件

東京高裁平成15年12月11日判決（労判867号5頁） ▸百選34

 事案をみてみよう

Xは，鉄道会社Y社の案内所において，特急の予約受付や国内旅行業務に従事していた。平成12（2000）年，Xは電車内で女子大学生に痴漢行為を行い逮捕され，東京都迷惑防止条例違反で略式起訴されたのち，罰金刑を言い渡された。これに対しY社は，賞罰委員会を開催したうえで，Xを昇給停止と降職の処分に付した。しかしXは，その数か月後にも同様の痴漢行為を行い逮捕・起訴され（以下「本件行為」），さらに以前にも同様の行為を行っていたことが判明し，合計4度，逮捕・起訴されていたことが明らかとなった。これをうけてY社は，Xに対し，いかなる処分に対しても一切弁明をしない旨の「自認書」に署名押印させたうえで賞罰委員会にかけ，Xを懲戒解雇した。

Y社の退職金支給規則には，「懲戒解雇により退職するもの，または在職中懲戒解雇に該当する行為があって，処分決定以前に退職するものには，原則として，退職金は支給しない」との条項があり，Y社はこれに基づき退職金を不支給とした。

これに対しXは，当該懲戒解雇の無効および退職金の支払等を求めて訴えを提起した。第一審はXの請求を棄却したことから，Xが控訴した。

読み解きポイント

① 懲戒解雇の場合であっても，退職金の支給制限規定が全面的には適用されないのはどのような場合か。

② 本判決では，いかなる事情が考慮され，退職金の一部支給が認められたか。

判決文を読んでみよう

「退職金の支給制限規定は，一方で，退職金が功労報償的な性格を有することに由来するものである。しかし，他方，退職金は，賃金の後払い的な性格を有し，従業員の退職後の生活保障という意味合いをも有するものである。ことに，本件のように，退職金支給規則に基づき，給与及び勤続年数を基準として，支給条件が明確に規定されている場合には，その退職金は，賃金の後払い的な意味合いが強い。」

「従業員は，そのような退職金の受給を見込んで，それを前提にローンによる住宅の取得等の生活設計を立てている場合も多いと考えられる。それは必ずしも不合理な期待とはいえないのであるから，そのような期待を剥奪するには，相当の合理的理由

が必要とされる。そのような事情がない場合には，懲戒解雇の場合であっても，本件条項は全面的に適用されないというべきである。

そうすると，このような賃金の後払い的要素の強い退職金について，その退職金全額を不支給とするには，それが当該労働者の永年の勤続の功を抹消してしまうほどの重大な不信行為があることが必要である。ことに，それが，業務上の横領や背任など，会社に対する直接の背信行為とはいえない職務外の非違行為である場合には，それが会社の名誉信用を著しく害し，会社に無視しえないような現実的損害を生じさせるなど，上記のような犯罪行為に匹敵するような強度な背信性を有することが必要である」。この「判断に際しては，当該労働者の過去の功，すなわち，その勤務態度や服務実績等も考慮されるべき」である。

そうすると，強度の背信性がない「場合には，当該不信行為の具体的内容と被解雇者の勤続の功などの個別的事情に応じ，退職金のうち，一定割合を支給すべきものである。本件条項は，このような趣旨を定めたものと解すべきであり，その限度で，合理性を持つ」。

Xの「痴漢行為は，いずれも電車内での事件とはいえ，会社の業務自体とは関係なくなされた，Xの私生活上の行為である。……これらについては，報道等によって，社外にその事実が明らかにされたわけではなく，Y社の社会的評価や信用の低下や毀損が現実に生じたわけではない」。そのため，本件行為が「相当強度な背信性を持つ行為であるとまではいえ」ない。また，「Xの功労という面を検討しても，その20年余の勤務態度が非常に真面目であった」。

「本件行為の性格，内容や，本件懲戒解雇に至った経緯，また，Xの過去の勤務態度等の諸事情に加え，とりわけ，過去のY社における割合的な支給事例等をも考慮すれば，」本来の退職金額の3割を支給するのが相当である。

この判決が示したこと

① 賃金の後払い的要素の強い退職金の場合，その退職金全額を不支給とするには，永年の勤続の功を抹消してしまうほどの重大な不信行為があることが必要である。

② Xの痴漢行為は業務とは関係のない私生活上の行為であること，Y社の社会的評価や信用が現実に害されたわけではないこと，Xの勤務態度は非常に真面目であったこと，Y社では過去に懲戒解雇の場合でも退職金が一部支給された例があったこと，などを考慮すれば，退職金の一部支給が相当である。

解説

I．退職金の法的性格

労働者が退職すると，企業によっては退職金という金銭が支給されることがある。この退職金は，算定基礎賃金（退職時の基本給額であることが多い）に勤続年数別の支給率を乗じて算定されることが多い。そのため，退職金は一般に，「賃金の後払い的性格」をもつものと理解されている。もっとも，支給率は勤続年数が長いほど大きくな

＊1　家庭の事情や転職などを理由とする「自己都合退職」の場合には支給率が相対的に低く，解雇された場合あるいは賃金未払やハラスメントなどのためやむを得ず退職する場合などの「会社都合退職」の場合には支給率が高くなるのが一般的である。

＊2　退職金規程において，会社の利益に反するような競業行為を行う同業他社に転職したり同業他社を開業した場合に，退職金を不支給・減額とする規定を設けている企業は多い。この場合，退職後の競業制限の必要性や競業制限の地域的範囲・期間，実際の競業行為の態様などに照らして，不支給・減額が許されるかが判断される。

＊3　このような退職金の不支給・減額規定については，勤続年数ごとにそれに対応して具体的請求権として確定した退職金が，その後の事情により不支給・減額となってしまうのは労基法24条の「賃金全額払の原則」に違反すると主張する見解もある（「賃金全額払の原則」については，［判例**09**］を参照）。しかし，退職金の額は退職理由や勤続年数などの諸条件に照らして退職時にはじめて確定するものなので，賃金全額払の原則違反にはあたらないとされるのが一般的である。

るのが一般的であり，また，勤務成績が勘案されることもある。退職の理由いかんによって給付額に差が設けられていることも多い[*1]。そこで，このような特徴をもつ退職金は「功労報償的性格」を併せ持つとされている。永年勤続したことに対するいわば謝礼・ご褒美と考えるのである。

Ⅱ. 退職金の減額・不支給条項の適用範囲

多くの企業では，就業規則等で，懲戒解雇の場合あるいは競業避止義務違反[*2]にあたる転職等を行った場合には，退職金を減額あるいは不支給とする旨定められている[*3]。退職金が功労報償であるとのみ解すれば，たとえば懲戒解雇されてしまうような背信的な行為を行った労働者に対して退職金を支払わないことも違和感はない。しかし，退職金が賃金の後払い的性格を持つと解するのであれば，労働者にすでに支払うべき賃金が，その後の労働者の行為いかんによって支給されないのは妥当ではないだろう。そこで本判決では，退職金をどのような性格のものと捉えるかによって，企業の退職金減額・不支給条項が効力を及ぼすことができる範囲が変わるとしている。具体的には，「賃金の後払い的要素の強い退職金について，その退職金全額を不支給とするには，それが当該労働者の永年の勤続の功を抹消してしまうほどの重大な不信行為があることが必要である」と述べている[*4]。そして，「重大な不信行為」とは，「業務上の横領や背任など，会社に対する直接の背信行為」であるとしつつ，そこまでではない職務外の非違行為が「重大な不信行為」であると言えるためには，それが会社の名誉信用を著しく害し，会社に無視しえないような現実的損害を生じさせるなど，上記の犯罪行為に匹敵するような強度な背信性を有することが必要であるとしている。

本判決では，退職金全額を不支給とできる「重大な不信行為」とまでは言えない場合には，不信行為の具体的内容や勤続の功などの個別的事情に応じ，退職金のうち，一定割合を支給すべきとしている点も特徴的である。具体的には，本件ではXの起こした犯罪行為が報道等で知れ渡ったわけではないこと，Xの20年余の勤務態度が非常に真面目であったことなどから，本来の退職金のうち3割は支給すべきであると判示された[*5]。裁判所としては穏当な判断を目指したものとして一定の評価はできる。しかし，なぜ3割支給なのか，その法的根拠は明らかではなく，今後の理論的解明が求められる。

＊4｜
同様の判示をしたものとして，日本高圧瓦斯工業事件・大阪高判昭和59・11・29労民集35巻6号641頁，旭商会事件・東京地判平成7・12・12労判688号33頁，日本コンベンションサービス事件・大阪高判平成10・5・29労判745号42頁等。

＊5｜
類似の判断をしたものとしてはたとえば，私生活上の非違行為を行った労働者に対し，懲戒処分の判断を留保したうえで当該労働者からの辞職の申出を承認したが，その後懲戒解雇相当と判断し退職金を不支給とした事例において，裁判所は，当該非違行為が横領や背任などのように会社を直接の被害者としない私生活上の非行であること，被害者との間では示談が成立していること，当該労働者は当該非違行為以前には一度も懲戒処分を受けたことがなく部内の表彰を受けたこともあることなどから，当該非違行為がそれまでの勤続の功労を抹消してしまうほどのものとはいえないとして，退職金の3割の支払を認めたものがある（NTT東日本（退職金請求）事件・東京高判平成24・9・28労判1063号20頁）。

11 労働時間の概念

三菱重工長崎造船所事件

最高裁平成12年3月9日第一小法廷判決（民集54巻3号801頁）　▶百選35

事案をみてみよう

Xらは，船舶などの製造・修理等を行うY社に雇用され，同社のA造船所に勤務していた。Y社の就業規則では，始業時刻午前8時，終業時刻午後5時，休憩時間は正午から午後1時までと定められていた。また，始終業の基準として，始業に間に合うように更衣等を完了して作業場に到着して，所定の始業時刻に作業場において実作業を開始すること，他方，所定の終業時刻には実作業を終了し，終業後に更衣等を行うものと定めていた。Xらは実作業にあたり作業服・保護具等の装着を義務付けられ，所定の更衣所等で行うものとされており，これを怠ると，懲戒処分を受けたり就業を拒否され，また成績考課に反映され賃金減額にもつながる場合があった。Xらのうち造船現場作業に従事していた者は，材料庫等からの副資材や消耗品等の受出しを午前ないし午後の始業時刻前に行うことを義務付けられており，また，鋳物関係作業に従事していた者は，粉じん防止のため，午前の始業開始前に月数回散水することを義務付けられていた。

Xらは，始終業時における入退場門から更衣所を経て作業場までの往復の歩行時間，更衣所等での作業服・保護具等の着脱に要する時間，終業後の手洗い・洗面・入浴時間，始業時刻前の副資材や消耗品等の受出し・散水の時間等は，労基法上の労働時間に該当すると主張し，Y社に対して割増賃金の支払等を求めて訴えを提起した。

第一審および原審ともに，Xらの請求を一部認容した。そこでY社は，原審敗訴部分を不服として上告した。

読み解きポイント

① 労基法上の労働時間はどのように定義されているか。
② 業務の準備行為が労基法上の労働時間にあたるか否かについて，どのように考えているか。

判決文を読んでみよう

「労働基準法……32条の労働時間とは，労働者が使用者の指揮命令下に置かれている時間をいい，右の労働時間に該当するか否かは，労働者の行為が使用者の指揮命令下に置かれたものと評価することができるか否かにより客観的に定まるものであって，労働契約，就業規則，労働協約等の定めのいかんにより決定されるべきものではない」。「労働者が，就業を命じられた業務の準備行為等を事業所内において行うことを使用者から義務付けられ，又はこれを余儀なくされたときは，当該行為を所定労働時間外において行うものとされている場合であっても，当該行為は，特段の事情のない限り，使用者の指揮命令下に置かれたものと評価することができ，当該行為に要した時間は，それが社会通念上必要と認められるものである限り，労働基準法上の労働時間に該当する」。

「X らは，Y 社から，実作業に当たり，作業服及び保護具等の装着を義務付けられ，また，右装着を事業所内の所定の更衣所等において行うものとされていたというのであるから，右装着及び更衣所等から準備体操場までの移動は，Y 社の指揮命令下に置かれたものと評価することができる。また，X らの副資材等の受出し及び散水も同様である。さらに，X らは，実作業の終了後も，更衣所等において作業服及び保護具等の脱離等を終えるまでは，いまだ Y 社の指揮命令下に置かれているものと評価することができる。」

⇩ **この判決が示したこと** ⇩

① 労基法32条の労働時間とは，労働者が使用者の指揮命令下に置かれている時間をいい，これに該当するか否かは「客観的」に定まるものであって，労働契約，就業規則，労働協約等の定めのいかんにより決定されるべきではない。

② 準備行為等であっても，労働者が，事業所内において行うことを使用者から義務付けられ，またはこれを余儀なくされたときは，当該行為に要した時間は労基法上の労働時間に該当する。

解説

Ⅰ．労基法上の労働時間とは

労基法は，1 日 8 時間，1 週間 40 時間という労働時間の上限を設けている（労基法32 条)。もっとも，労基法上，労働者がどのような行為をしている時間が「労働時間」にあたるのかの定義規定は存在していない。そのため，その内容をめぐっては学説・判例においてさまざまな議論がなされていた。具体的には，大きく分けて，労働者のどの行為をしている時間が労基法上の労働時間にあたるかは当事者が約定により決めることができるとする立場（約定基準説）と，労働時間か否かは合意内容にとらわれず客観的に決まるとする立場（客観説）とがあった。こうしたなか，本判決は，労働時間とは「労働者が使用者の指揮命令下に置かれている時間をいい，右の労働時間に該当するか否かは，労働者の行為が使用者の指揮命令下に置かれたものと評価することができるか否かにより客観的に定まる」と述べ，後者の客観説的な立場に立つことを最高裁としてはじめて明示した点に意義がある。約定基準説のように考えてしまうと，実際上は明らかに「労働」と評価できる活動をしているはずなのに当事者の合意により「労働」と扱われない可能性があり，労働法の潜脱を招くおそれがある。労使の交渉力の非対等性に鑑みるならば，労働者保護の観点からも極めて問題である。行政解釈も本判決と同様の立場をとっており，現在では学説上も客観説が通説となっている。

Ⅱ. 業務の本作業以外の時間の労働時間該当性

以上のように，本判決は「労働者が使用者の指揮命令下に置かれているか」という客観的な基準により，労基法上の労働時間か否かを判断した。そして，必ずしも業務の本作業とは言えないような準備や後片付けの行為も，使用者から義務付けられ，または余儀なくされた場合には，使用者の指揮命令下に置かれていると評価できるとして，当該行為に要した時間は労基法上の労働時間に該当するとした。

労働者の活動が労基法上の労働時間にあたるか否かについては，仮眠時間などの「不活動時間」と呼ばれる時間についても多く争われている。たとえば，ビルの監視業務に従事していた労働者が，24 時間勤務のうち 2 時間程度の休憩時間のほか 8 時間程度の仮眠時間が与えられていた事案では，最高裁は「不活動仮眠時間であっても労働からの解放が保障されていない場合には」使用者の指揮命令下に置かれており労基法上の労働時間にあたると述べたうえで，仮眠時間中でも仮眠室における待機および電話対応，警報対応が義務付けられていたことを指摘し，当該仮眠時間は全体として労働時間にあたると述べている。[*1]

Ⅲ. 就労形態の変化と新たな労働時間のとらえ方

さて，現代社会においては，従来から労働法が想定していた古典的な工場労働ではなくホワイトカラー労働が多数を占め，さらにはデジタル社会の進展とともにテレワークが一般化するなど，労働形態が大きく変化している。それに伴い，時間的・場所的拘束が弱く，具体的な指揮命令があいまいであったり，労働と日常生活の境界線が不明確な働き方が増えるなど，従来の指揮命令下説ではとらえられない労働が出現している。そこで昨今では，「指揮命令」以外の判断要素も加味すべきとする見解が有力に唱えられている。たとえば，「指揮命令」があったか明確ではない場面では，労働者の活動が業務に関連したものであるか否かも考慮すべきとする見解が有力に唱えられている。[*2]

＊1｜大星ビル管理事件・最一小判平成14・2・28民集56巻2号361頁〔百選36〕。もっとも，この事案では仮眠時間に対し「泊り勤務手当」が支払われ，それ以外の賃金を支給する合意がなかったと解釈されるとして，当該手当および，労基法37条に従い仮眠時間中に実作業に従事した時間分の割増賃金を支払うべきとされた。

＊2｜この見解は，使用者が知らないままに労働者が勝手に業務に従事した時間までも労働時間とすることは適切ではないことを踏まえ，労働時間を「使用者の作業上の指揮監督下にある時間または使用者の明示または黙示の指示によりその業務に従事する時間」と定義する（限定的指揮命令下説〔部分的二要件説〕）。このほか，裁判例の傾向や労基法32条の構造から，労働時間は，使用者がどれだけ関与しているか，また労働者の活動が「職務」と言えるか，という二要件から構成されており，いずれか一方が完全に欠ければ労働時間性が否定されるとする説などが唱えられている（相補的二要件説）。

12 時間外労働義務 日立製作所武蔵工場事件

最高裁平成3年11月28日第一小法廷判決(民集45巻8号1270頁) ▸百選38

事案をみてみよう

Xは，Y社のM工場に勤務し，トランジスターの品質と歩留り（良品率）の向上を管理する部署に所属していた。ある日，Xの手抜き作業が判明したため，Xの上司は，Xに対し残業をして作業のやり直しなどをするよう命じた。しかし，Xはこれを拒否して帰宅し，翌日にその命じられた作業を行った。

M工場の就業規則には，業務上の都合によりやむを得ない場合には，労働者の過半数で組織されているA労働組合との協定により，1日8時間の実働時間を延長できる旨が定められていた。そして，これにより締結された協定（本件三六協定）では，「①納期に完納しないと重大な支障を起すおそれのある場合，……⑤生産目標達成のため必要ある場合，⑥業務の内容によりやむを得ない場合，⑦その他前各号に準ずる理由のある場合は，実働時間を延長することがある」との規定があった。

Y社は，残業命令に従わなかったことを理由にXを14日間の出勤停止処分とし，始末書の提出を命じた。しかし，Xは残業命令に従う義務はないとの態度を変えず，提出した始末書も「反省している始末書とは思えない」として受理されなかった。Y社は，Xの過去4回の懲戒処分歴も踏まえ，就業規則所定の「しばしば懲戒，訓戒を受けたにもかかわらず，なお悔悟の見込のないとき」に該当するとして，Xを懲戒解雇に処した。

Xは，当該懲戒解雇は無効であるとして従業員たる地位の確認の訴えを提起した。第一審はXの請求を認容したが，原審はXの残業義務を肯定しXの請求を棄却した。そこで，Xが上告した。

読み解きポイント

① 労働者の時間外労働の義務は，何を根拠に発生すると考えられているか。
② 就業規則の合理性は，どのように判断されているか。

判決文を読んでみよう

「労働基準法……32条の労働時間を延長して労働させることにつき，使用者が，当該事業場の労働者の過半数で組織する労働組合等と書面による協定（いわゆる三六協定）を締結し，これを所轄労働基準監督署長に届け出た場合において，使用者が当該事業場に適用される就業規則に当該三六協定の範囲内で一定の業務上の事由があれば労働契約に定める労働時間を延長して労働者を労働させることができる旨定めているときは，当該就業規則の規定の内容が合理的なものである限り，それが具体的労働契約の内容をなすから，右就業規則の規定の適用を受ける労働者は，その定めるところに従い，労働契約に定める労働時間を超えて労働をする義務を負う」。

「Y 社の M 工場における時間外労働の具体的な内容は本件三六協定によって定められているが，本件三六協定は，Y 社（M 工場）が X ら労働者に時間外労働を命ずるについて，その時間を限定し，かつ，前記①ないし⑦所定の事由を必要としているのであるから，結局，本件就業規則の規定は合理的なものというべきである。なお，右の事由のうち⑤ないし⑦所定の事由は，いささか概括的，網羅的であることは否定できないが，企業が需給関係に即応した生産計画を適正かつ円滑に実施する必要性は同法〔労基法〕36 条の予定するところと解される上，……Y 社（M 工場）の事業の内容，X ら労働者の担当する業務，具体的な作業の手順ないし経過等にかんがみると，右の⑤ないし⑦所定の事由が相当性を欠くということはできない。

そうすると，Y 社は，……本件三六協定所定の事由が存在する場合には X に時間外労働をするよう命ずることができたというべきところ，〔上司〕が発した右の残業命令は本件三六協定の⑤ないし⑦所定の事由に該当するから，これによって，X は，前記の時間外労働をする義務を負うに至ったといわざるを得ない。」

この判決が示したこと

① 三六協定の締結・届出がなされ，就業規則に当該三六協定の範囲内で一定の業務上の事由があれば時間外労働をさせることができる旨定めている場合には，その就業規則の内容が合理的であることを条件に，労働者はその定めに従い時間外労働義務を負う。

② 本件三六協定は，使用者が労働者に時間外労働を命ずるについて，その時間を限定し，かつ，①ないし⑦所定の事由を必要としているのであるから，結局，それを受けた本件就業規則の規定も合理的である。

解説

I. 三六協定とは

労基法は，労働時間の上限を設定し，使用者がこれを超えて労働者に労働させることを禁止している（労基法 32 条～32 条の 5・40 条）。もっとも，これにはいくつか例外があり，その 1 つとして，使用者が事業場の労働者の過半数で組織する組合，またはそれがないときは労働者の過半数を代表する者との間で書面による協定を締結し，労基署に届け出た場合には，使用者がこの定めに従い労働者に時間外労働をさせても労基法違反とはならないとされている[*1]。この規定は労基法 36 条に定められていることから，同条に従い締結された協定のことは，通称「三六協定[*2]」と呼ばれている。三六協定が締結・届出されることで，使用者は労基法違反とはならず，刑事責任を免除される（免罰的効果）。

＊1｜このほか，災害その他の臨時の必要がある場合で，行政官庁の許可を受けた場合（事後，遅滞なく届け出た場合でも可）（労基法33条1項），公務員が，公務のため臨時の必要がある場合（労基法33条3項）にも，適法に法定時間外・休日労働ができる。

＊2｜三六協定では，以下の事項を定めなければならない（労基法36条2項）。①労働時間を延長し，または休日に労働させることができることとされる労働者の範囲，②対象期間，③労働時間を延長し，または休日に労働させることができる場合，④延長して労働させることができる時間または労働させることができる休日の日数，⑤その他，厚生労働省令で定める事項。

Ⅱ. 時間外労働義務の根拠

もっとも，三六協定の締結・届出は，使用者が労基法による処罰を免れる効果を持つに過ぎないものである。使用者が労働者に時間外労働を義務付けるためには，別途，労働契約上の根拠が必要となる。労働者に時間外労働義務を生じさせるために，労働契約上どのような根拠が必要かについては，大別すると，これまで包括的同意説と個別的同意説の2つの見解が示されてきた。包括的同意説では，労働協約，就業規則または労働契約において時間外労働を命ずるための一般的規定があり，かつ三六協定が締結されていれば，三六協定の定める限度で労働者に時間外労働義務が発生するとされる。一方で個別的同意説では，労働協約，就業規則または労働契約の定めでは足りず，個々の労働者が使用者による時間外労働の申込みにその都度合意した場合に，時間外労働義務が発生すると説かれている。このような議論があるなか，本判決で最高裁が包括的同意説に立つことを明らかにした点で，理論上および実務上，重要な意義を有する。

また，本判決は，就業規則の合理性に関する従来の判例法理[*3]に従い，労働者の時間外労働義務を定める就業規則の規定が合理的であれば労働契約の内容となると判示している。本件では，就業規則に時間外労働の具体的内容は定められておらず，詳細は三六協定に委ねる旨規定されていたため，結局のところ三六協定の当該内容の合理性が問題となる。この点につき本判決は，本件三六協定が時間外労働の上限を設定しており，かつ①から⑦の要件を設けていることから合理的なものと判断している。そもそも，時間外労働の上限と時間外労働の具体的事由は，三六協定で必ず定めなければならない事項とされている（労基法36条2項）。したがって，適法な三六協定が定められている場合，本件のように時間外労働の詳細を三六協定に委ねる旨規定された就業規則の合理性は，ほとんどのケースで肯定されることとなろう。

もっとも，現在では2018年制定の働き方改革関連法による労基法36条の改正で，時間外労働の限度時間が定められていることに注意が必要である（同法36条3項〜6項）[*4]。この改正をうけて，労基法に規定する限度時間を超える時間外労働時間を定める三六協定は無効であり，そのような三六協定に時間外労働の詳細を委ねる就業規則の規定は労働契約の内容とはならないとする見解も有力に主張されている[*5]。この見解に従うと，三六協定が労基法に規定する限度時間を超える時間外労働時間を定めている場合には，労働者は時間外労働義務を負わないことになる。当該論点について判示した裁判例は今のところ見あたらないが，今後の学説・裁判例の推移を見守る必要がある。

＊3 ［判例**26**］参照。

＊4 この限度時間は，原則として1か月につき45時間，1年につき360時間と規定されている（労基法36条4項）。もっとも，通常予見できない業務量の大幅な増加等に伴い，臨時的に「限度時間」を超えた時間外労働の必要性がある場合については，1年のうち6か月以内で「特別協定」による「限度時間」を超えた時間外労働を行うことができるとされており，その場合の特別の上限は，1か月100時間未満（休日労働含む），1年720時間となっている（労基法36条5項）。

＊5 土田道夫『労働契約法〔第3版〕』（有斐閣，2024年）424〜425頁。

13 定額残業制

国際自動車事件

最高裁令和2年3月30日第一小法廷判決（民集74巻3号549頁）　▶百選40

事案をみてみよう

Xらは，タクシー乗務員としてY社に勤務していた。Xらの賃金は，Y社の賃金規則によると，基本給，服務手当，歩合給，割増金等で構成されていた。このうち，歩合給の一部（以下，「歩合給①」）は，揚高[*1]を基に計算された金額（以下「対象額A」）から，割増金（深夜手当，残業手当，公出手当〔休日労働手当〕）および交通費を差し引いた額とされていた。そのため，歩合給①が0円となるまでは，時間外労働等が行われても賃金総額は増加しない構造になっていた。

Xらは，歩合給①から割増金を差し引く旨の賃金規則の定めは無効であるとして，当該賃金の支払を求めて訴えを提起した。原審は，本件賃金規則は適法であるとしてXらの請求を棄却した。そこでXらが上告受理を申し立てた。[*2]

＊1｜揚高

タクシー業界の用語で，売上げのことを指す。「あげだか」と読む。

＊2｜

本判決は，いちど最高裁まで争われた事件の差戻審である。差し戻される前の第一審（東京地判平成27・1・28労判1114号35頁）および控訴審（東京高判平成27・7・16労判1132号82頁）では，歩合給①から割増金を控除する賃金規則の定めは無効であるとしたが，上告審（最三小判平成29・2・28労判1152号5頁）では，賃金規則に基づく割増賃金の支払が労基法37条の割増賃金の支払といえるか否かは問題となり得るものの，賃金規則の定めが当然に労基法37条の趣旨に反して公序違反で無効と解することはできないとして，賃金規則における賃金の定めにつき，通常の労働時間の賃金にあたる部分と同条の定める割増賃金にあたる部分とを判別することができるか否か，また，そのような判別をすることができる場合に，賃金規則に基づいて割増賃金として支払われた金額が同条等に定められた方法により算定した割増賃金の額を下回らないか否かについて審理判断させるため，控訴審判決を破棄差し戻した。

読み解きポイント

① 時間外労働の割増賃金の計算方法につき，どのように述べているか。

② 会社から支払われた割増賃金が労基法37条の基準を下回っていないかを検討する前提として，何が明確になっている必要があるとしているか。

判決文を読んでみよう

「割増賃金の算定方法は，労働基準法37条等に具体的に定められているが，労働基準法37条は，労働基準法37条等に定められた方法により算定された額を下回らない額の割増賃金を支払うことを義務付けるにとどまるものと解され，使用者が，労働契約に基づき，労働基準法37条等に定められた方法以外の方法により算定される手当を時間外労働等に対する対価として支払うこと自体が直ちに同条に反するものではない」。

「他方において，使用者が労働者に対して労働基準法37条の定める割増賃金を支払ったとすることができるか否かを判断するためには，割増賃金として支払われた金額が，通常の労働時間の賃金に相当する部分の金額を基礎として，労働基準法37条等に定められた方法により算定した割増賃金の額を下回らないか否かを検討することになるところ，その前提として，労働契約における賃金の定めにつき，通常の労働時間の賃金に当たる部分と同条の定める割増賃金に当たる部分とを判別することができることが必要である」。

「割増金が時間外労働等に対する対価として支払われるものであるとすれば，割増金の額がそのまま歩合給①の減額につながるという上記の仕組みは，当該揚高を得るに当たり生ずる割増賃金をその経費とみた上で，その全額をタクシー乗務員に負担させているに等しいものであって……労働基準法 37 条の趣旨に沿うものとはいい難い。また，割増金の額が大きくなり歩合給①が 0 円となる場合には，出来高払制の賃金部分について，割増金のみが支払われることとなるところ，この場合における割増金を時間外労働等に対する対価とみるとすれば，出来高払制の賃金部分につき通常の労働時間の賃金に当たる部分はなく，全てが割増賃金であることとなるが，これは，法定の労働時間を超えた労働に対する割増分として支払われるという労働基準法 37 条の定める割増賃金の本質から逸脱したものといわざるを得ない」。

「結局……出来高払制の下で元来は歩合給①として支払うことが予定されている賃金を，時間外労働等がある場合には，その一部につき名目のみを割増金に置き換えて支払うこととするものというべきである……。そうすると，本件賃金規則における割増金は，その一部に時間外労働等に対する対価として支払われるものが含まれているとしても，通常の労働時間の賃金である歩合給①として支払われるべき部分を相当程度含んでいるものと解さざるを得ない。そして，割増金として支払われる賃金のうちどの部分が時間外労働等に対する対価に当たるかは明らかでないから，本件賃金規則における賃金の定めにつき，通常の労働時間の賃金に当たる部分と労働基準法 37 条の定める割増賃金に当たる部分とを判別することはできない」。

「対象額 A から控除された割増金は，割増賃金に当たらず，通常の労働時間の賃金に当たるものとして，労働基準法 37 条等に定められた方法により……割増賃金の額を算定すべきである。」

この判決が示したこと

① 労基法37条は，同条等に定められた方法により算定された額を下回らない額の割増賃金を支払うことを義務付けるにとどまるので，使用者が，同条等に定められた方法以外の方法により算定される手当を時間外労働等に対する対価として支払うことは許容されている。

② 使用者が労働者に対して労基法37条の定める割増賃金を支払ったといえるか否かを検討する前提として，労働契約における賃金についての規定のなかで，割増賃金の算定基礎となる通常の労働時間の賃金にあたる部分と同条の定める割増賃金にあたる部分とを判別できなければならない。

解説

Ⅰ. 定額残業代とその問題点

労基法 37 条は，長時間労働を間接的に抑制するため，時間外・休日・深夜労働に対して一定の割増率[*3]を乗じた割増賃金の支払を義務付けている。これを受けて多くの企業では，実際に時間外労働等が行われた場合には，実労働時間に応じて計算された割増賃金を支払っている。

＊3　割増率
割増率は，1か月の合計が60時間までの時間外労働および午後10時～午前5時の深夜労働については2割5分以上の率，60時間を超えた部分については5割以上の率，休日労働については3割5分以上の率とされている（労基法37条，割増賃金率令）。

＊4
このほか，たとえば月100時間分などの超長時間分の固定残業代を基本給に含めておくことで，この時間までは働かなければならないとの意識を労働者に植えつけるといった，極めて悪質な事例も散見される。

もっとも，近年では，いわゆる「定額残業代」とか「固定残業代」と呼ばれる，時間外労働等に対する手当の金額を，たとえば月単位であらかじめ固定して支払う方式が増えている。この方式は，労基法 37 条に基づいて計算された割増賃金額を下回らない定額残業代が支払われている場合には，適法である。この方式を採用すれば，毎月の残業代が一定になるので，給与計算の煩雑さを避けられるというメリットがある。しかし，求人票上の基本給を残業代込みにすれば一見すると給料が高いと求職者に錯覚させることができるため，悪用する企業も一部には存在するようである[*4]。また，実際に行われた時間外労働に比して，著しく低額の定額残業代が支払われているケースもあるため，それぞれの企業が採用している定額残業代が労基法 37 条の趣旨に沿った適法なものと言えるかが，多くの裁判で争われている。

Ⅱ. 定額残業代の適法性――「判別」要件

本件では，割増賃金相当額をほかの賃金項目（歩合給①）から差し引く仕組みが労基法 37 条に違反するかが争われた。本件のような賃金の仕組みは定額残業代そのものではない。しかし，割増賃金が一定額を超えるまでは賃金総額が増えないことから，定額残業代と同様の問題が生じている。

本判決は，まず，労基法 37 条は，同条等に定められた方法により算定された額を下回らない額の割増賃金を支払うことを使用者に義務付けるにとどまるものなので，使用者が，労働契約に基づき，同条等に定められた方法以外の方法により算定される手当を時間外労働等に対する対価として支払うこと自体が直ちに同条に反するものではないとの一般論を述べた。

次に本判決では，労基法 37 条の趣旨に沿った割増賃金が支払われたかを検討するが，その前提として，賃金に関する規定内容から「通常の労働時間」の賃金にあたる部分と割増賃金にあたる部分とを「判別」することができることが必要であるとしている。この「判別」要件は，これまで多くの裁判例[*5]で用いられてきた枠組みを踏襲したものである。そのうえで，割増金の額が増えることが歩合給①の減額につながる本件のような仕組みについては，この割増金は実質的にみて，時間外労働の対価として支払われる部分のみならず，通常の労働時間の賃金として支払われるべき部分を相当程度含んでいることから「判別」要件を満たすことができず，同条の趣旨には適合しないと結論付けた。このように本判決は，形式的には割増賃金は支払われているようにみえたとしても，それによって通常の労働時間分の賃金として支払われる部分が大きく減額されているような場合には，実質的には両者が混在しており判別できないことから同条違反となることを示した[*6]。

＊5｜
高知県観光事件・最二小判平成6・6・13労判653号12頁，テックジャパン事件・最一小判平成24・3・8労判1060号5頁など。テックジャパン事件の櫻井龍子裁判官の補足意見では，「判別」要件の内容を，より具体的に以下のように述べている。「便宜的に毎月の給与の中にあらかじめ一定時間（例えば10時間分）の残業手当が算入されているものとして給与が支払われている事例もみられるが，その場合は，その旨が雇用契約上も明確にされていなければならないと同時に支給時に支給対象の時間外労働の時間数と残業手当の額が労働者に明示されていなければならないであろう。さらには10時間を超えて残業が行われた場合には当然その所定の支給日に別途上乗せして残業手当を支給する旨もあらかじめ明らかにされていなければならない」。

＊6｜
なお，その後のトールエクスプレスジャパン事件（大阪高判令和3・2・25労判1239号5頁）では，賃金のうちの「能率手当」の算出にあたり時間外手当に相当する額が控除されたことが労基法37条違反であるとして争われたが，裁判所は違法ではないと判示した。本判決とは算定方法が大きく異なり，また，控除される部分が限定的であったことにより，結論に違いが生じたと推測される。ただ，その理論的根拠は明らかではない。

14 事業場外労働みなし制

阪急トラベルサポート（第2）事件

最高裁平成26年1月24日第二小法廷判決（労判1088号5頁） ▶百選41

 事案をみてみよう

Xは，一般労働者派遣事業等を営むY社にツアー添乗員として登録していたが，ツアーごとにY社と雇用契約を結んでA社に派遣され，海外旅行の添乗業務に従事していた。

Xの業務は，概ね以下のとおりであった。まず，出発日の2日前に，Y社でパンフレット，最終日程表[＊1]，アイテナリー[＊2]等を受け取り，打合せを行う。出発日当日には，ツアー参加者の空港集合時刻の1時間前までに空港に到着し，ツアー参加者の受付や案内などを行う。現地に向かう航空機内では案内等の業務をする。現地到着後は，アイテナリー等に沿って旅程の管理等の業務を行う。帰国日は，ホテルの出発前から航空機への搭乗までの間に手続や案内等の業務を行うほか，航空機内でも案内等の業務を行ったうえ，到着した空港においてツアー参加者の税関通過を見届けるなどして業務を終了する。その後，帰国後3日以内にY社にて報告を行うとともに，A社に赴き添乗日報やツアー参加者のアンケート等を提出する。

以上の事実関係のもと，XはY社に対して，1日8時間，1週40時間を超える法定時間外労働があったとして，時間外割増賃金等の支払を求めて訴えを提起した。第一審は，本件添乗業務は労基法38条の2第1項に定める「労働時間を算定し難いとき」にあたるとして事業場外労働みなし制の適用を認める一方で，必要みなし時間数は11時間であり，1日8時間を超える部分はY社の残業代未払にあたるとして，Xの請求を概ね認容した。これに対して原審は，労働時間を算定し難い場合にはあたらないとして，みなし制の適用を否定した。そこで，Y社が上告および上告受理申立て[＊3]をした。

＊1｜最終日程表
本件においては，ツアーの予定を記載したもので，ツアー参加者に交付するもののことを指す。

＊2｜アイテナリー
本件においては，企画商品を実現するために合理的と思われる順路をランドオペレーター（ホテル，レストラン，ガイドおよびバスなどの現地手配を行う者）がその判断により組み立てて作成したもののことである。

＊3｜上告・上告受理申立て
上告は，憲法違反または法律に定められた訴訟手続に関して重大な違反があったときに行われる不服申立てのこと。
上告受理申立ては，①最高裁判所の判例などに反する判断があった場合や②その他の法令の解釈に関する重要な事項を含む場合に行われる不服申立てのこと。

読み解きポイント

本件の事実関係のもとでは事業場外労働みなし制が適用される「労働時間を算定し難いとき」（労基法38条の2第1項）にはあたらないとしたが，その判断の決め手はなにか。

判決文を読んでみよう

「ツアーの旅行日程は，A社とツアー参加者との間の契約内容としてその日時や目的地等を明らかにして定められており，その旅行日程につき，添乗員は，変更補償金

の支払など契約上の問題が生じ得る変更が起こらないように，また，それには至らない場合でも変更が必要最小限のものとなるように旅程の管理等を行うことが求められている。そうすると，……添乗員が自ら決定できる事項の範囲及びその決定に係る選択の幅は限られているものということができる。

また，ツアーの開始前には，A 社は，添乗員に対し，A 社とツアー参加者との間の契約内容等を記載したパンフレットや最終日程表及びこれに沿った手配状況を示したアイテナリーにより具体的な目的地及びその場所において行うべき観光等の内容や手順等を示すとともに，添乗員用のマニュアルにより具体的な業務の内容を示し，これらに従った業務を行うことを命じている。そして，ツアーの実施中においても，A 社は，添乗員に対し，携帯電話を所持して常時電源を入れておき，ツアー参加者との間で契約上の問題やクレームが生じ得る旅行日程の変更が必要となる場合には，A 社に報告して指示を受けることを求めている。さらに，ツアーの終了後においては，A 社は，添乗員に対し，……旅程の管理等の状況を具体的に把握することができる添乗日報によって，業務の遂行の状況等の詳細かつ正確な報告を求めているところ，その報告の内容については，ツアー参加者のアンケートを参照することや関係者に問合せをすることによってその正確性を確認することができるものになっている。これらによれば，本件添乗業務について，A 社は，添乗員との間で，あらかじめ定められた旅行日程に沿った旅程の管理等の業務を行うべきことを具体的に指示した上で，予定された旅行日程に途中で相応の変更を要する事態が生じた場合にはその時点で個別の指示をするものとされ，旅行日程の終了後は内容の正確性を確認し得る添乗日報によって業務の遂行の状況等につき詳細な報告を受けるものとされているということができる。

……本件添乗業務については，これに従事する添乗員の勤務の状況を具体的に把握することが困難であったとは認め難く，労働基準法 38 条の 2 第 1 項にいう『労働時間を算定し難いとき』に当たるとはいえない」。

⇩ この判決が示したこと ⇩

①A社は，ツアー開始前に，添乗員との間で，あらかじめ定められた旅行日程に沿った旅程の管理等の業務を行うべきことを具体的に指示したうえで，②予定された旅行日程に途中で相応の変更を要する事態が生じた場合にはその時点で個別の指示をするものとされ，③旅行日程の終了後はツアー参加者のアンケートなどから内容の正確性を確認し得る添乗日報によって業務の遂行の状況等につき詳細な報告を受けるものとされていた。以上から，A社はXの勤務状況を具体的に把握しており，労働時間を算定可能であった。

 解説

Ⅰ. 事業場外労働みなし制とは

取材記者や外回りの営業職員など，常に事業所内で労働しているわけではない労働

者については，実際にどれだけ労働したのか，使用者が労働時間を把握することが困難な場合もある。近年ではコロナ禍の影響もありテレワーク[*4]が急速に普及したが，テレワークも同様の問題点を抱えている。そこで，このような場合に備え，使用者に対し労働時間算定の便宜を図る制度が，事業場外労働みなし制である。具体的には，労働者が労働時間の全部または一部について事業場施設の外で業務に従事した場合において，労働時間を算定し難いときに，所定労働時間だけ労働したものとみなすものである（労基法38条の2第1項本文）。業務遂行のために通常の所定労働時間を超えて労働することが必要となる場合には，厚生労働省令で定めるところにより，当該業務の遂行に通常必要とされる時間労働したとみなされる（同項ただし書[*5]）。

Ⅱ.「労働時間を算定し難いとき」とは？

事業場外労働みなし制は，事業場外における労働すべてに適用されるわけではなく，そのうちの「労働時間を算定し難いとき」に適用される。しかし，どのような場合が「労働時間を算定し難いとき」にあたるかについての具体的な定義は存在しない。そのため，この点を論争点とした事業場外労働みなし制の適用の可否が，しばしば法的紛争となっている。

この点につき，厚労省は行政通達（昭和63・1・1基発1号）によって，使用者の指揮監督が及んでおり事業場外労働みなし制が適用されない例を挙げている。それによると，①何人かのグループで事業場外労働に従事する場合で，そのメンバーの中に労働時間の管理をする者がいる場合，②事業場外で業務に従事するが，無線やポケットベル[*6]等によって随時使用者の指示を受けながら労働している場合，③事業場において，訪問先，帰社時刻等当日の業務の具体的指示を受けたのち，事業場外で指示どおりに業務に従事し，その後も事業場に戻る場合の3つのケースでは，事業場外労働みなし制は適用されないとされている。昭和63（1988）年に発出された行政通達のため，令和の現在から見ると時代を感じる記述も印象的だが，事業場外における労働で，かつ，業務上の裁量が比較的広く認められているものについては，使用者による労働時間把握が難しくなるため，事業場外労働みなし制が適用される可能性が高まると言えるだろう[*7]。本判決においても，アイテナリーによって添乗業務の内容があらかじめ具体的に決定されており，添乗員の業務上の裁量が限定的であったことが，結論に大きく影響したと考えられる。

＊4｜テレワーク

労働者が情報通信技術を利用して行う事業場外勤務のことである。テレワークの形態は，業務を行う場所に応じて，労働者の自宅で行う在宅勤務，労働者の属するメインのオフィス以外に設けられたオフィスを利用するサテライトオフィス勤務，ノートパソコンや携帯電話等を活用して臨機応変に選択した場所で行うモバイル勤務に分類される。

＊5｜

この場合，労使協定があれば，協定で定めた時間が当該業務遂行に通常必要とされる時間とみなされる（労基法38条の2第2項）。「通常必要とされる時間」の客観的な確定は困難なことが多いため，業務の実態をよく知る労使によって決定することが適当だからである。

＊6｜ポケットベル

公衆電話や家庭などの固定電話から発せられた短文のメッセージなどを電波で受信できる機器のことである。受信だけが可能で，機器からメッセージなどを発信することはできない。

＊7｜

厚労省「テレワークの適切な導入及び実施の推進のためのガイドライン」によれば，テレワークにおいて，①情報通信機器が，使用者の指示により常時通信可能な状態におくこととされていないこと，②随時使用者の具体的な指示に基づいて業務を行っていないこと，のいずれも満たす場合には，事業場外労働のみなし制を適用することができるとされる。

15

管理監督者

日本マクドナルド事件

東京地裁平成20年1月28日判決（労判953号10頁）

事案をみてみよう

ファストフードチェーンＹ社の店長であったＸは，人手不足も相まって，連日にわたり長時間労働を強いられていた。しかしＹ社は，Ｘは労基法41条2号に定める「管理監督者」にあたるとして，時間外割増賃金および休日割増賃金を支払っていなかった。そこでＸは，Ｙ社に対し時間外割増賃金および休日割増賃金の支払を請求した。

読み解きポイント

① 労基法において労働時間等に関する規定が適用されない「管理監督者」とは，どのような者を指すか。

② 裁判所は，「管理監督者」に該当するか否かをどのような考慮要素を用いて判断すべきとしているか。

判決文を読んでみよう

「管理監督者については，労働基準法の労働時間等に関する規定は適用されないが（同法41条2号），これは，管理監督者は，企業経営上の必要から，経営者との一体的な立場において，同法所定の労働時間等の枠を超えて事業活動することを要請されてもやむを得ないものといえるような重要な職務と権限を付与され，また，賃金等の待遇やその勤務態様において，他の一般労働者に比べて優遇措置が取られているので，労働時間等に関する規定の適用を除外されても，上記の基本原則に反するような事態が避けられ，当該労働者の保護に欠けるところがないという趣旨によるものであると解される。

したがって，Ｘが管理監督者に当たるといえるためには，店長の名称だけでなく，実質的に以上の法の趣旨を充足するような立場にあると認められるものでなければならず，具体的には，①職務内容，権限及び責任に照らし，労務管理を含め，企業全体の事業経営に関する重要事項にどのように関与しているか，②その勤務態様が労働時間等に対する規制になじまないものであるか否か，③給与（基本給，役付手当等）及び一時金において，管理監督者にふさわしい待遇がされているか否かなどの諸点から判断すべきである」。

店長は，アルバイト従業員であるクルーを採用して，その時給額を決定したり，昇格・昇給を決定する権限を有している。しかし，正社員を採用する権限はもっていない。また，店長は，店舗従業員の勤務シフトの決定をするなど，一定の事項に関する決裁権限を有している。しかし，店舗の営業時間の設定には，本部に従うことが余儀なくされるし，全国展開する飲食店という性質上，店舗で独自のメニューを開発したり，原材料の仕入れ先を自由に選定したり，商品の価格を設定するということは予定されていない。また，企業全体としての経営方針等の決定に店長が関与することも許されていない。以上から，Y社の店長は「店舗運営において重要な職責を負っていることは明らかであるものの，店長の職務，権限は店舗内の事項に限られるのであって，企業経営上の必要から，経営者との一体的な立場において，労働基準法の労働時間等の枠を超えて事業活動することを要請されてもやむを得ないものといえるような重要な職務と権限を付与されているとは認められない。」

Xは，自らの労働時間を決定する権限を一応与えられていた。しかし，実際には，店長として固有の業務を遂行するだけで月150時間程度の時間を要していた。そのうえ，営業時間帯に必ずシフトマネージャーを置くことになっているので，シフトマネージャーが確保できない営業時間帯には，Xが自らシフトマネージャーを務めることが必要となるなど，法定労働時間を超える長時間の時間外労働を余儀なくされていた。「かかる勤務実態からすると，労働時間に関する自由裁量性があったとは認められない。」

店長に対する処遇について，店長の平均年収は700万円余りであり，管理監督者として扱われていないファーストアシスタントマネージャーの平均年収は590万円余りであるので，両者を比較すると，相応の差異が設けられているようにも見える。しかし，店長全体の10%にあたるC評価を得た店長の年収はファーストアシスタントマネージャーの平均年収よりも低額であるし，店長全体の40%にあたるB評価を得た店長との差異はそれほど大きいものではない。したがって，「店長の賃金は，労働基準法の労働時間等の規定の適用を排除される管理監督者に対する待遇としては，十分であるといい難い。」

以上から，Y社の「店長は，その職務の内容，権限及び責任の観点からしても，その待遇の観点からしても，管理監督者に当たるとは認められない。……Xに対しては，時間外労働や休日労働に対する割増賃金が支払われるべきである。」

⇩ この判決が示したこと ⇩

① 管理監督者とは，「経営者との一体的な立場」において，労基法上の労働時間等の枠を超えて事業活動することが求められてもやむを得ないものといえるような重要な職務と権限を付与されており，同時に，賃金等の待遇やその勤務態様において，他の一般労働者に比べて優遇措置がとられている者のことを指す。

② 管理監督者にあたるといえるためには，名称にとらわれず，実質的に判断すべきであり，具体的には，①職務内容，権限および責任に照らし，労務管理を含め，企業全体の事業経営に関する重要事項にどのように関与しているか，②その勤務態様が労働時間等に対する規制になじまないものであるか否か，③給与（基本給，

役付手当等）および一時金において，管理監督者にふさわしい待遇がされているか否かなどの諸点から判断すべきである。

解説

Ⅰ.「管理監督者」とは

労基法41条は，農林・水産業等に従事する者（1号），事業の種類を問わず管理もしくは監督の地位にある者または機密事務取扱者（2号），監視・断続的労働者（3号）について，労働時間・休日・休憩に関する規制の適用を除外している[*1]。本件は，このうち，ファストフードチェーンの店長が同条2号の「事業の種類にかかわらず監督若しくは管理の地位にある者」いわゆる「管理監督者」に該当するかが争われた事件である。

いかなる者を管理監督者と扱うかについては，行政解釈ではおおむね，局長，部長，工場長等労働条件の決定その他労務管理について経営者と一体的な立場にある者をいい，名称にとらわれず，実態に即して判断すべきもの，とされている[*2]。本件と同様に管理監督者性が争われた裁判例は多いが，適用除外の趣旨について本判決と同様の立場から，前述の行政解釈を踏まえた判断を行っている。具体的には，①職務内容，権限および責任が経営者と一体的なものであること，②勤務態様の点で自らの勤務時間を自主的・裁量的に決定していること，③賃金等の待遇が職務内容・権限および責任に見合っていること，の3点を満たす者について，管理監督者性を肯定している[*3*4]。

Ⅱ. 依然として多い「名ばかり管理職」

裁判例の傾向によれば，労働時間・休憩・休日の規定が適用除外される管理監督者の範囲は，日常用語で用いられるいわゆる「管理職」よりも圧倒的に狭い。仮に，「管理職」に対し広く時間外割増賃金などを支払っていない会社があるとすれば，違法の可能性はぬぐえないだろう。もっとも，人件費を削減するために管理監督者の制度を悪用している企業ばかりかといえば，必ずしもそうではない。もともとは労基法上の管理監督者と企業の人事制度上の「管理職」が一致するような運用をしていた会社でも，企業環境の変化による業務内容の複雑化などに伴って，管理的な業務とそれ以外の業務が交錯してしまい，業務の再編や人事制度の変更が追いついていない企業も少なくないと思われる。

本判決をきっかけとして「名ばかり管理職」あるいは「名ばかり店長」という言葉が広く浸透したが，法の趣旨と実態が大きく乖離していることを如実に示す好例となってしまっている。

＊1 この適用除外によって適用を除外されるのは，労働時間，休憩および休暇に関する規定のみである。したがって，深夜業に関する規定は適用され，深夜業を行った場合には割増賃金を支払わなければならない。ことぶき事件・最二小判平成21・12・18労判1000号5頁参照。

＊2 昭和22・9・13基発17号，昭和63・3・14基発150号・婦発47号。

＊3 神代学園ミューズ音楽院事件・東京高判平成17・3・30労判905号72頁〔百選42〕など多数。

＊4 昨今では，企業組織の通常の指揮命令系統（ライン）には属さず，専門的な知識や経験を活かして特定の業務を担当する職種（スタッフ職）が増えている。行政解釈（昭和63・3・14基発150号）では，これらスタッフの企業内における処遇の程度によっては，管理監督者と同様に取り扱うことが妥当とされており，裁判例で採用されている通常の管理監督者の認定基準よりも，かなり緩やかに管理監督者性を認めるような記述がなされている。しかし，裁判例では，スタッフ職のケースであっても，一般的な管理監督者性の判断枠組みを適用して厳格に判断されている。ユニコン・エンジニアリング事件・東京地判平成16・6・25労経速1882号3頁，PE&HR事件・ 東京地判平成18・11・10労判931号65頁，HSBCサービシーズ・ジャパン・リミテッド事件・東京地判平成23・12・27労判1044号5頁など。

16 年次有給休暇権の法的性質　白石営林署事件

最高裁昭和48年3月2日第二小法廷判決(民集27巻2号191頁)　▶百選43

事案をみてみよう

Y(国)の営林署[*1]に勤務するXは，昭和33(1958)年12月9日の退庁間際に，同月10日および同11日について年次有給休暇を申請し，承認のないうちに退庁したうえ，両日に出勤しなかった。これに対し，営林署長は両日の年休請求を不承認とし，欠勤した分の賃金を同月支給の給与から差し引いた。そこで，XはYに対し，営林署長の不承認の意思表示は無効であるとして，差し引かれた賃金等の支払を求めて訴えを提起した。

第一審，原審ともに，労働者の年休請求に対し，別途，使用者の付与行為は要しない旨を述べ，Xの請求を認めた。そこでYが上告した。

読み解きポイント

① 年次有給休暇の権利をどのような権利と考えているか。
② 年次有給休暇の利用目的についてどう述べているか。

判決文を読んでみよう

年次有給休暇の権利は，労基法39条「1，2項の要件が充足されることによつて法律上当然に労働者に生ずる権利であつて，労働者の請求をまつて始めて生ずるものではなく，また，同条3項〔現5項〕にいう『請求』とは，休暇の時季にのみかかる文言であつて，その趣旨は，休暇の時季の『指定』にほかならない」。

「労働者が……具体的な休暇の始期と終期を特定して右の時季指定をしたときは，客観的に同条3項〔現5項〕但書所定の事由が存在し，かつ，これを理由として使用者が時季変更権の行使をしないかぎり，右の指定によつて年次有給休暇が成立し，当該労働日における就労義務が消滅する」。「休暇の時季指定の効果は，使用者の適法な時季変更権の行使を解除条件として発生するのであつて，年次休暇の成立要件として，労働者による『休暇の請求』や，これに対する使用者の『承認』の観念を容れる余地はない」。

「年次休暇の利用目的は労基法の関知しないところであり，休暇をどのように利用するかは，使用者の干渉を許さない労働者の自由である」。

＊1 営林署
国有林野の管理経営等を任務とする，林野庁の出先機関。1999年に林野庁の組織改変に伴って廃止され，森林管理署に改組された。

＊2
この「継続勤務」は実質的に判断されるため，たとえば，臨時労働者の正社員への採用，定年退職者の嘱託としての再雇用，短期労働契約の更新などは「継続勤務」とされる。昭和63・3・14基発150号。

＊3 全労働日
労働者が労働契約上労働義務を課せられている日のことを指し，実質的にみて労働義務のない日はこれに入らない。

＊4
週の所定労働日数が4日以下のパートタイム労働者についても，その所定労働日数に応じて比例的に年次有給休暇が付与される(労基則24条の3第3項)。

＊5 平均賃金
算定事由発生日(平均賃金を算定する理由が発生した日。賃金締切日がある場合は直前の賃金締切日)以前の3か月間における賃金の総額をその期間の総日数で割って算出された金額のこと(労基法12条1項・2項)。なお，この期間中の賞与(ボーナス)などは含めない(同条4項)。

この判決が示したこと

① 年次有給休暇の権利は，労基法39条1項・2項の要件の充足により，法律上当然に労働者に生ずるものなので，労働者の請求によってはじめて生じるわけではない。また，その具体的な権利行使においても，労働者が具体的な休暇の始期と終期を特定して時季指定をしたときは，客観的に同条5項ただし書所定の事由が存在し，かつ，これを理由として使用者が時季変更権の行使をしないかぎり，時季指定によって年次有給休暇が成立する。

② 年次有給休暇の利用目的は労基法の関知しないところであり，休暇をどのように利用するかは，使用者の干渉を許さない労働者の自由である。

解説

Ⅰ．年次有給休暇とは

年次有給休暇とは，毎年一定日数，労働者が賃金を得ながら労働義務を免れることができる制度のことである。雇入れの日から起算して6か月間継続勤務[*2]して，全労働日[*3]の8割以上出勤した労働者に対して付与が認められる（労基法39条1項）。

以上のような年次有給休暇の付与要件を満たした労働者については，採用後，満6か月に達した日の翌日に10労働日の年休権が発生する（労基法39条1項）。その後は1年ごとに付与日数は増えていき，**表**のとおり，最大で年間20日となっている[*4]。年次有給休暇を取得した日の賃金は，就業規則その他で定めるところにより，「平均賃金[*5]」または「所定労働時間労働した場合に支払われる通常の賃金[*6]」となる[*7]。年次有給休暇は，労基法上の2年の消滅時効（労基法115条）に服するため，発生から2年で消滅する。「年次」とは言いながら，2年間使える制度となっている。

表　年次有給休暇の法定付与日数

勤続年数	6か月	1年6か月	2年6か月	3年6か月	4年6か月	5年6か月	6年6か月
年休付与日数	10日	11日	12日	14日	16日	18日	20日

Ⅱ．年次有給休暇権の法的性質

労基法39条1項によると，前述のとおり，一定の要件を満たした労働者には，法所定の日数の年休を与えなければならないとされており，労働者に当然に取得される権利のように読める。しかし他方で，同条5項によると，労働者が「請求」する時季に年休を与えなければならないと規定されており，労働者の請求と使用者の承認によってはじめて年休の効果が発生する権利のようにも読めなくもない。そこで，年休の権利の法的性質をどのように解すべきか，学説上争われてきた[*8]。

こうしたなか，本判決は，学説の主流であった二分説を採用した。年休の権利は，法定の要件を満たすことで当然に発生する年休権と，労働者がこの年休権の具体的時期を特定する時季指定権の2つの権利によって構成されるものとの理解が確立したのである。

＊6｜これには，臨時に支払われた賃金や所定労働時間外の労働に対し支払われる賃金は算入されない。

＊7｜ただし，労使協定がある場合には，標準報酬月額（健康保健法40条1項）の30分の1に相当する金額でもよい（労基法39条9項）。標準報酬月額とは，保険料計算の事務処理の煩雑さを回避するため，月収額をいくつかの等級に区分し，同じ等級内では実際の月収額に差があっても保険料および保険給付を同額とするものである。健康保険では，月額5万8000円から139万円までの50等級に区分されている。

＊8｜年休権の法的性質について，以前は「請求権説」と「形成権説」が対立していた。前者は，年休が付与されるためには使用者の承諾を要するとする説，それに対して後者は，労働者の時季指定という一方的行為のみによって労働から解放されるとする説である。もっとも，請求権説は，使用者は事業の正常な運営を妨げる場合にのみ年休の付与を拒みうるとし，他方，形成権説も，事業の正常な運営を妨げる場合には使用者は労働者の年休権行使の効果の発生を阻止しうるとしているため，両説に実質的な差異はほぼないような状態であった。こうしたなか，両説を批判するかたちで二分説が現れ，現在の通説となった。

17 年休・時季変更権の行使の要件

西日本ジェイアールバス事件

金沢地裁平成8年4月18日判決（労判696号42頁）

 事案をみてみよう

バスによる旅客運送等を業とするＹ社に運転係として勤務するＸは，年次有給休暇を取得するために，時季を指定して申請した。しかし，Ｙ社によってたびたび時季変更権が行使されたことで，２年間にわたり35日分の年休の行使を妨げられたうえ，そのうち７日分については年休を取得する権利が時効により失効してしまった。そこで，ＸがＹ社に対し，労働契約上の債務不履行または不法行為に基づく損害賠償を請求した。

読み解きポイント

① 一般論として，どのような場合であれば，使用者が時季変更権を行使できる「事業の正常な運営を妨げる場合」（労基法39条5項ただし書）にあたらないと述べているか。

② 本件においては，どのような事情から，「事業の正常な運営を妨げる場合」にはあたらないと判断されたか。

判決文を読んでみよう

「Ｙ社が各日に時季変更権を行使したのは，Ｘの時季指定に係る各日にＸが年休を取得した場合には，Ｙ社の定期路線バス，貸切バス等の乗務員の員数に不足が生じ，これらの運行業務の一部ができなくなるおそれがあったためであると解される。

しかし，労働基準法39条の趣旨に照らせば，使用者にはできるだけ労働者が指定した時季に休暇を取れるように状況に応じて配慮することが要請されているというべきであるから，使用者が，代替要員の確保努力や勤務割りの変更など使用者として尽くすべき通常の配慮を行えば時季変更権の行使を回避できる余地があるにもかかわらず，これを行わない場合や，恒常的な要員不足により常時代替要員の確保が困難であるというような場合には，……労働基準法39条4項〔現5項〕ただし書にいう『事業の正常な運営を妨げる場合』に当たらないと解すべきである。」

Ｙ社の「定期路線バスの所定行路の運行に必要な人員数は一定である。また，そのほかの貸切バス，臨時バスについても，事業計画，過去の実績，車両の保有台数などからある程度業務量を予想することができると考えられ，少なくとも，人員的な面でＹ社の業務能力の限度を超えると判断される場合には，貸切バス等の受注を制限する

などの方法によって，Y社自身による業務量の調節が可能なものである。」

しかし「Y社は，営業上の必要から，貸切バスの運行など業務の受注については，人員の状況等を特に勘案することなくこれを引受け，その結果，当該日に要員が不足すると見込まれる場合には，年休の時季指定のある日について時季変更権を行使してその要員を確保し，……一方で，年休申込簿によって時季指定された日に通常の人員配置のままでは労働者が年休を取得できないことがあらかじめ明らかな場合については，時間的な余裕があっても，病気など特別の場合を除けば，他の休日予定者との調整を行うなどのことによって代替要員を確保して労働者に時季指定の日に年休を取得させようとする努力は一切試みようとせず，漫然と時季変更権を行使して乗務員を就労させたことが認められる。」

さらに，Y社の定期行路数は年々増加していることから，「Y社の金沢営業所の運転係として勤務する者は……要員状況の面からも年休がとりにくくなり，特に平成元年7月16日から平成2年3月31日までの間は，その傾向が著しく，要員の不足が常態化してい」た。

以上から，「Y社の時季変更権の行使は，そのいずれについても，使用者として年休の時季指定がなされた場合に行うべき通常の配慮が尽くされておらず，また，平成元年7月16日から平成2年3月31日までの間になされた時季変更権の行使については，運転係の要員の不足が常態化したまま行われたものであるというべきであるから，いずれにしても，これらの時季変更権の行使は労働基準法39条4項〔現5項〕ただし書にいう『事業の正常な運営を妨げる場合』との要件を満たさない違法なものであると解すべきである。」「以上によれば……労働契約上の債務不履行に当たるというべきであ」る。

この判決が示したこと

① 使用者が，代替要員の確保努力や勤務割りの変更など使用者として尽くすべき通常の配慮を行えば時季変更権の行使を回避できる余地があるにもかかわらず，これを行わない場合や，恒常的な要員不足により常時代替要員の確保が困難であるというような場合には，労基法39条5項ただし書にいう「事業の正常な運営を妨げる場合」にあたらない。

② ①人員不足が予想されるにもかかわらず，営業上の必要性から制限なく貸切バスを受注し，その結果，時季変更権等を行使してその要員を確保していたこと，②時間的な余裕があっても，代替要員を確保して労働者に時季指定の日に年休を取得させようとする努力は一切試みようとせず，漫然と時季変更権を行使して乗務員を就労させたこと，③人員不足が常態化していたことなどの事情があった。

解説

Ⅰ. 年次有給休暇の時季変更権

労働者が年次有給休暇を利用する際には，使用者に対し，年休の「時季指定」を申し出ることになる（労基法39条5項）。この「時季」とは，「季節と具体的時期」の双方を含むものであり，労働者が大まかな季節を指定したうえで使用者との調整により具体的時期を決定する方法と，労働者が最初から年休の具体的時期を指定する方法が想定されている。

そして，おもに後者の場合において，指定された年休日に当該労働者が就労しないことが「事業の正常な運営を妨げる場合」には，使用者はほかの時季にこれを与えることができる。この権利は「時季変更権」と呼ばれている。もっとも，労働者に年休の時季を特定する権利がある以上，使用者は時季変更権行使の際，代わりの時季を指定する必要まではなく，年休を承認しない旨を労働者に告げることで足りる。[*1]

なお，使用者による時季変更権行使の意思表示はできるだけ速やかに行うべきであり，「事業の正常な運営を妨げる場合」にあたるかを判断するのに必要な期間以上に遅延してはならないとされる。もっとも，労働者の時季指定が遅く，年休日に極めて近い時期になされたため，使用者において時季変更権を行使するか否かを事前に判断する時間的余裕がなかったときは，年休開始後の時季変更権の行使も適法とされる場合がある。[*2]

Ⅱ.「事業の正常な運営を妨げる場合」とは

使用者が時季変更権を行使することができる「事業の正常な運営を妨げる場合」とは，当該労働者が年休を取得することで，その者の担当業務を含む課・係・班など相当な単位の業務に支障が生じ，かつ，代替要員を確保することが困難な場合を指す。条文の文言だけを見ると，業務に支障が生じることだけが要件のようにも見える。しかし，そのように解すると，使用者が必要最低限の人員配置しか行っていない場合には，1人でも年休を取得すると「事業の正常な運営を妨げる場合」に該当してしまい，誰も年休を取得することができなくなってしまう。年休制度の趣旨に照らせば，代替要員の確保など，使用者が一定の配慮をすることが求められていると考えるべきである。本判決も，人員不足が常態化していることや，業務量の調整を怠ったことを重要視してY社の責任を認めている。[*3]

以上のように，事業における通常の業務に関しては，使用者の時季変更権の行使は相当程度限定されている。しかし他方で，集合研修など，以前から予定されていた特別な業務の場合には，使用者の時季変更権の行使が認められることが多い。裁判例においても，集合研修の具体的な内容がこれを欠席しても予定された知識，技能の修得に不足を生じさせないものであると認められない限り，事業の正常な運営を妨げるものとして時季変更権を行使できるとしたものがある。[*4] また，労働者が具体的時期を特定した休暇が相当程度長期にわたる場合には，業務上の支障が生じるかの判断が難しくなる。裁判例では，通信社の記者が連続24日間にわたる年休の時季指定を行ったのに対し，使用者がその後半の10日間について時季変更権を行使した事例において，裁判所は，使用者の業務計画やほかの労働者の休暇請求などとの調整の必要性が生じ，しかも使用者はこの調整について蓋然性に基づいて判断せざるを得ないので，使用者にある程度の裁量的判断の余地を認めざるを得ないとして，使用者の時季変更権は適法としたものがある。[*5]

＊1 電電公社此花電報電話局事件・最一小判昭和57・3・18民集36巻3号366頁。

＊2 前掲＊1・電電公社此花電報電話局事件。

＊3 本判決と同様に，恒常的な人員不足などが原因の使用者の時季変更権の行使が債務不履行を構成することを認めた近年の判決として，東海旅客鉄道事件・東京地判令和5・3・27労判1288号18頁。

＊4 日本電信電話事件・最二小判平成12・3・31民集54巻3号1255頁。

＊5 時事通信社事件・最三小判平成4・6・23民集46巻4号306頁〔百選45〕。

Introduction

3

Contents

労働災害

昨日，消しゴムくんが会社の鉛筆削り機に挟まってケガをしてしまったんだ。病院に連れていったんだけど，フデバコ社長に「労災申請はしなくていいよ。始業ぎりぎりに出社して慌てていた消しゴムくんが，間違えて鉛筆削り機のスイッチを入れたそうじゃないか。消しゴムくんのミスだから，労災の申請はできんよ」って言われちゃったんだよね。いくらミスだからって，消しゴムくんがあまりにもかわいそうだよ……。

1. 仕事が原因の病気やケガには補償がある！

仕事が原因で病気になったりけがをしてしまった場合，あるいは障害状態となったり不幸にして亡くなってしまった場合（以上を「労働災害」という），労働者はどのような法的救済を受けることができるだろうか。

仕事によって負傷・疾病・障害・死亡という結果が生じてしまったならば，労働者は使用者に損害賠償を請求するのが本来のかたちであろう。しかし，使用者に責任を問うためには，使用者に「落ち度」つまり故意または過失がなければならないが，その立証は簡単ではない。また，安全保護具の装着を怠ったなど，労働者自身に過失があった場合には，過失相殺により賠償額は減額され，十分な額を得られないこともある。そこで，このような難点を回避し労働者に対して適切な補償をもたらすため，労基法上に災害補償制度が設けられ，また労災保険法によって保険制度が用意されている。

2. 「保険」があるとやっぱり安心

まず，労基法上の災害補償制度では，企業活動によって労働者を働かせることで利益を得ている使用者は，労働災害が発生した際には当然にそれを補償すべきであるとの考え方に基づき，使用者に故意・過失がなくても賠償の責任を負うこととした。また，（療養補償を除く）補償される金額については，平均賃金[*1]を基礎として定率的に定めることによって，被災労働者や遺族が損害額の具体的な立証をしなくても定率の補償を受けることができるようにした。

加えて，使用者に補償を支払えるほどの資力がない場合に備え，国は労災保険制度を定めている。労災保険制度は，国が全国の企業[*2]から保険料を集団的に徴収し，それ

＊1｜平均賃金
〔判例16〕＊5参照。

＊2｜
公務員のほか，零細農林水産業等の若干の例外はあるものの，基本的に，労働者を使用する事業は労災保険制度の適用対象たる「強制適用事業」となる（労災保険法3条1項）。

＊3｜通勤災害における通勤の意味
ここでいう「通勤」とは，労働者が，就業に関して，①住居と就業の場所との間の往復，②就業の場所から他の就業の場所への移動，③①の往復に先行または後続す

を元手に被災労働者および遺族に対して保険給付を行うものである。こうすることで，十分な資金力を確保しつつ，補償が必要な者に簡易な手続のもと迅速に給付を行うことができる。

もっとも，労働者が労災保険制度による保険給付を受けるには，労働者に生じた負傷・疾病・障害・死亡等が，仕事が原因であること，つまり「業務上」のものであると認定される必要がある。具体的には，労働者が従事していた業務と負傷等との間に一定の因果関係（相当因果関係）が存在することが必要である。ただ，この因果関係の認定方法は，負傷・死亡の場合と疾病の場合とで若干の違いがある（〔判例 19〕・〔判例 20〕）。

また，労災保険法は，業務上の災害のみならず，通勤の途上で労働者がこうむった災害についても，労災保険の対象としている（労災保険法 7 条 1 項 3 号。[*3]〔判例 21〕）。

労災保険の申請をしたら，いろいろな補償が受けられたから消しゴムくんすごく喜んでた！　本当によかった。でも，労災保険では給料の全額が補償されるわけではないんだね。なんだかかわいそうだな……。もっと補償を受けられる方法はないのかな？

3. 労災保険でカバーできなかった損害も請求できる！

使用者は，被災労働者に対して労災保険制度による補償が行われた場合には，その価額の限度で民事上の損害賠償の責任を免れる（労基法 84 条 2 項類推[*4]）。

しかし，労災保険制度は，労働災害によって労働者に生じた損害のうち一部分を簡易迅速に補償する制度であり，全損害をすべてカバーしているわけではない。たとえば，精神的損害である慰謝料や，労災保険の休業補償については平均賃金の 80% を超える部分などは補償されない。また，迅速な処理が要請されるという労災保険の性格上，職業内容その他の個人的な事情は考慮されないことから，補償額が現実の損害には対応していないケースも生じうる。たとえば，楽団のピアニストが右手薬指を切断することは，場合によっては演奏が不可能になるほど職業活動に重大な影響が生じうるが，一般事務労働者であれば，そこまで重大な影響は出ないかもしれない。労災保険ではこのような違いは考慮されずに保険給付がなされるため，実際の損害額とは大きく異なる場合もありうるだろう。そこで，現実に生じた損害と労災保険給付との差額を賠償させるという意味でも，わが国では，労災保険制度とは別に，被災労働者が使用者に対して損害賠償を請求する途も残している[*5]。

労働災害についての損害賠償請求は，現在では，労契法 5 条に規定されている「安全配慮義務」を法的根拠として行われることが一般的である。同条では「使用者は，労働契約に伴い，労働者がその生命，身体等の安全を確保しつつ労働することができるよう，必要な配慮をするものとする」と規定されている[*6]（〔判例 18〕）。ただし，被災労働者が，使用者の負う安全配慮義務の具体的な内容および使用者がそれに違反したことを立証しなければならないとされている。

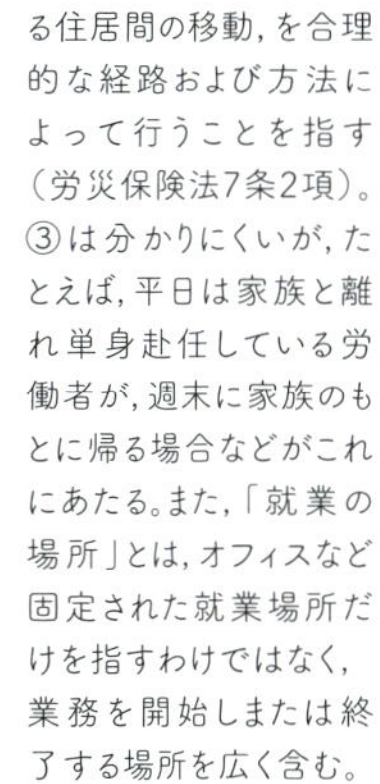
る住居間の移動，を合理的な経路および方法によって行うことを指す（労災保険法7条2項）。③は分かりにくいが，たとえば，平日は家族と離れ単身赴任している労働者が，週末に家族のもとに帰る場合などがこれにあたる。また，「就業の場所」とは，オフィスなど固定された就業場所だけを指すわけではなく，業務を開始しまたは終了する場所を広く含む。

＊4 労基法上の災害補償が行われた場合も同様である（労基法84条2項）。

＊5 わが国では，双方を行うことも，どちらか一方だけ行うことも，どちらも行わないこともできる。これを，労災保険制度と損害賠償制度の「併存主義」という。

＊6 判例では，安全配慮義務とは，労働契約上「労働者が労務提供のため設置する場所，設備もしくは器具等を使用し又は使用者の指示のもとに労務を提供する過程において，労働者の生命及び身体等を危険から保護するよう配慮すべき義務」と定義されている（川義事件・最三小判昭和59・4・10民集38巻6号557頁）。

18 過労自殺と使用者の損害賠償責任

電通事件

最高裁平成12年3月24日第二小法廷判決（民集54巻3号1155頁） ▶百選49

事案をみてみよう

亡Aが勤務するY社では，長時間にわたる従業員の残業が恒常的に見られたが，Aも，多忙のため帰宅しない日が多くなった。両親であるXらは，Aの健康状態を心配して有給休暇を取ることを勧めたが，Aはこれに応じなかった。一方，上司はAに対し，帰宅してきちんと睡眠をとり，それで業務が終わらないのであれば翌朝早く出勤して行うようにと指導した。しかし，その後も業務量の調整は行われなかった。こうしたことから，Aはしだいにうつ状態となってしまい，ついには自宅で自殺した。

Xらは，Aが長時間労働によりうつ病にり患し，その結果自殺に追い込まれたとして，民法415条または709条に基づき，Y社に損害賠償を請求した。第一審，原審ともにY社の損害賠償責任を肯定した。しかし，原審では，Aのうつ病親和的性格，Aが労働時間の適切な使用方法を誤り深夜労働を続けたこと，XらがAの勤務状況等をほぼ把握しながら改善のための具体的措置をとらなかったこと，などが勘案され，民法722条2項の類推適用により賠償額の3割の減額が認められた。そこで，XらとY社の双方が上告した。

読み解きポイント

① 使用者の「業務の遂行に伴う疲労や心理的負荷等が過度に蓄積して労働者の心身の健康を損なうことがないよう注意する義務」は，何を根拠に導かれるか。

② 損害賠償額の決定にあたり，労働者側の事情として斟酌すべきではないものは何か。

判決文を読んでみよう

「労働者が労働日に長時間にわたり業務に従事する状況が継続するなどして，疲労や心理的負荷等が過度に蓄積すると，労働者の心身の健康を損なう危険のあることは，周知のところである。労働基準法は，労働時間に関する制限を定め，労働安全衛生法65条の3は，……事業者は労働者の健康に配慮して労働者の従事する作業を適切に管理するように努めるべき旨を定めているが，それは，右のような危険が発生するのを防止することをも目的とするものと解される。これらのことからすれば，使用者は，その雇用する労働者に従事させる業務を定めてこれを管理するに際し，業務の遂行に伴う疲労や心理的負荷等が過度に蓄積して労働者の心身の健康を損なうことがないよう注意する義務を負うと解するのが相当であり，使用者に代わって労働者に対し業務上の指揮監督を行う権限を有する者は，使用者の右注意義務の内容に従って，その権限を行使すべきである。」

「身体に対する加害行為を原因とする被害者の損害賠償請求において，裁判所は，加害者の賠償すべき額を決定するに当たり，損害を公平に分担させるという損害賠償法の理念に照らし，民法722条2項の過失相殺の規定を類推適用して，損害の発生又は拡大に寄与した被害者の性格等の心因的要因を一定の限度でしんしゃくすることができる。……しかしながら，企業等に雇用される労働者の性格が多様のものであることはいうまでもないところ，ある業務に従事する特定の労働者の性格が同種の業務に従事する労働者の個性の多様さとして通常想定される範囲を外れるものでない限り，その性格及びこれに基づく業務遂行の態様等が業務の過重負担に起因して当該労働者に生じた損害の発生又は拡大に寄与したとしても，そのような事態は使用者として予想すべきものということができる。……したがって，労働者の性格が前記の範囲を外れるものでない場合には，裁判所は，業務の負担が過重であることを原因とする損害賠償請求において使用者の賠償すべき額を決定するに当たり，その性格及びこれに基づく業務遂行の態様等を，心因的要因としてしんしゃくすることはできない」。

「Aは，……独立の社会人として自らの意思と判断に基づきY社の業務に従事していたのである。Xらが両親としてAと同居していたとはいえ，Aの勤務状況を改善する措置を採り得る立場にあったとは，容易にいうことはできない。……原審の右判断には，法令の解釈適用を誤った違法がある」。

この判決が示したこと

① 労基法の労働時間規定や労働安全衛生法65条の3などを根拠に，使用者は，労働者に対し，業務の遂行に伴う疲労や心理的負荷等が過度に蓄積して心身の健康を損なうことがないよう注意する義務を負う。

② 労働者の性格が同種の業務に従事する労働者の個性の多様さとして通常想定される範囲を外れるものでない限り，その性格およびこれに基づく業務遂行の態様等を，賠償額の決定にあたり心因的要因として考慮できないし，労働者の家族は労働者の勤務状況を改善する措置をとりうる立場にはないため，これも考慮することはできない。

解説

Ⅰ．過労自殺事案における安全配慮義務

長時間労働や過重な業務による疲労の蓄積が，労働者の精神的健康状態を悪化させ，場合によっては自殺に至らしめてしまう可能性があることは周知の事実である。いわゆる「過労自殺[*1]」と呼ばれるこの問題は，従来から重大な社会問題となっている。

過労自殺をめぐっては，本判決以前にも，使用者の損害賠償責任を肯定する裁判例

*1 過労死および過労自殺は，現在，過労死等防止対策推進法2条で「過労死等」としてまとめて定義されている。この定義からは，過労死は，業務における過重な負荷による脳血管疾患もしくは心臓疾患を原因とする死亡，過労自殺は，業務における強い心理的負荷による精神障害を原因とする自殺による死亡，と読みとることができる。

*2｜

川崎製鉄事件・岡山地倉敷支判平成10・2・23労判733号13頁，協成建設工業ほか事件・札幌地判平成10・7・16労判744号29頁，東加古川幼稚園事件・大阪高判平成10・8・27労判744号17頁。

*3｜行政通達

上級官庁が，管轄する下級官庁などに対して行政運営の指針を示したり職務上の命令をする文書のことである。

が現れ始めていた[*2]。また，過労自殺の労災認定をめぐっては，平成11（1999）年に労働省（当時。現在の厚労省）から「心理的負荷による精神障害等に係る業務上外の判断指針について」（平成11・9・14基発544号），および「精神障害による自殺の取扱いについて」（平成11・9・14基発545号）という2つの行政通達[*3]が発出され，業務を原因とする精神障害によって過労自殺が引き起こされうることを示していた。そうしたなか，本判決は，労働者の過労を原因とする自殺について，使用者が損害賠償責任を負うことを最高裁としてはじめて認めたものとして，重要な意義を有する。

Ⅱ．因果関係と予見可能性

過労自殺の事案では，自殺という労働者本人の行為が介在するため，労働者の業務と死亡との間の相当因果関係は当然には認められない。しかし，多くの裁判例では，因果関係を①労働者の業務と精神疾患発症との因果関係と②精神疾患発症と自殺との因果関係に分けたうえで，精神疾患を発症した者は健康な者と比較して自殺を図る蓋然性が一程程度高いことから，①の因果関係が認められれば②については特に検討することなく相当因果関係を認めている。本判決も同様の判示を行っている。

使用者に損害賠償責任を負わせるためには，相当因果関係とともに，使用者に結果発生の予見可能性が必要となる。予見不可能なことについてまで責任を課すのは，妥当ではないからである。もっとも，予見可能性を検討する際には，結果発生につき「どの程度」の予見可能性が必要かが問題となる。この点につき本判決は，上司らは「Aが業務遂行のために徹夜まですることもある状態にあることを認識しており……Aの健康状態が悪化していることに気付いていた」とした。このことから本判決は，使用者が予見すべき対象は，労働者の自殺でもうつ病り患でもなく，その前段階の，労働者の一般的・抽象的な健康悪化で足りると判断しているようである。予見可能性をできるだけ広く認める傾向がうかがえる。

Ⅲ．過失相殺の類推適用の可否

*4｜

被災労働者側の身体的・心因的素因によって通常よりも被害が拡大した場合には，これを考慮して賠償額を減額することがあるが，これは「過失」ではないため，民法722条2項の規定の直接適用ではなく，「類推」適用となる。

本判決では使用者の損害賠償責任が認められたが，労働者側の事情により，その賠償額の減額が認められるかも争われた。原審は，労働者の真面目な性格や，具体的な改善措置をとらなかった家族の対応などが結果発生に寄与しているなどとして，過失相殺の規定の類推適用[*4]により，使用者の賠償額の減額を認めた。しかし本判決は，労働者の性格については，それが一定程度多様であることを前提に，その範囲を外れるような特殊な性格でない限り，その性格およびこれに基づく業務態様等を賠償額の決定にあたり斟酌することはできないとした。また，家族の対応については，労働者の家族が，独立の社会人として働く労働者に対して勤務状況を改善する措置をとりうる立場にはなかったとして，こちらも過失相殺の類推適用を否定した。

19

労災保険業務起因性（業務上災害）

国・行橋労基署長（テイクロ九州）事件

最高裁平成28年7月8日第二小法廷判決（労判1145号6頁）　▶百選46

事案をみてみよう

A社の社長代行Bは，親会社の中国における子会社からA社の工場で受け入れていた5名の中国人研修生の歓送迎会を実施した。同工場で働く従業員Cは，業務多忙のために歓送迎会を欠席すると伝えたが，Bから「顔を出せるなら，出してくれないか」と言われたため，業務の合間を縫って同会の終了30分前から参加した。終了後，Cは，酒に酔って酩酊状態の研修生らをアパートに送ったうえで工場に戻るため，社用車でアパートに向かう途中，事故に遭い死亡した。

Cの妻Xは，労基署長に対し，労災保険法に基づき遺族補償給付および葬祭料の支給を請求した。しかし，Cの死亡は業務上のものではないとして不支給処分を受けたため，Xは，その処分の取消しを求めて裁判所に提訴した[*1]。第一審および原審は，歓送迎会は私的な会合であり，Cの途中参加や任意の運転はA社の支配下にはなかったとしてXの請求を棄却した。そこで，Xが上告した。

＊1　労基署長の保険給付に関する決定に不服がある者は，都道府県労働局の「労働者災害補償保険審査官」へ審査請求をすることができ，さらにその決定に不服がある場合には，厚労省本省内の「労働保険審査会」に対して再審査請求をすることもできるし（労災保険法38条），裁判所に取消訴訟を提起することもできる（労災保険法40条）。なお，取消訴訟とは，簡単に言えば行政庁の処分または裁決に不服がある場合に，その取消しを求める訴訟のことである（行政事件訴訟法3条2項）。詳しくは『START UP行政法判例50!〔第2版〕』〔判例**11**〕を参照のこと。

読み解きポイント

① 歓送迎会がA社の事業活動に密接に関連しているとされたのはなぜか。

② 歓送迎会終了後の送迎の際の事故が，A社の支配下にある状態で発生したと判断されたのはなぜか。

判決文を読んでみよう

「Cは，Bの上記意向等により本件歓送迎会に参加しないわけにはいかない状況に置かれ，その結果，本件歓送迎会の終了後に当該業務を再開するために本件工場に戻ることを余儀なくされたものというべきであり，このことは，A社からみると，Cに対し，職務上，上記の一連の行動をとることを要請していた」といえる。

そして，「本件歓送迎会は，研修の目的を達成するためにA社において企画された行事の一環であると評価することができ，中国人研修生と従業員との親睦を図ることにより，A社及び本件親会社と〔中国の〕子会社との関係の強化等に寄与するものであり，A社の事業活動に密接に関連して行われたものというべきである。」

以上から，「Cは，本件事故の際，なおA社の支配下にあ」り，また「本件事故によるCの死亡と上記の運転行為との間に相当因果関係の存在を肯定することができる」。

この判決が示したこと

① 本件の歓送迎会は，研修の目的を達成するために会社が企画した行事の一環であり，かつ，関連会社との関係強化に寄与するものであるため，会社の事業活動に密接に関連している。

② Cは業務を中断して歓送迎会へ参加することを事実上強制され，その結果，歓送迎会後に業務を再開するために中国人研修生を送迎しつつ工場に戻ることとなっているため，本件事故の際にはなお会社の支配下にあった。

解説

Ⅰ. 懇親会等の業務遂行性

Introduction で示した通り，労災保険給付が行われる業務上の災害と言えるためには，労働者が従事していた業務と疾病・負傷等との間に一定の因果関係（相当因果関係）が存在することが要件となる。これは具体的には，労働者が事業主の支配下において（業務遂行性），業務に起因して災害が発生したこと（業務起因性）が必要である。本判決では，業務遂行性という言葉は使われていない。しかし，A社の支配下にあったか否かを問題としており，これは業務遂行性の判断をしたものと考えられる。

会社が実施する懇親会等に伴う災害の業務遂行性に関して，幹事等ではない一般の参加者については，行政解釈上，宴会等の主催者，目的，内容，参加方法，運営方法，費用負担等を考慮して総合的に判断されなければならず，また特段の事情がない限り，業務遂行性はないとされている。もっとも，これらの基準は行政（つまり労基署）が業務上の災害かどうかを判断するための基準であり，裁判所はこの基準に拘束されない。本件では，歓送迎会が中国人研修生の研修の目的を達成するための行事の一環であり，A社および親会社と中国の子会社との関係の強化に寄与するものであるから，事業活動に密接に関連した行事であるとしている。また，歓送迎会の飲食代金が会社の福利厚生費から支払われたことも指摘している。以上から，業務遂行性を事実上肯定する判断をした。

Ⅱ. 本件歓送迎会後の送迎の業務遂行性

本件歓送迎会に業務遂行性が認められるとしても，本件事故は歓送迎会中ではなく，歓送迎会後の送迎の際に起きている。一般に，宴会等のあとに直帰した際の災害には業務遂行性は認められないと考えられている（別途，通勤災害とされる可能性はある）。しかし，本件では，Cは業務途中で歓送迎会に参加せざるを得ず，その結果，歓送迎会後には会社に戻らなければならなかったという事情があった。こうしたことから，裁判所は，会社がCに対し「職務上……一連の行動をとることを要請していた」と判断し，歓送迎会と送迎を一体のものとみて業務遂行性を肯定し，最終的に業務上災害と認めた。

20 労災保険業務 横浜南労基署長（東京海上横浜支店）事件

最高裁平成12年7月17日第一小法廷判決（労判785号6頁） ▶百選47

 事案をみてみよう

Xは，保険会社の支店長付きの運転手として，支店長の出退勤，支社等の巡回，客先回り，料亭やゴルフ場での接待等の送迎に従事していたが，車庫に帰った後や待機時間中には，清掃，洗車・ワックス掛け，小さな故障の修理なども行っていた。Xはかなりの長時間労働を強いられており，昭和58年1月から昭和59年5月11日までのXの時間外労働時間は1か月平均約150時間，走行距離は1か月平均約3500 kmに及んだ。昭和59年5月1日から同10日までの間は，勤務の終了が午後12時を過ぎた日が2日，走行距離が260 kmを超えた日が2日あった。Xは，同10日の午前5時50分に車庫を出発し，午後7時30分頃に車庫に戻ったが，午後11時頃まで車を修理し，この夜の睡眠時間はわずか3時間30分程度であった。翌11日の午前5時頃仕事についたが，まもなく走行中に気分が悪くなり，くも膜下出血[*1]を発症した。

なお，Xはくも膜下出血の発症の原因となり得る脳動脈瘤および危険因子として挙げられる高血圧症を有していたが，治療の必要がない程度のものであった。

Xはくも膜下出血発症による休業につき，Yに対し，労災保険法に基づき休業補償給付の請求をした。しかしYは，業務起因性を欠くとして不支給決定をしたため，Xは当該決定の取消しを求めて訴訟を提起した[*2]。第一審は不支給決定を取り消したが，逆に原審は第一審を取り消したため，Xが上告した。

＊1 くも膜下出血
主に脳の中にある血管にできた脳動脈瘤と呼ばれるふくらみが破裂することで出血を起こす疾病である。現在においても死亡率は30％ほどと言われ，後遺症が残ることも多いとされる。

＊2
取消訴訟については，［判例**19**］を参照。

読み解きポイント

Xが有していた基礎疾患を増悪[*3]させ，くも膜下出血の発症に至らしめた原因は何であったと裁判所は考えているか。

＊3 増悪
「ぞうあく」と読む。症状や病態などがさらに悪化すること。

判決文を読んでみよう

「Xの基礎疾患の内容，程度，Xが本件くも膜下出血発症前に従事していた業務の内容，態様，遂行状況等に加えて，脳動脈りゅうの血管病変は慢性の高血圧症，動脈硬化により増悪するものと考えられており，慢性の疲労や過度のストレスの持続が慢性の高血圧症，動脈硬化の原因の一つとなり得るものであることを併せ考えれば，Xの右基礎疾患が右発症当時その自然の経過によって一過性の血圧上昇があれば直ちに破裂を来す程度にまで増悪していたとみることは困難というべきであり，他に確たる増悪要因を見いだせない本件においては，Xが右発症前に従事した業務による過重な

精神的，身体的負荷がXの右基礎疾患をその自然の経過を超えて増悪させ，右発症に至ったものとみるのが相当であって，その間に相当因果関係の存在を肯定することができる。したがって，Xの発症した本件くも膜下出血は」業務上の疾病に該当する。

この判決が示したこと

脳動脈瘤の血管病変は慢性の疲労や過度のストレスの持続が増悪要因となるが，本件では他に確たる増悪要因を見いだせないことから，発症前に従事した業務による過重な精神的，身体的負荷がXの基礎疾患をその自然の経過を超えて増悪させ発症に至らしめたとして，くも膜下出血の業務起因性を肯定した。

解説

Ⅰ．疾病にり患した場合の業務起因性

［判例19］でも述べた通り，労働者の負傷，疾病，傷害または死亡が労働災害と言えるためには，労働者が従事していた業務の遂行中に（業務遂行性），業務に起因して（業務起因性）災害が発生していることが要件となる。しかし，疾病に関しては，実際にいつ発症したかは非常に分かりにくいため，同様の判断方法を採ることは困難である。そこで，疾病の場合には，厚生労働省令で，医学的にみて業務に起因して発生する可能性が高い疾病を，有害因子と業務の種類ごとに類型的にリスト化している（労基法施行規則35条・別表第1の2)。これにより，労働者はリストに記載された疾病にり患したことを証明できれば，特段の反証がない限り業務起因性が推定されることになる。

Ⅱ．脳・心臓疾患の業務起因性

しかし，本件のくも膜下出血などをはじめとする脳・心臓疾患は，動脈瘤や動脈硬化といった血管病変などの基礎疾患が，加齢や日常生活のさまざまな要因と相互に影響しあって悪化し発症するものであるため，業務上の疾病であるかを判断するのは容易ではない。そのため，本件当時，くも膜下出血等は上記リストに載っていなかった。被災労働者等から労災保険給付の請求を受け審査をする行政も，当時の行政内の判断基準[*4]にのっとり，異常な出来事や特に過重な業務といった例外的事象が存在しない限り，業務起因性を認めない姿勢をとっていた。

こうしたなか本判決は，最高裁としてはじめて，異常な出来事などがなくても，長期間にわたる長時間労働による疲労の蓄積を業務起因性判断における業務上の負荷として考慮して，くも膜下出血を業務上の疾病と認めたことに意義がある。現在では，平成22（2010）年の労基法施行規則の改正により「長期間にわたる長時間の業務その他血管病変等を著しく増悪させる業務による……くも膜下出血」というかたちでリストに記載されている。同様に，行政の判断基準も変更されている。[*5]

＊4　本判決当時の通達では，「異常な出来事」が存在する場合のほか，発症直前から前日までの業務または発症前1週間以内の業務が特に過重である場合などに業務起因性を認めうるとされるにとどまっていた（平成7・2・1基発38号および平成8・1・22基発30号）。

＊5　平成13・12・12基発1063号により，発症前の長期間（おおむね6か月）にわたって，著しい疲労の蓄積をもたらす特に過重な業務に就労したことにより発症した脳・心臓疾患についても，業務に起因する疾病として取り扱うこととなった。さらに令和3・9・14基発0914第1号では，労働時間と労働時間以外の負荷要因（心理的負荷となる出来事等）を総合的に評価して業務起因性を判断すべきとされ，たとえば労働時間以外の負荷要因による負荷がより大きければ労働時間が短くとも業務と発症との関連性が強い場合があることが示された。

21 通勤災害

国・羽曳野労基署長（通勤災害）事件

大阪高裁平成19年4月18日判決（労判937号14頁） ▶百選48

事案をみてみよう

Xは，自宅から職場まで徒歩で通勤していたが，障害のある義父Aの介護をするため，週4日の頻度で，勤務終了後にA宅に立ち寄っていた。平成13（2001）年2月26日，Xは午後6時半頃に職場を出てA宅に向かい，Aの食事と入浴の介助をした後，午後8時半頃にA宅を出た。しかし，15分ほど歩いた午後8時45分頃，Xは交差点で原動機付自転車と衝突し，頭蓋骨骨折等の重傷を負ってしまった。

Xは，労災保険法に基づき労基署に対して休業給付を請求したが，労基署長は，Xの負傷は通勤災害にあたらないとして不支給処分を下した。そこでXは，Y（国）に対し，この不支給処分の取消しを求めて訴えを提起した。

読み解きポイント

① 通勤経路からの「逸脱」があった場合に，「逸脱」から復帰した後も通勤と扱われる基準はなにか。

② 通勤災害と認められる「合理的な経路」とはなにか。

判決文を読んでみよう

Xが「A宅を訪れて介護を行った行為は……労災保険法7条3項のいう『逸脱』に当たる」。「本件事故が生じた時点におけるXの帰宅行為が同条1項2号の『通勤』に当たると認められるためには，この『逸脱』が同条3項ただし書の要件を充たす必要がある」。

Aは日常生活の全般にわたり介護が不可欠であり，かつAと同居する義兄以外に介護を手伝う親族がいないため，XのAに対する介護は「『労働者本人又はその家族の衣，食，保健，衛生など家庭生活を営むうえでの必要な行為』というべきであるから，労災保険規則8条1号所定の『日用品の購入その他これに準ずる行為』に当たる」。「Xが本件事故の当日にAの介護のためにA宅に滞在した時間は約1時間40分程度であるし，その間にXが介護以外の行為に時間を割いたことは窺われないのであって，この滞在は介護のためにやむを得ない最小限度のものであった」。

「合理的な経路とは，事業場と自宅との間を往復する場合に，一般に労働者が用いると認められる経路をいい，必ずしも最短距離の唯一の経路を指すものでないから……合理的な経路が複数ある場合には，そのうちのどれを労働者が選択しようが自由である」。「また，徒歩で通勤する場合に，この合理的な経路である限り，労働者が道路のいずれの側を通行するかは問わないと解するのが相当である。」「したがって，本件交差点付近についてみれば，本件交差点より北の南北道路の両側及び本件交差点より西の東西道路の両側と本件交差点全体が合理的な経路と解するのが相当である。」

この判決が示したこと

① 近親者に対する介護は通勤経路の逸脱にあたるが，もとの経路に復帰後は通勤災害と認められる「日常生活上必要な行為であつて……やむを得ない事由により行うための最小限度のもの」であることを明らかにした。

② 「合理的な経路」は必ずしも唯一の最短経路のみを指すものではないことを指摘しつつ，本件における「合理的な経路」の範囲を具体的に示した。

解説

Ⅰ．「通勤」と認められる「合理的な」経路

図

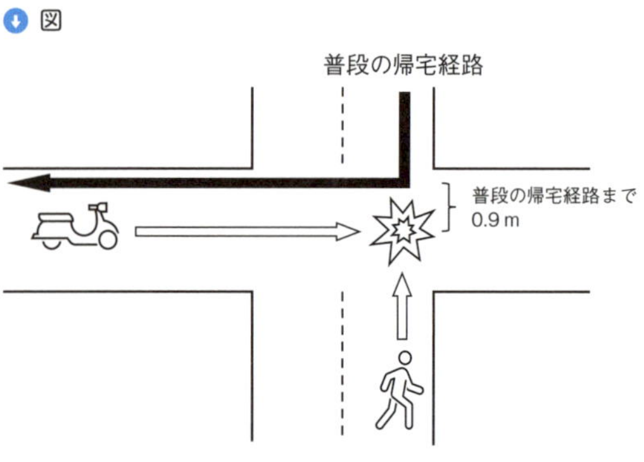

通勤災害として労災保険の給付対象となるのは，「合理的な」経路および方法による通勤のみである。この「合理的な」経路は，必ずしも最短距離である必要はないし，通常利用することが考えられる経路が複数あるような場合には，いずれも「合理的な」経路と考えられている。本件では，Yが最短経路と主張する交差点の北側ではなく，交差点の東側で事故が発生している（図を参照）。そこでYは，この事故は「合理的な」経路から外れた地点で発生していると主張した。しかし裁判所は，道路状況によっては，道路の反対側を通るべき場合もあることから，道路のいずれの側を通行するかは問わないとして，最短距離から外れた地点である本件事故発生現場も「合理的な」経路上であるとした。[*1]

＊1｜本判決で示された例のほか，道路工事等の交通事情により迂回した場合の経路や，マイカー通勤者が貸切の車庫を経由して通る経路，共働きの労働者が保育所や親せき等に子どもを預けるためにとる経路など，そうせざるを得ないような場合も，「合理的な」経路とされている（昭和48・11・22基発644号参照）。

Ⅱ．「日常生活上必要な行為であつて……最小限度のもの」

一方，このような合理的な通勤経路から逸れてしまう「逸脱」や，移動を長時間中止してしまう「移動の中断」があった場合には，その逸脱または中断およびその後の移動は通勤にあたらないとされている（労災保険法7条3項）。もっとも，これには例外があり，逸脱または中断が「日常生活上必要な行為であつて……最小限度のもの」である場合には，逸脱または中断の間を除き，通勤とされる（同条3項ただし書）。具体的には，日用品の購入，職業能力開発のための受講，選挙権の行使，病院での診療による場合については，その後，もとの経路に戻って以降は，通勤とみなされる（労災則8条）。これらに加えて，本判決は，近親者の介護を理由とする通勤経路の逸脱についても「日常生活上必要な行為であつて……最小限度のもの」であることを明らかにした。[*2]

＊2｜この判決をうけて，現在では近親者の介護も条文に明記されている（労災保険法施行規則8条5号）。

Chapter Ⅲ

労働契約法

1. 労働契約の成立と終了
2. 労働契約の展開
3. 非正規労働
4. 企業変動

企業に採用され，いろいろな部署で仕事をしながらキャリアを重ね，やがて退職する。こうした労働契約の成立・展開・終了をめぐる法律関係を規律する法領域が「労働契約法」だ。同名の法律もあってややこしいが，ここでは法律単体ではなく法領域の話として読んでほしい。

労働契約法も，労働者個人と使用者との法律関係を対象とする点では **Chapter Ⅱ** で扱った労働保護法と共通するが，次のような違いもある。第 1 に，労働保護法が労働条件の最低基準という労働契約の「越えられない一線」を設定するのに対して，労働契約法は「契約関係の変化」（例：就職，転勤，退職）を対象とする。労働保護法が静的な法領域だとすると，労働契約法は動的な法領域なのだ。いきおい，労働契約法のルールは抽象的なものになる（例：「労働時間は 1 日 8 時間まで」（労基法 32 条 2 項）⇔「解雇権は濫用してはならない」（労契法 16 条））。第 2 に，労働保護法ではルールの実効性を確保するために行政監督（労働基準監督官による取締り）や刑事罰など公法的な手段が多用されるのに対して，労働契約法では権利義務の発生・変更・消滅という私法的な規制が主に用いられる。権利の濫用をはじめとする抽象的なルールに，行政監督や刑事罰というハードな規制は馴染まないのだ。

Chapter Ⅲ では，以上のような特徴を持つ労働契約法上の問題を取り扱う。まず，労働契約の成立と終了というスタートとゴールを抑えよう（→**1**）。そのうえで，成立と終了の間にある労働契約の展開を考えていきたい（→**2**）。

1，**2** は主に正社員が同じ企業で働き続けるというモデルを前提にした話である。しかし，労働契約法は非正規労働者に特有のルールを用意してもいる（→**3**）。また，合併や事業譲渡などに伴って労働者が勤務する企業そのものが変化することもある（→**4**）。こうした場面に関する労働契約法のルールも見てみよう。

Contents

1

Introduction

Contents

労働契約の成立と終了

*1｜契約

契約のルールは，労働法だけを見ても分からない。民法（契約法）の勉強が必要になる。

1.「働くこと」の法的意味

みなさんが就職先やバイト先で働き始めるとき，法律学は，みなさん労働者が，就職先やバイト先と，「労働契約」を結んだ，と表現する。仕事を辞める／始めることは，労働契約の終了／成立の問題であり，契約のルール[*1]に沿って考えることになる。

2. 労働契約の終了

図　契約終了のフローチャート

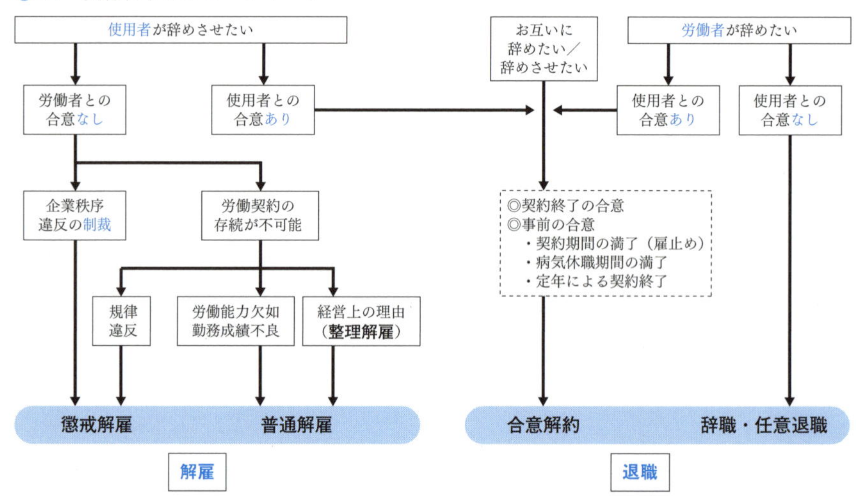

僕や赤ペンちゃんは，会社を辞めたくなかったのにクビにされたんだ。シャーペンくんは，会社のお金を盗んでクビだって！　でも，消しゴムくんは起業するために自分から辞めたんだよ。

*2｜解雇の種類

実務的には，懲戒解雇と普通解雇の最も大きな違いは，退職金支払の有無である。ほとんどの企業において，懲戒解雇の場合には退職金の一部または全部が支払われない（〔判例**32**〕・〔判例**33**〕）。

労働契約は，原則として，「解雇」か「退職」によって終了する。「解雇」とは，使用者の意思表示により，労働契約を終了させることである。解雇には，①労働者に対する制裁を目的とする懲戒解雇[*2]（シャーペンくんの場合）と，②労働契約の存続が不可能となったためにする普通解雇（エンピツくん・赤ペンちゃんの場合）の2種類がある。

これに対して退職とは，労働者の意思表示（あるいは労使の合意）によって，労働契約を終了させることである（消しゴムくんの場合）。退職の場合，解雇に適用されるルールの多くは適用されない。そのため，使用者が執拗に退職を迫ることも多く（退職勧奨），紛争も生じやすい。

僕は，「顔が気に入らない」からクビにされたんだ。赤ペンちゃんは，「不況で会社がつぶれそうだから」だって。明日からどうやって生活すればいいんだろう。それにしても，つぶれそうなのに，社長の報酬はなぜあんなに高いままなの？

労働法のない時代，契約期間[*3]の定めがない限り，使用者は労働者を自由に解雇することができた（民法627条）。しかしほとんどの場合，労働者は働けないと生計を維持できない。しかも日本の労働者は，長期的に1つの企業で働くことが多い（長期雇用慣行[*4]）。だから，解雇自由は，使用者が労働者の生活基盤を一方的に奪うことにつながる。しかも，いつ解雇されるか分からない状況では，労働者も使用者に権利を主張することをためらうし，使用者は労働者に無理難題を吹っ掛けることができる。それゆえ，恣意的な解雇を法的に制約するルールが生まれた〔判例 22〕。

それは，会社が経営難の場合でも変わらない。経営難にかこつけて，気に入らない労働者を解雇する場合もあるからだ。そこで，本当に経営難なのか，解雇以外の手段はないのかをチェックするルールも存在する〔判例 23〕。

3．労働契約の成立

契約が成立していれば，解雇は制限されるんだね！　でも，契約はいつ成立するの？　僕はちょうど，株式会社フデバコの面接を受けたけど，内定が出たら契約成立？　面接のときは，病気になったことがないか，しつこく聞かれて困ったよ。

民法によれば，Aさんと B さんの契約が成立するのは，A さんが契約を申込み，B さんがそれを承諾したときである（民法522条1項）。しかし，実際の就職[*5]は，大学や高校を卒業予定の学生が，卒業前に面接を受けて「内々定」や「内定」をもらい，卒業してから働き始める，というプロセスを経ることが多い。そこで，契約が成立した時期を判断するルールが重要になる〔判例 25〕。その時期以降は，会社が一方的に「やっぱり働かせない」とはいえないからである。

逆に会社は，契約の成立前に労働者の適性を見極める必要がある。しかし，そのためにお試しで働かせる場合であっても，会社の恣意的な判断を防ぐために，一定のルールは必要となる〔判例 24〕。また，適性を見極めるためとはいえ，どんなことでも調査してよいわけではない。たとえば労働者にもプライバシー権があり，病歴にもプライバシー権が及ぶ。したがって，特段の事情がない限り労働者は病歴を申告する義務はない。使用者も，無断で病気検査をしたり，その情報を利用することは許されない[*6]。

＊3｜契約期間
日本で，契約期間に定めのない長期雇用慣行が広まったのは，早く見積もっても1920年代以降であり，それ以前は契約期間に限りのある働き方も普通だった。

＊4｜長期雇用慣行
日本以外でも，長期雇用慣行のある国では，解雇制限法理が発達している。他方でアメリカのように，解雇が差別等にならない限り自由にできる国もある。アメリカでは，妻を逮捕された社長が腹いせに，警察官の家族を解雇することも自由である。

＊5｜新卒一括採用
本文のような就職を，「新卒一括採用」と言い，日本に特有の採用システムである（日本的雇用慣行）。中途採用の場合のように，企業や労働者が個別に申込み，それを相手が承諾する，という方法もある（適用される労働法のルールに大きな違いは見られない）。

＊6｜病歴の検査
たとえば病院が職員の採用に際し，患者として受診した際に収集したHIV感染情報を利用することは違法である（社会福祉法人北海道社会事業協会事件・札幌地判令和元・9・17労判1214号18頁）。

22 解雇権濫用法理　高知放送事件

最高裁昭和52年1月31日第二小法廷判決(労判268号17頁)　▶百選72

事案をみてみよう

Xは，ラジオ放送事業を営むY社に入社して2年目のアナウンサーである。Y社では，午後6時から翌日午前10時までの泊り勤務は，アナウンナー1名と放送記者1名で行うとされていた。アナウンサーは，午前5時30分頃までに自らの責任で起床することになっていたが，先に起床した放送記者に起してもらうこともかなり行われていた。

1967年2月22日の泊まり勤務において，Xは，放送記者Aに起してもらう約束をして仮眠した。しかし，Aも寝過したため起してもらえず，Xは同日午前6時からの10分間，定時ラジオニュースを放送できなかった(第1事故)。第1事故につき，Xは編成局長に始末書を提出し，同局長から注意を受けた。

同3月8日の泊まり勤務において，Xは，夜警員に起こされたものの二度寝し，放送記者Bも寝過ごしたため，午前6時からの5分間程度，定時ラジオニュースを放送できなかった(第2事故)。その後Xは，事実と異なる報告書[*1]を提出したが，書き直しを命じられ，改めて，遅刻は自身の不注意であった旨の始末書を提出した。

Y社は，本件各事故を理由に，Xを普通解雇とした。なお，Bは第2事故によりけん責[*2]処分とされた。そこでXは，Y社に対し，労働契約上の地位確認[*3]，解雇期間中の未払賃金の支払[*4]等を求めて訴訟を提起した。

読み解きポイント

① 使用者は，自由に解雇をすることが許されるだろうか。
② 最高裁は，解雇を無効と判断するにあたりどのような事情を挙げただろうか。

判決文を読んでみよう

(1)　「普通解雇事由がある場合においても，使用者は常に解雇しうるものではなく，当該具体的な事情のもとにおいて，解雇に処することが著しく不合理であり，社会通念上相当なものとして是認することができないときには，当該解雇の意思表示は，解雇権の濫用として無効になるものというべきである」。

(2)　本件で，「Xに非がないということはできない」。しかし，①本件事故の原因は，いずれもXの寝過しという過失であり，悪意や故意はない。②本件各事故はいずれも，放送記者も寝過ごしており，事故発生についてXだけを責めるのは酷である。③Xは，

＊1｜事実と異なる
放送時刻に間に合うようにスタジオに向かったが，普段使っている通路ドアのカギが閉まっていた，という内容。遅刻は自分のせいではない，という弁解の意味があったと思われる。

＊2｜けん責
懲戒処分のうち，一番軽い処分。口頭でまたは文章で労働者を注意すること(〔判例**32**〕・〔判例**33**〕)。

＊3｜地位確認請求
民事訴訟で相手方に求めることができるのは，①給付の訴え，②確認の訴え，③形成の訴え，という3種類である。労働法分野で問題となるのは，①と②である。
①は，損害賠償請求や未払賃金の支払請求など，金銭給付を求める場合に主に用いられる。②は，労働契約などの法律関係が存続していることや，逆に会社側から，契約が存在していないことの確認に用いられる。

＊4｜解雇無効時の賃金
民法536条2項は，違法な解雇によって働けなかったせいで賃金を得られなかった労働者は，原則として，その働けなかった期間の賃金を得られる旨を定めている。もっとも，常に全額が支払われるわけではない。詳細は，教科書や，あけぼのタクシー事件・最一小判昭和62・4・2労判506号20頁〔百選77〕などを参照(〔判例**40**〕)。

第1事故については直ちに謝罪し，第2事故については起床後一刻も早くスタジオ入りすべく努力した。④本件各事故における放送の空白時間は短い。⑤Y社は，放送事故対策を何ら講じていなかった。⑥Xは，通路ドアの状況を勘違いしており，また短期間で2度の放送事故を起こしていたから，事実と異なる報告書の提出を強く責めることはできない。⑦Xに放送事故歴がなく，普段の勤務成績も悪くない。⑧放送記者Bは，けん責処分に留まる。⑨Y社は今まで，放送事故を理由に労働者を解雇したことはなかった。⑩Xは，第2事故についても謝罪している。

(3) 「右のような事情のもとにおいて，Xに対し解雇をもってのぞむことは，いささか苛酷にすぎ，合理性を欠くうらみなしとせず，必ずしも社会的に相当なものとして是認することはできない」。解雇を無効とした原審[*5]の判断は正当である。

この判決が示したこと

解雇は無制限には許容されない。許容されるためには，解雇に，①客観的に合理的な理由があり，②社会通念上相当であることが必要である。

解説

I. 解雇権濫用法理

判決文 (1) は，使用者の恣意的な解雇権行使を制限するルールを示した。たとえ労基法に定められたルール（解雇予告等）を守っていても，客観的に合理的な理由のない解雇，または社会通念[*6]上相当といえない解雇は，権利濫用[*7]として無効になる，と判断したのである。その後の最高裁判決もこの判断を踏襲したため，この判断は判例法理[*8]として定着し，現在では労契法16条に立法化されている。労契法16条が適用できる（＝解雇が無効になる）条件は2つである。解雇に客観的に合理的な理由がないこと（条件(i)），または，解雇が社会通念上相当でないこと（条件(ii)），である。

II. 具体的に考えてみよう

1 ▸▸ 客観的に合理的な理由

整理解雇（［判例 **23**］）を除くと，解雇が客観的に合理的と認められる場合は，大別して，①服務規律違反，②労働能力欠如の2つである。

①の具体例としては，職場でハラスメント行為をした場合（［判例 **8**］）や，使用者からの業務命令に違反した場合[*9]（［判例 **12**］・［判例 **28**］）等が挙げられる。もっとも，たとえば三六協定を適法に締結しないまま，時間外労働を命じられたとき等，業務命令が適法ではない場合には，客観的合理性は認められない（［判例 **2**］）。本判決のような遅刻，早退・欠勤等も，客観的に合理的な理由といえる。労働者は，使用者の命令に従って働く義務を負っているのに，働くべきときに働けていないからである。

②の具体例は，労働者が，病気やケガのせいで働けなくなった場合（［判例 **49**］）や，勤務成績が悪い場合等である。もっとも，病気やケガが仕事に支障をきたさない場合（［判例 **31**］参照）には，客観的に合理的な理由とは認められない。勤務成績も，たと

＊5｜原審
高松高判昭和48・12・19労判192号39頁。

＊6｜社会通念
「通」常，「念」頭に置かれている，つまり社会常識として，という意味。法律学に頻出する表現。

＊7｜権利濫用
濫用の「濫」は，「乱」ではなく，川が氾「濫」するというときの「濫」である。権利の行使は，本来は問題ないけれども，使い方によっては，水が堤防からあふれるかのように，問題が生じることになる。

＊8｜判例法理
判例は法律そのものではない。しかし，繰り返し同じルールが示されると，裁判所が次もそのルールを使うと予想されるから，実質的に，法律と同じ効果を発揮する場合がある。

＊9｜業務命令違反
［判例**12**］・［判例**28**］では，使用者の業務命令（時間外労働命令・配転命令）への違反が，懲戒解雇事由に該当するとされた。しかし，業務命令違反は通常，普通解雇事由にも同時に該当しうる。ただし，使用者がいったん懲戒解雇の意思表示をして以降は，懲戒として有効かを厳格かつ慎重に審査しなければならない（［判例**32**］・［判例**33**］）。

*10｜関連裁判例

セガ・エンタープライゼス事件・東京地決平成11・10・15労判770号34頁。

*11｜長期雇用慣行と解雇

短期的な成果を求めることを明らかにしている，いわゆる外資系企業の場合，成績不良による解雇が認められるケースも近年増えている。

*12｜関連裁判例

東京海上火災保険（普通解雇）事件・東京地判平成12・7・28労判797号65頁。その他，トムの庭事件・東京地判平成21・4・16労判985号42頁。

*13｜償還の計算

判例は，解雇期間中に他社で就労して得た賃金が，償還の対象になるとしている（あけぼのタクシー事件・最一小判昭和62・4・2労判506号20頁〔百選77〕）が，疑問である（［判例**40**］参照）。

えば従業員の下位10％であるというだけでは不十分で，「著しく労働能率が劣り，しかも向上の見込みがない」ことまで要求した例もある[*10]。長期雇用慣行[*11]のもとで，軽々しく職を奪うべきではない，と考えられているのであろう。

2 ▸▸ 社会通念上の相当性

客観的合理性（条件(i)）が認められるだけでは，解雇は有効とはならない。**判決文(3)** は，最終的に解雇を無効と判断している。その決め手は，条件(i)でない以上，条件(ii)と考えられる。**判決文 (2)** の挙げる事情は，社会通念上相当ではないことを補強するための要素なのである。

具体的には，生じた結果の重大性（④），使用者が解雇をせずにすむような手を打ったか（②・⑤），労働者に改善の余地があるかないか（①・③・⑥・⑦・⑩），他の労働者への処分とバランスがとれるか（⑧・⑨），といった事情であろう。もちろん，社会的に相当といえるかは，最終的には具体的な事実に即して判断される。たとえば，同じ遅刻でも，2年間で出社日数の約5割を遅刻し，複数回の長期欠勤を繰り返した例では[*12]，解雇が有効と認められている。

また，本判決は明示的には触れていないものの，労働者への弁明の機会の付与も社会的相当性の判断においては重要である。弁明の機会なしに解雇を行った場合，相当程度解雇を無効とする方向に傾くと考えられる。

Ⅲ. 真実はいつも1つ？：証明責任の配分

裁判では，あらゆる真実が常に明らかになるとは限らない。証拠不十分のため，「権利の濫用」といえるかどうかわからないときは，どうなるだろうか。実務的には，労働者が，自分が特に落ち度なく働けていたことを主張しさえすれば，使用者の側で，解雇が条件(i)・(ii)に触れないことを主張・立証しなければならない，とされている。使用者が主張・立証に失敗すれば，解雇は無効と判断されることになる。

Ⅳ. 違法に解雇されたのに給料ゼロ？

解雇が違法とされた場合，民法536条2項に基づき，使用者は解雇期間中の賃金全額を労働者に支払うのが原則である。労働者（債務者）が債務を履行できなくなった（働けなくなった）のは，使用者（債権者）による不当解雇によるものだから，この不当解雇は「債権者の責めに帰すべき事由」にあたる。したがって，使用者は賃金（反対給付）の支払を拒むことができない。ただし例外的に，同項ただし書にあたるとき（「自己の債務を免れたことによって利益を得たとき」）には，利益を使用者に償還せねばならない[*13]。

23 整理解雇法理 東洋酸素事件

東京高裁昭和54年10月29日判決(労判330号71頁) ▸百選74

事案をみてみよう

Y社は，高圧ガスおよびその付属機器の製造販売等を業とする株式会社である。Xら12名は，Y社川崎工場のアセチレンガス[＊1]製造部門（以下A部門）に勤務し，Y社の企業別組合であるZ組合の組合員であった。

企業間競争の激化や新型ガスの登場による販売価格の低下と，同業他社と比べて高い人件費のために，生産能力の増強等の努力にもかかわらず，Y社のA部門の収支は，昭和44年下期までに総額約4億円[＊2]の赤字に達した。そこでY社は，Xらを含むA部門の従業員全員に，約3週間後に解雇する旨通告し，Z組合との3回の団体交渉を経つつも，その了解と協力を得ないまま，実際にA部門を閉鎖した。同社就業規則には，解雇事由の一つとして，「やむを得ない事業の都合によるとき」が挙げられていた。これに対し，Xらが労働契約上の地位確認等を求めた。原審[＊3]はXの請求を認容したため，Y社が控訴した。

＊1｜アセチレンガス
高度経済成長期には産業用ガスとして広く用いられた。現在でも利用されているが，需要は減少傾向にある。

＊2｜金銭の価値
消費者物価指数をもとに2022年の物価レートに換算すると，約14億円である。

＊3｜
東京地判昭和51・4・19労経速918号13頁。

読み解きポイント

① 整理解雇の適法性を考えるうえで着目すべき指標は何か。
② 各指標の判断はどのように行われるか。

判決文を読んでみよう

1 (1) 特定の事業部門閉鎖による解雇が「やむを得ない事業の都合」にあたるためには，①その閉鎖が「企業の合理的運営上やむをえない必要に基づく」場合であること，②その部門の従業員を「他の事業部門の同一又は類似職種に充当する余地がない場合，あるいは右配置転換を行つてもなお全企業的に見て剰員の発生が避けられない場合であつて，解雇が特定事業部門の閉鎖を理由に使用者の恣意によつてなされるものでないこと」，③「具体的な解雇対象者の選定が客観的，合理的な基準に基づくものであること」を満たす必要がある。

(2) なお，④人事同意・協議条項が履践されなかったとき等，「解雇がその手続上信義則に反」するとき等は，「解雇の効力が否定される」。

2 (1) Y社A部門の業績不振は，業界の構造的変化とY社特有の低い生産能率に起因しており，「収支の改善はほとんど期待することができず」，放置すれば同業他社との競争に敗れる等「会社経営に深刻な影響を及ぼすおそれがあつたことが明らかである」。同部門の閉鎖は「企業の運営上やむをえない必要があり，かつ合理的な措置であった」。

(2) Y社は，解雇通告当時，A「部門以外の事業部門においても……数十名に及ぶ」人員過剰に陥っており，新規採用の停止等によりその「解消に努めていた」。Xらを他部門に配置転換するとすれば，「その対象となるべき職種は，現業職及びこれと類似の職種」に限られる。しかし，他部門においても労働力の需要がない以上，A「部門の閉鎖により全企業的に見ても」人員過剰となったことは明らかである。

さらにY社は，他部門の従業員について希望退職者の募集をしなかった。しかし，(i) 閉鎖当時は高度成長の最盛期であり，希望退職者の募集により同業他社による他部門労働者の引抜きを誘発しかねないこと，(ii) A部門の従業員の配置転換による能率低下は避けられないこと，(iii) 本件整理解雇に伴い，47名の被解雇対象者に対して延べ1220名の求人の申入れが殺到する等，再就職事情が極めて良好であったことからすれば，Y社は「当時希望退職者を募集すべきであ」ったとは言えない。

(3) 解雇対象者としてXらを選定したことは，「一定の客観的基準に基づく選定であり，その基準も合理性を欠くものではない」。というのも，A「部門は他部門とは独立した事業部門」であり，その閉鎖がY社全体の人員過剰をもたらしたのだから，A「部門の従業員全員を整理解雇の対象者とすることには，当時としては相当な理由があ」った。

(4) Y社は，「組合と協議を尽くさないまま短期間のうちに」A部門閉鎖と解雇を強行した。しかし，(i) Y社とZ組合の間に，解雇の事前同意条項[*4]がなく，(ii) Y社の経営陣に特段の落ち度もなかった。(iii) Y社は従前よりZ組合に対し，人員削減と作業能率の向上が急務であることを繰り返し説明しており，A部門閉鎖および本件解雇が「全くの抜打ち的措置であ」ったわけではなかった。「このような事情のもとにおいては，Y社が組合と十分な協議を尽くさないで同部門の閉鎖と従業員の解雇を実行したとしても，他に特段の事情のない限り，……労使間の信義則に反するものということはできない」。解雇有効として原判決取消し。

＊4｜人事同意・協議条項

解雇・配転その他人事上の措置を使用者が講じるにあたり，事前に労働組合の同意や，労働組合との協議を義務付ける労働協約上の条項。違反した場合，解雇や配転が無効となる可能性がある（［判例**28**］，**Ⅳ-3 Introduction**）。

この判決が示したこと

整理解雇の適法性は，①人員削減の必要性，②解雇回避努力，③人選基準の合理性，④解雇手続の相当性，の4要素によって判断する。

解説

Ⅰ. え，私を解雇ですか？：整理解雇の意義と性質

整理解雇とは，普通解雇のうち，使用者が経営上の理由で行う解雇の類型を指す。経営難にかこつけて，使用者が嫌いな労働者を恣意的に解雇すること等を防ぐため，解雇の理由が本当に経営上の理由なのか，慎重に審査せねばならない。そこで本判決以降，解雇権濫用法理の特別版として，整理解雇法理が発展してきた。すなわち，解雇の有効性を，①人員削減の必要性，②解雇回避努力，③人選基準の合理性，④解雇

手続の相当性（特に本人や組合への通知・協議状況）という４つの要素から判断する，との考え方である。[*5]

*5 証明責任
要素①～③の証明責任は使用者に，④の証明責任は労働者に課されるとされる。［判例22］も参照。

Ⅱ．具体的に考えてみよう

1 ▸▸ 人員削減の必要性

本判決では，A 部門の約４億円もの赤字から，部門閉鎖の必要性を肯定している。近年では，赤字や倒産間近等の事情が見られずとも，経営上の必要性が一概に否定されているわけではない。恣意的な解雇を防ぐための指標であるから，経営のプロでない裁判所の審査も，ある程度緩やかにならざるを得ないだろう。ただし，事前に算定した人員全員を機械的に解雇することまでが，常に正当化されるわけではない。

2 ▸▸ 解雇回避努力

使用者側の都合で労働者の生活の基盤を一方的に揺るがす以上，整理解雇は可能な限り回避されることが望ましい。たとえば，退職金を増やして希望（自主）退職者を募集することや，役員報酬の減額，時間外労働が蔓延している場合にはその削減などが，解雇回避努力の一環とされている。

本判決は，新規採用の抑制・他部門への配転や，希望退職者の募集にも言及しながら，その実施は不可欠ではないとした。しかし本判決は，高度経済成長期かつ売手市場という特殊な時代における判断にすぎない。今日においてはむしろ，退職金の割増を伴った希望退職者の募集の有無は，解雇回避努力を判断するうえで重要なポイントといえる。

3 ▸▸ 人選基準の合理性

本判決が恣意的な人選であることを否定できたのは，部門全体を閉鎖した特殊な事案だったからである。部門閉鎖を伴わない場合，一般には年齢や人事考課を利用することが多いであろうが，どのような人選基準であれば許容されるか，明確な基準は確立していない。最低限，差別にあたる人選は無効と解されることになろう。[*6]

*6 解雇基準
非正規労働者の解雇を優先すべきとした判例もある（［判例35］＊5参照）が，雇止め法理の整備された今日において妥当とは思われない。

4 ▸▸ 解雇手続の相当性

整理解雇が避けられないとしても，解雇により生活基盤を失う労働者には事情を誠実に説明することが求められる。また複数人が解雇される場合には，労働組合を通じて，解雇のダメージを和らげる代償措置を要求することもできよう。それゆえ，解雇を進める際の手続も重要な判断要素となる。

本判決は，Y 社に経営上の落ち度がない，組合との対話の努力が見られるといった点から手続に問題がないと判断している。しかし，労働者も落ち度なく解雇されるのであるから，経営上の落ち度を問うことに意味はない。確かに組合との対話は重要であるが，労働者個人への説明が不十分である点で，今日において同じ判断とはならないだろう。

24 採用の自由と試用期間中の法律関係

三菱樹脂事件

最高裁昭和48年12月12日大法廷判決(民集27巻11号1536頁)　▶百選8

事案をみてみよう

A大学を卒業したXは昭和38年3月28日，新卒一括採用により，Y社の管理職要員として3か月の試用期間を設けて雇用された。しかしY社は，同年6月28日以降，Xの本採用を拒否した。Y社では過去に，大卒の新規採用者を本採用しなかった例はなく，また本採用時に契約書の作成や辞令の交付も行っていなかった。

Y社による本採用拒否の理由は，次のとおりである。採用面接においてXは，Y社からの質問に対し「学生運動[*1]には興味がない」，「実際行動も，なにも，やっていない」旨の発言をした。しかしその後のY社の調査によれば，Xは学生運動に従事し，デモ等に参加していた。こうした活動を行う者は，その思想・信条の如何にかかわらず，会社の管理職要員として不適格である。また，Xが採用時にそのことを秘匿したことも，管理職要員としての適格性を否定している。

これに対してXは，Y社による本採用拒否が思想・信条を理由とする差別にあたり，憲法14条，労基法3条および公序（民法90条）に違反する等として，労働契約上の地位確認等を請求した。原審[*2]は，Xの「政治的思想，信条に関係のある事実」を「入社試験の際秘匿することは許さるべき」等として，Xの請求を認容した。これに対してY社が上告した。

*1｜学生運動
1960年代には，日米安保条約への反対等をテーマとして，デモ行進等大学生らが主体となった政治運動が盛り上がりを見せた（[判例**39**]*3参照）。朝日新聞デジタル・ビジュアル年表「写真と映像でふりかえる戦後70年」，およびNHK for School「安保闘争」は，当時を知るのに最適。

［資料］

［映像］

*2｜原審
東京高判昭和43・6・12労民集19巻3号791頁。

読み解きポイント

① 企業による採用の自由は認められるか。
② 採用の自由を認める根拠は何か。
③ 試用期間後の本採用拒否が許されるのはどのような場合か。

判決文を読んでみよう

1 (1)　財産権・営業の自由（憲法29条・22条）等の人権保障のもとで，企業は，「契約締結の自由を有し，自己の営業のために労働者を雇傭するにあたり，いかなる者を雇い入れるか，いかなる条件でこれを雇うかについて，法律その他による特別の制限がない限り，原則として自由にこれを決定することができる」。労基法3条は，「雇入れ後における労働条件についての制限であつて，雇入れそのものを制約する規定ではない」。

(2)　企業による採用候補者の性向・思想等の調査は，「企業における雇傭関係が，単なる物理的労働力の提供の関係を超えて，一種の継続的な人間関係として相互信頼を要請する」ものであり，日本のような終身雇用制の普及した社会では一層そうであるから，「企業活動としての合理性を欠くものということはできない」。

2 (1) 「試用契約の性質」については，「就業規則の規定の文言のみならず」，試用契約における「処遇の実情，とくに本採用との関係における取扱についての事実上の慣行のいかんをも重視すべき」である。Y 社における過去の慣行に照らせば，本件におけるＸの試用は，「解約権留保付の雇傭契約」であり，本採用拒否は雇入れ後の解雇にあたる。留保解約権の行使を，「通常の雇入れの拒否の場合と同視することはできない」。

(2) 解約権が留保されるのは，「資質，性格，能力その他」管理職要員としての適格性に関し，必要な調査を行い，適切な判定資料を十分に収集することができないためである。それゆえ，「留保解約権の行使は，上述した解約権留保の趣旨，目的に照らして，客観的に合理的な理由が存し社会通念上相当として是認されうる場合にのみ許される」。すなわち，「企業者が，採用決定後における調査の結果により，または試用中の勤務状態等により，当初知ることができず，また知ることが期待できないような事実を知るに至つた場合」であって，かつ，客観的合理性・社会的相当性を満たす場合に限られる。この点を審理させるべく，原審に差し戻す。

この判決が示したこと

① 企業は，法律その他による特別な制限がない限り，誰をどのような条件で雇うかの自由（採用の自由）をもつ。

② 本件のような思想・信条に関する調査は，終身雇用制のもとで合理的とされる。

③ 試用の法的性質は解約権留保付の雇用契約であり，解約権は，当初知ることができず，または知ることが期待できない事実について，かつ客観的合理性・社会的相当性のある場合にのみ行使できる。

解説

Ⅰ．採用の自由

本判決は，憲法学[*3]においても重要な素材である一方，労働法学では，①採用の自由，②試用期間に関する重要判例と位置付けられる。**判決文 1 (1)** は，企業の①採用の自由について，労基法３条の射程が及ばないことから，これを全面的に認める。しかし今日では，少なくとも無制限の「採用の自由」を許容する立場はほぼみられない。本判決の立場からも，採用の自由が認められるのは，「法律その他による特別の制限」がない場合に限定されるからである。今日では，差別禁止の要請の具体化として，性別（雇均５条），障害（障害雇用 34 条），年齢（労働施策推進９条）や，組合員であること（労組７条１号）を理由とする採用拒否は原則として禁じられる。

また，人格権としてのプライバシー権（〔判例 **05**〕）の確立や，個人情報保護法（20 条２項）の整備と相まって，使用者が労働者から収集できる情報も，「業務の目的[*4]の

＊3｜憲法学
上田健介ほか・START UP『憲法判例50!〔第3版〕』（有斐閣，2023 年）〔判例**03**〕等参照。

＊4｜業務の目的
病歴の目的外利用の例として，**Introduction＊6**〔p. 73〕参照。

達成に必要な範囲内」（職安法5条の5）に限定される。行政解釈[*5]においても，特別な職業上の必要性が存在する等でない限り，（i）人種，民族，社会的身分，門地，本籍，出生地その他社会的差別の原因となるおそれのある事項，（ii）思想および信条，（iii）労働組合への加入状況の個人情報を収集してはならないとされている（平成11年労働省告示141号）。

本判決は，終身雇用制[*6]における「一種の継続的な人間関係」が濃厚に存在していた時代における，管理職要員の採否が問題となった特殊な事案である。終身雇用制が揺らぐ今日において，そうした濃密な人間関係を想定した判断は，非現実的であり，本判決もまた修正を迫られている。

Ⅱ. 留保解約権を行使できる場面

判決文2(1) は，論点②について，試用期間を解約権留保付き雇用契約と位置付ける。あくまでこの事案についての判断ではあるが，試用期間後の採用拒否が常態化しているといった例外的事情がない限り，他の多くの企業における試用期間[*7]についても，同様に考えてよいだろう。

問題は，この留保された解約権を行使できるのは――通常の解雇の場合（〔判例**22**〕）よりも認められる範囲が広いとして――具体的にどのような場合か，である。試用期間を認める趣旨は，業務上の適格性判断の機会の確保である。とすれば，使用者が知ることができる（期待できる）事実については，判断の機会を持てた以上，本採用拒否の理由とすることは適切ではない。あくまで，当初知ることが（期待）できない事実であることが求められる。また，幹部候補生（新卒一括採用に限定）や管理職要員として適格性を有するか否かは，人格の問題ではなく，管理「職」の仕事を遂行できるかという能力の問題とみるべきであろう。したがって，**判決文2(2)** の「資質，性格，能力その他」は狭く解されるべきであり，本採用拒否が客観的合理性・社会的相当性を満たすのは，業務遂行上の不適格性を基礎づける事実に狭く限定されよう。

なお，近年では，業務の適格性を判断するために，本採用に先だって有期労働契約を締結する例もみられる。しかし，契約締結時点で有期契約であることに明確に合意している場合は別として，労働者の適性を評価・判断するための期間は，原則として無期雇用契約の試用期間と評価されることになろう[*8]。

Ⅲ. 中途採用の場合

新卒採用の応募者や，職務経験不問として募集した者に対し，職務適格性を厳格に求めるのは不適切であろう。これに対し，専門的能力を条件に中途採用した場合には，留保解約権が認められる（本採用拒否が有効となる）余地が広がる可能性もある。例えば，高額の給与を受け取る外資企業の営業統括部長について，事前に示された重要目標を達成できなかった場合[*9]などである。

＊5｜行政解釈
行政による法令の解釈。三権分立のもとでは，司法のみが有権解釈を行えるので，行政による法解釈に拘束力は認められない。しかし，取締機関による法運用を拘束することから，無視できない影響力を帯びる。

＊6｜終身雇用
大企業において典型的にみられる，定年まで解雇されることなく雇用され続ける仕組み。日本的雇用慣行の柱の1つであるが，実際に終身雇用される者は，多く見積もっても日本の労働者の3割程度である。

＊7｜試用期間
やや古いが，2012年の調査（JILPT『従業員の採用と退職に関する実態調査』）では，試用期間を設ける企業は86.9％にのぼる。また試用期間は，新卒・中途採用を問わず，3か月程度が約3分の2と最も多い。

＊8｜
神戸弘陵学園事件・最三小判平成2・6・5民集44巻4号668頁〔百選11〕。

＊9｜中途採用と適格性判断
パンドウイット・コーポレーション事件・東京地判平成23・6・10LEX/DB25471776。

25 採用内定の法的性質

大日本印刷事件

最高裁昭和54年7月20日第二小法廷判決（民集33巻5号582頁）　▶百選9

事案をみてみよう

総合印刷を業とするY社は，昭和43年6月ごろ，翌年3月卒業予定者の推薦を滋賀大学に依頼し，求人の募集をした。滋賀大学では，「二社制限・先決優先主義[*1]」の方針で推薦を出しており，Y社もそのことを認識していた。

滋賀大学の4年生であったXは，同大学の推薦を得てY社の求人に応募し，昭和43年7月に採用内定の通知を受けた。そこでXは，①翌年3月に必ず入社すること，②（i）履歴書等の虚偽記載や（ii）卒業できなかった場合など，5つの項目に該当する場合には採用内定の取消しに異議を唱えない旨の誓約書（本件誓約書）をY社に提出した。

Y社は昭和44年2月，Xの採用内定を取り消す旨を通知した。その理由は，Xが「グルーミーな印象[*2]」を与える人物であり，それを打ち消す材料が出たときに備えて採用内定としたが，その材料が出なかった，というものであった。結局Xは，前年にもう一方の推薦先に対して応募を辞退する旨を申し入れていたため，他社への就職もできず，翌3月に滋賀大学を卒業した。そこでXは，Y社を相手取り，労働契約はすでに成立しており，内定取消しは無効であるとして，Y社の従業員たる地位の確認等を請求する訴訟を提起した。

*1　二社制限・先決優先主義
推薦対象企業を2社に限定し，いずれか一方の採用が内定した場合には他方の推薦を取り消すとともに，学生に対しても先に内定を出した企業に就職するよう指導する方針。

*2　グルーミー
gloomy. 陰気な，という意味。印刷会社なのにインキを怖がるのか，という古典的なダジャレがある。

読み解きポイント

① 新卒一括採用において，採用内定の法的性質は何か。労働契約はいつ成立するのか。

② 内定の取消しはどのような場合に可能となるのか。

判決文を読んでみよう

(1)　本件では，「採用内定通知のほかには労働契約締結のための特段の意思表示をすることが予定されていなか」った。これを考慮すると，Yの求人募集（申込みの誘引）に対するXの応募（申込み），これに対するYの採用内定通知（承諾）とXの本件誓約書の提出により，「XとYとの間に，Xの就労の始期を昭和44年大学卒業直後とし，それまでの間，本件誓約書記載の5項目の採用内定取消事由に基づく解約権を留保した労働契約が成立した」。

(2)　「わが国の雇用事情に照らすとき，大学新規卒業予定者で，いったん特定企業との間に採用内定の関係に入つた者は，……卒業後の就労を期して，他企業への就職の機会と可能性を放棄するのが通例である」。その意味で，採用内定を受けた者は試用中の者と基本的には同様の立場に置かれる。それゆえ，試用期間の場合と同様，「採用内定の取消事由は，採用内定当時知ることができず，また知ることが期待できないような事実であつて，これを理由として採用内定を取消すことが解約権留保の趣旨，目的に照らして客観的に合理的と認められ社会通念上相当として是認することができるものに限られる」。

(3) 本件において，Xが「グルーミーな印象であることは当初からわかつていた」のだから，「その段階で調査を尽くせば，従業員としての適格性の有無を判断することができた」。Yによる内定取消しは，「解約権留保の趣旨，目的に照らして社会通念上相当として是認することができず，解約権の濫用というべきであ」る。

この判決が示したこと

① 新卒一括採用における採用内定は，始期付き解約権留保付き労働契約の締結を意味する。

② 内定の取消しができるのは，留保事項のうち，採用内定当時知ることができず，また知ることが期待できないような事実であり，かつ，解雇権の濫用に当たらない場合に限られる。

解説

Ⅰ．内定とはどんなものかしら？：採用内定の法的性質

日本で定着している新卒一括採用制度[*3]では，応募から面接を経て内定を獲得し実際に働き始めるまで，かなりのタイムラグがある。たとえば，新型コロナ感染症の影響で経営不振に陥った企業が，3月にやむなく内定を取り消すといった場合，労働者が翌4月から他社に再就職して働き始めるのは難しいだろう[*4]。また内定後，実際に働き始めるまでの間，どのような義務[*5]があるかも不透明である。研修に参加しないと4月以降の入社を拒否する等と言われた場合，労働者の地位は不安定になる。

本判決の第1の意義は，採用内定以降，労使とも「特段の意思表示」を予定していなかったことに着目し，採用内定によって「始期付き解約権留保付き労働契約」が成立したと判断したことである。最終的な意思表示といえるかどうかに着目しているから，理論的には，採用内定以前の段階，たとえば採用内々定[*6]の取消しにおいても，労働契約の成立を肯定する余地はあると考えるべきであろう。下級審裁判例のなかには，景気の急激な悪化に伴う採用内々定の取消しについて，損害賠償を認めたものもある[*7]。

Ⅱ．留保解約権の行使

採用内定により労働契約が成立しても，これを解約（＝解雇）する余地は残されている。たとえば，大卒者を採用したい企業が，大卒予定者に内定を出していた場合，

＊3｜新卒一括採用

Introduction＊5参照。戦前にホワイトカラーを中心に始まり，戦後直後に中卒労働者の集団就職で広がった。

＊4｜コロナ禍による採用内定取消し

新型コロナ感染症の影響によると考えられる内定取消しは，2020年度に140名，2021年度に124名であった（厚労省「令和元年度卒（2.3卒）内定取消し等の状況について」「令和2年度卒（3.3卒）内定取消し等の状況について」）。

＊5｜採用内定期間中の義務

本判決は，働き始めるのが4月というだけで，契約自体は4月以前も効力を有すると考えている（就労始期付き労働契約）。これに対し，契約の効力が発生するのが4月である（効力始期付き労働契約）と考える立場も有力である（電電公社近畿電気通信局事件・最二小判昭和55・5・30民集34巻3号464頁）。この立場から，労働者が同意しない限り事前研修への参加義務は生じないとした例がある（宣伝会議事件・東京地判平成17・1・28労判890号5頁）。

＊6｜採用内々定

採用内定を事前に労働者に通知したものを採用内々定と呼ぶ。下級審裁判例は，採用内々定の段階で労働契約の成立を認定することに慎重な傾向が見られる。

＊7｜関連裁判例

コーセーアールイー（第二）事件・福岡高判平成23・3・10労判1020号82頁等。

大学を卒業できなかった者との契約を解約することは妥当であろう。

しかし，採用内定は，人材の適格性を見誤るというリスクを覚悟してでも，優秀な人材を早期に確実に確保するという，使用者の利益を実現するための仕組みである。しかも，本格的に適格性を審査する期間として，その後に試用期間が設けられている（〔判例 **24**〕）。解約権の行使をあまりに広く認めることは，制度の趣旨に反する。また労働者側も，内定に対して承諾の返事をした段階で，その他の企業へ就職する可能性を放棄することが通常である。安易に解約権の行使を認めてしまえば，学卒者等に再度の就職活動を強いる結果となってしまい，妥当ではない。

そこで最高裁は，試用期間の場合と同様に三菱樹脂事件判決（〔判例 **24**〕）の枠組みを援用し，①使用者が誓約書等を通じてあらかじめ明示的に留保した事情であり，②事前に知りえない事情であって，かつ③解雇権の濫用[*8]に当たらないものに限って，解約権を行使できるとした。この点が，本判決の第２の意義である。

このうち，③は，内定によって労働契約が成立している以上，当然の要請である。重要なのは①・②である。

①について，本件において使用者は，本件誓約書等により，解約権を行使する事由を採用内定時点で明示していた。仮に，使用者が留保事項を明示していなければ，リスクを度外視して人材を囲い込むという採用内定の趣旨に照らし，行使できる留保解約権の範囲は相当制限されたであろう。

また②については，本判決の決め手となっている。「グルーミーな印象」という X の属性は，面接の時点で事前に知ることができたのだから，本判決の結論は当然であろう。[*9]

Ⅲ. 中途採用者の場合

中途採用・転職の場合であっても，内定の通知によって労働契約の成立を認めることができよう。この場合でも，内定通知を得た労働者が，現在の就労先を退職し，[*10]あるいは，他社に就職する具体的機会を放棄することにかわりはなく，[*11]保護の必要性は新卒一括採用の場合と同様といえるからである。

なお中途採用者の場合，内定段階である程度具体的な労働条件が示されることが多いと考えられる。しかし，仮に労働条件が明確に示されていない場合でも，そのことだけで労働契約の成立を否定すべきではない。これは新卒採用の場合でも同様である。

＊8｜解雇権濫用法理

「客観的に合理的な理由」・「社会通念上相当」という表現はいずれも，解雇権濫用法理の要件と同様である（〔判例**22**〕）。

＊9｜解約が認められた例

中途採用事案であるが，同僚を反社会的人物呼ばわりする等，入社前の懇親会での失礼な言動により内定取消しが認められた例として，兼松アドバンスド・マテリアルズ事件・東京地判令和4・9・21労経速2514号26頁。

＊10｜関連裁判例

プロトコーポレーション事件・東京地判平成15・6・30労経速1842号13頁〔就業場所，従事業務を示した口頭の内定により労働契約の成立を肯定〕，インフォミックス事件・東京地決平成9・10・31労判726号37頁〔所属，職能等級，給与条件を示した内定により労働契約の成立を認定〕。

＊11｜関連裁判例

オプトエレクトロニクス事件・東京地判平成16・6・23労判877号13頁〔就業場所，配属先，給与，職位等を示した内定により労働契約の成立を認定〕。

Introduction

2

Contents

労働契約の展開

1. 人生いろいろ，人事もいろいろ

会社で働くようになってから，人事異動とか人事考課とか，「人事」っていう言葉をよく耳にするよ。人事部っていう部署もある。でも，「人事」って一体何なのか，いまいちイメージが沸かないんだ。

企業は事業を通じて利益をあげることを目的に活動する。その際，労働者が各自で好き勝手に働いていたのでは目的の達成はおぼつかない。そこで，企業が組織全体として効率的に機能するよう，労働者の仕事を管理することが必要になってくる。この，企業による労働者の労務管理全般を人事という。人事には，①労働関係の成立（募集，採用）から，②その展開（配置，教育訓練，人事考課，人事異動，休職，懲戒），③終了（解雇，定年）に至るまでの，とても幅広い措置が含まれるのである。

これらのうち，①労働関係の成立と③終了をめぐる問題はすでに扱ったので，ここでは②労働関係の展開をめぐる問題を見ていこう。

2. 就業規則——企業のルールブック

（1）読むのはキツいが役に立つ

赤ペンちゃんから，「入社式の後の説明会で渡された封筒の中に，『フデバコ社就業規則』って書かれたとっても分厚い冊子が入っていたんですけど，読まないとダメですか？学生時代のアルバイトではこんなのなかったですし，正直，面倒くさいです」ってメールがあった。僕もちゃんと読んでないけど，賃金とか労働時間とか，大事なことも書いてあったような……。なんて返事をしたらいいだろう？

②労働関係の展開を考えるにあたって，まず押さえるべきなのが就業規則である。就業規則とは「使用者が設定する職場のルール」であり，英語では“Rules of Employment”と訳されることもある。先ほど述べたように，使用者は多くの労働者を雇用して企業組織を効率的に運営しようとする。そのためには，労働者に共通の労働条件（例：賃金，労働時間）や職場内で守るべき規律（例：出社時間，施設の利用方法，秘密保持）を定めておくことが必要だ。就業規則はこうした労働条件や職場規律をまとめた「企業のルールブック[*1]」といえる。

＊1｜名前もいろいろ
「ルールブック」というだけあって，就業規則は分厚くなることが多い。そこで，「賃金規程」，「退職金規程」，「安全衛生規程」というように，項目ごとに別々にルールが定められることもある。「就業規則」という名前でなくなったとしても，各規程は法的には就業規則として扱われることに注意しよう。

以上のように，就業規則は使用者が企業運営上の必要から作成するものである。しかし，職場内のルールが就業規則というかたちで明文化されていることは，使用者だけでなく，そこで働く労働者や職場を監督する行政機関にとっても役に立つ。たとえば，労働条件が就業規則で明確に定められていれば，労働者は自分だけが使用者から差別的な取扱い（例：不当な賃下げや懲戒処分）を受けることを回避できるし，労働基準監督署は就業規則を確認することで法律がきちんと守られているかをチェックできる。

図1

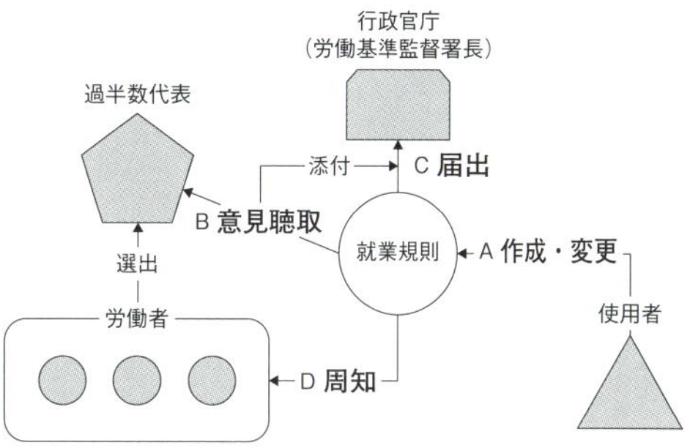

行政官庁（労働基準監督署長）
過半数代表
添付
C 届出
B 意見聴取
就業規則
A 作成・変更
選出
使用者
労働者
D 周知

こうした就業規則の機能に着目して，労働基準法は「常時10人以上の労働者を使用する使用者[*2]」に就業規則の作成と行政官庁への届出（労基法89条），労働者への周知（同法106条1項）を義務づけている。就業規則の作成にあたっては，就業規則に記載するべき事項や踏むべき手続[*3]も定められている（同法89条・90条→**図1**）。こうして作成された就業規則には，労働者を保護するための効力（最低基準効[*4]）がある（労契法12条）。

（2）諸行は無常，労働条件も無常

消しゴムくんの会社では，朝礼で社長が突然，「昨今の厳しい経営状況に対処するため，来月から賃金規程を大幅に変更します」って言い出したんだって。どうも賃金がガクッと下がるみたいなんだけど，内容は複雑で全然理解できなかったらしい。しかも，朝礼の後，従業員が1人ずつ社長室に呼ばれて，社長の前で「私はこの度の就業規則の変更に同意します」って書かれた同意書にサインさせられたって話だ。消しゴムくんも社長の迫力に負けてサインしちゃったらしいけど，来月から本当に賃金が下がっちゃうのかな。

上述した最低基準効のほか，就業規則は労働契約に対して2つの重要な効力を有している。ⓐ「採用時の労働条件を補充する効力」（労契法7条）とⓑ「採用後の労働条件を変更する効力」（同法10条）だ。それぞれ見ていこう。

日本では労働者と使用者が個別に詳細な労働契約を締結することは稀で，契約書には「労働条件は就業規則の定めるところによる」と書かれているだけということが多い。そして，赤ペンちゃんのように，就業規則をきちんと読まない労働者は少なくない。そうすると，契約内容になるのは両当事者が合意した条件だけだから，就業規則の内容は契約内容にならないように思える。しかし，就業規則の内容が合理的で，かつ労働者に周知されていれば，「労働契約の内容は，その就業規則で定める労働条件による」（労契法7条）。これが，ⓐの効力だ。

さて，労働者が働いている間にも，社会・経済の情勢や企業の経営状況は刻々と変化する。諸行は無常なのだ。こうした変化に対応するために，採用時の労働条件を変更しないといけないこともあるだろう。そこで登場するのがⓑの効力である。労契法10条によれば，就業規則の変更が合理的で，かつ労働者に周知されていれば，「労働契約の内容である労働条件は，当該変更後の就業規則に定めるところによる」。もっ

＊2｜人数のカウントは事業場（職場）単位で
労働者の人数は企業全体ではなく事業場（職場）単位でカウントされる。赤ペンちゃんが就業規則を見たことがなかったのは，アルバイト先で働く労働者が10人未満だったからだろう。

＊3｜就業規則の作成手続
使用者は事業場の過半数代表に意見を聴取し，意見を記した書面を労基署長に届け出る就業規則に添付しなければならない。

＊4｜最低基準効
たとえば，就業規則で労働時間は1日7時間と定められているとする。この事業場で，社長がある労働者に「お前は仕事が遅いんだから1日8時間働け」と言い，労働者がそれを了解したとしても，そのような労働契約は就業規則の最低基準効によって無効になる。

＊5｜消しゴムくんのケース

消しゴムくんのケースでは，賃金の大幅な減額が「合理的」といえるのか，複雑な制度変更を朝礼でアナウンスしただけで「周知」といえるのかが問題となる。

とも，ⓑの効力は，「契約内容は契約当事者の合意によって変更される」という原則（労契法8条）に対する重大な例外である。それゆえ，どのような場合に就業規則による一方的な変更が認められるのかが重要な問題[＊5]になる（〔判例26〕）。さらに，消しゴムくんのサインのように「契約当事者の合意」と「就業規則の変更」が組み合わさった場合は，どのように考えるべきだろうか。発展的な問題だが，これについても判例を通して考えてみよう（〔判例27〕）。

3. 使用者の人事――悲喜こもごもの人間模様

フデバコ社に入ってもうすぐ2年。たった2年だけど，この間にもいろんなことがあった。仕事を一から教えてくれたシャーペン先輩は係長に出世したし，同期入社のコンパスさんは体調を崩して休職しちゃった。そうそう，後輩のファイルくんなんて，歓迎会で社長に失礼なことを言って反省文を提出していたな。僕もこの春に転勤だ。でも，自分の人事に納得できない人はどうするんだろう？

エンピツくんが言うように，企業の人事にはいろいろなものがある。日本特有の人事労務管理である「日本型雇用システム」では，新年度に一括採用した新規学卒者に幅広い業務を経験させながら，長期スパンで彼ら／彼女らを育成することが想定されている。そのために，使用者はさまざまな人事措置を講じることになるのだ。それらの中には，意に沿わない転勤や不当に低い評価，事実無根の懲戒処分など，労働者が不満を抱くものもあるだろう。自身が受けた人事措置に納得できない労働者は，その効力をどのように争えばいいのだろうか。

使用者が講じる人事措置は，法的には使用者による人事権の行使である。そこで，まず，㋐「そもそも，使用者に人事権を行使する権限はあるのか」をチェックする。先ほど見た就業規則や労働契約，労働協約によって，たとえば転勤命令であれば，使用者が労働者の就労場所を変更する権限を有するのかをチェックするのである（権限審査）。そのうえで，㋑「使用者による権限の行使が権利の濫用になっていないか」をチェックする。労働者に転勤を命じる権限を使用者が有するとしても，個別具体的な事情（例：労働者の家庭の事情）を考慮したとき，その権限行使が権利の濫用となっていないかの審査である（濫用審査）。この「㋐権限審査→㋑濫用審査」という2段階の審査は，人事権行使の効力を判断する際に用いる一般的な枠組みなので，ぜひ押さえておいてほしい。

図2

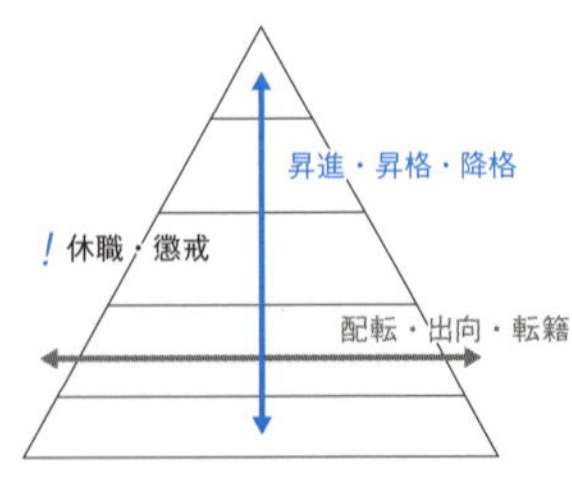

②労働契約の展開に関する使用者の人事措置には，ⓐ勤務内容や勤務場所の変更という，労働者を企業組織内で水平方向に移動させる措置（配転，出向，転籍），ⓑ職位や職能資格の変更という，垂直方向に移動させる措置（昇進，昇格，降格），ⓒ怪我・病気や非違行為といったイレギュラーな事態に対処するための措置（休職，懲戒）がある（→図2）。ここでは特に，ⓐ配転（〔判例28〕），出向（〔判例30〕），ⓑ降格（〔判例29〕），ⓒ休職（〔判例31〕），懲戒（〔判例32〕・〔判例33〕）が問題となった事案を見てみよう。

26 就業規則の不利益変更

第四銀行事件

最高裁平成9年2月28日第二小法廷判決(民集51巻2号705頁) ▶百選22

事案をみてみよう

Y社では55歳を定年年齢としていたが，定年後在職制度があり，男性行員は定年後も58歳まで在籍するのが通例であった。しかしY社は，従業員の約90パーセントを組織する組合との団体交渉を経て，昭和58（1983）年3月に定年年齢を60歳とする労働協約を締結し，さらにこの協約に基づき就業規則[*1]を変更して，同年4月1日から60歳定年制を実施した[*2]。

Xは，昭和59（1984）年11月に55歳になった者である。Xの55歳以後の年間賃金額は，60歳定年制実施によって，55歳以降の本俸などが変わった結果，従前の定年後在職制度のもとで得られていた賃金の3分の2程度となっていた。

Xは，本件就業規則の実施により，従前の定年後の在職制度において享受していた既得権が侵害されたとして，従前の制度のもとで得られる賃金との差額賃金の支払などを請求した。

読み解きポイント

① 不利益に変更した就業規則は，どのような条件を満たせば，変更に同意しない労働者にも適用されるか。
② 変更後の就業規則の合理性はどのような枠組みのもとで判断されるか。
③ 変更後の就業規則の合理性はどのような要素から判断されるか。

判決文を読んでみよう

「新たな就業規則の作成又は変更によって労働者の既得の権利を奪い，労働者に不利益な労働条件を一方的に課することは，原則として許されないが，労働条件の集合的処理，特にその統一的かつ画一的な決定を建前とする就業規則の性質からいって，当該規則条項が合理的なものである限り，個々の労働者において，これに同意しないことを理由として，その適用を拒むことは許されない。そして，右にいう当該規則条項が合理的なものであるとは，当該就業規則の作成又は変更が，その必要性及び内容の両面からみて，それによって労働者が被ることになる不利益の程度を考慮しても，なお当該労使関係における当該条項の法的規範性を是認することができるだけの合理性を有するものであることをいい，特に，賃金，退職金など労働者にとって重要な権利，労働条件に関し実質的な不利益を及ぼす就業規則の作成又は変更については，当

*1 | 就業規則の作成・届出義務，意見聴取義務，周知義務

常時10人以上の労働者を使用する使用者は，就業規則を作成しなければならず，作成した就業規則は行政官庁（労働基準監督署長）に届け出なければならない。就業規則を変更した場合にもその都度届出が義務づけられる（労基法89条）。就業規則の作成または変更時には，過半数代表（［判例**02**］）の意見を聴かなければならない（同法90条）。また，就業規則を周知しなければならない（同法106条1項）。

*2 | 労働協約と就業規則の関係

就業規則は，法令または当該事業場について適用される労働協約に反してはならない（労基法92条1項）とされているため，労働協約と就業規則が同一の事項について定めている場合は労働協約が優先されることになる。ただし，協約は原則として組合員にしか規範的効力（［判例**43**］）をもたないため，協約締結組合の組合員以外は就業規則が適用されることになる。

該条項が，そのような不利益を労働者に法的に受忍させることを許容することができるだけの高度の必要性に基づいた合理的な内容のものである場合において，その効力を生ずるものというべきである。右の合理性の有無は，具体的には，就業規則の変更によって労働者が被る不利益の程度，使用者側の変更の必要性の内容・程度，変更後の就業規則の内容自体の相当性，代償措置その他関連する他の労働条件の改善状況，労働組合等との交渉の経緯，他の労働組合又は他の従業員の対応，同種事項に関する我が国社会における一般的状況等を総合考慮して判断すべきである。」

この判決が示したこと

① 変更後の就業規則が合理的なものであれば労働者の同意がなくとも使用者は就業規則を適用できる。

② 就業規則の合理性は，変更の必要性と内容の両面から判断され，特に賃金や退職金などの重要な権利・労働条件の変更には高度な必要性が求められる。

③ 合理性の有無は，労働者の不利益の程度，使用者側の変更の必要性の内容・程度，変更後の就業規則の内容自体の相当性，代償措置等の関連する労働条件の改善状況，組合等との交渉の経緯，他の組合や従業員の対応，同種事項に関する一般的状況等を総合考慮して判断される。

解説

Ⅰ．就業規則の効力と不利益変更

日本では，労働条件は，就業規則で細かく定められているのが通常である。就業規則は，使用者が一方的に作成するものであり，労働者側は過半数代表が意見を述べる機会を与えられるに過ぎない。契約の効力は，当事者間の合意に基づき発生し，法的拘束力をもつのが原則であるため，（労働者の同意なく）使用者が一方的に作成する就業規則が法的拘束力をもつか否かが問題となる。この点，秋北バス事件最高裁判決[*3]は「合理性」がある場合には労働契約の内容となると述べて，労働者の同意がなくても合理的な内容なら（合意をしたのと同様に）法的拘束力をもつとした。最高裁が示したこの法理は，現在では労働契約法７条に定められている[*4]。

次に問題となるのは，就業規則を（特に不利益に）変更する場合である。就業規則の変更は，やはり使用者が一方的におこなうものなので，労働者は変更後の就業規則に法的に拘束されるかが問われる。この点につき，秋北バス事件最高裁判決は，就業規則の不利益変更は原則として許されないが，変更後の就業規則が「合理的」であれば，労働者が反対したとしても変更後の就業規則に拘束されると述べた（この法理は，現在では労契法10条に定められている）。本判決は，この点を確認するとともに，従前の裁判例を集大成して，合理性を判断する際の判断要素を示した点に意義がある。

*3｜秋北バス事件最高裁判決
最大判昭和43・12・25民集22巻13号3459頁〔百選20〕。それまで定年制に関する定めのなかったバス会社において，就業規則を変更し，新たに定年制を設けた事案であり，本文で説明するように就業規則の効力について「合理性」をキーワードとした法理（現在の労契法7条・10条に相当）を初めて示した判例として重要である。

*4｜就業規則の周知
労契法7条は，合理性だけでなく，「使用者が合理的な労働条件が定められている就業規則を労働者に周知させていた場合」を効力発生の条件としているが，これは就業規則の効力発生のためには，労働者への周知が必要であるという最高裁判決（フジ興産事件・最二小判平成15・10・10労判861号5頁〔百選21〕）を取り入れたものである。

Ⅱ．変更後の就業規則の合理性はどう判断？

では，変更後の就業規則の合理性の判断はどのようにおこなうのか。本判決では，**判決文**で引用した通りの判断要素を示した。この判例法理は，現在では労契法９条・

10条に定められている。すなわち，同法9条は合意がなければ就業規則の変更はできないという原則（9条については〔判例**27**〕）を示しつつも，「次条〔労契法10条〕の場合は，この限りでない」と定め，労働者の同意がなくとも10条の要件を満たせば変更が可能であることを示す。これを受けて同法10条は，「変更後の就業規則を労働者に周知させ，かつ，就業規則の変更が，労働者の受ける不利益の程度，労働条件の変更の必要性，変更後の就業規則の内容の相当性，労働組合等との交渉の状況その他の就業規則の変更に係る事情に照らして合理的なものであるとき」に変更後の就業規則は法的拘束力をもつと定めている。

合理性の判断は必要性と不利益の程度との比較衡量が基本となる。この比較衡量によっても判断がつきにくい場合は，代償措置や関連する労働条件の改善状況などの変更後の就業規則の内容の相当性や労働組合との交渉状況などが加味されることとなる。[*5]

本判決は，上記の判断要素に基づいて本件について以下のように判断した。すなわち，本件変更は，従前の制度で得ることが期待できた金額を2年近く長く働いてようやく得られるようにするものであり，不利益はかなり大きいが，60歳定年制の実現は強い社会的要請であり，定年延長の高度の必要性があった。一方で，定年延長は企業に人件費増大・人事の停滞を生むことになり，特にYでは中高年齢層行員の比率，経営効率および収益率の面でその懸念が強く，55歳以降の賃金水準等を見直す必要性は高度であった。変更後の労働条件は他行の例とほぼ同様であり，賃金水準も高いうえ，定年延長自体は労働者に利益がある。また，福利厚生の適用延長・拡充，特別融資制度等の不利益緩和措置があり，また，行員の90％を組織する組合との合意を経ており，就業規則による一体的な変更を図ることの必要性および相当性を肯定することができる。以上から，「本件就業規則の変更は，それによる実質的な不利益が大きく……Xにとって，いささか酷な事態を生じさせたことは想像するに難くないが……，なお，そのような不利益を法的に受忍させることもやむを得ない程度の高度の必要性に基づいた合理的な内容のものであると認めることができないものではな」く，就業規則の変更は「Xに対しても効力を生ずるものというべきである」。

Ⅲ. 一部の者に大きな不利益が課される場合

本件では就業規則変更時に55歳直前の者が現実的な不利益を受けるものとされた。本件に限らず一定の年齢層の者のみに不利益が集中する場合など，労働者間で受ける不利益に差がある場合に合理性判断をどのようにおこなうかが問題となる。本判決では，この点につき「経過措置を講ずることが望ましい」と述べるにとどまったが，のちの最高裁判決では，「一方的に不利益を受ける労働者について不利益性を緩和するなどの経過措置を設けることによる適切な救済を併せ図るべきであり，それがないままに右労働者に大きな不利益のみを受忍させることには，相当性がないものというほかはない」と述べて，経過措置の必要性を強調している（みちのく銀行事件（**＊5**参照））。なお，合理性がないとされた場合に不利益変更の効力が否定されるのはあくまで当該労働者のみに限られる。

＊5｜多数組合との同意

労働条件は，本来であれば使用者の一方的決定ではなく，労働者側との合意に基づいて決定されることが望ましい。この考えに基づき，労働者の多数を組織する労働組合が変更内容について同意をした場合には，それを重視すべきとの議論もある。本判決も「労使間の利益調整がされた結果としての合理的なものであると一応推測」できると述べて，この点を肯定する。もっとも，後の最高裁判例の中には，不利益の程度が大きかった事案において，多数組合の同意があったにもかかわらず合理性を否定したものもある（みちのく銀行事件・最一小判平成12・9・7民集54巻7号2075頁）。

27 就業規則変更への同意

山梨県民信用組合事件

最高裁平成28年2月19日第二小法廷判決（民集70巻2号123頁） ▶百選23

事案をみてみよう

Xらは，A信用組合の従業員であったところ，同組合は，平成15（2003）年にY信用組合との間で合併契約を締結してY信用組合と合併し，Xらの労働契約上の地位はY信用組合に承継されることなどを決定した。その後，両信用組合の理事により構成される合併協議会は，A信用組合の職員に係る合併後の退職金の支給基準につき，旧規程を変更した新規程基準を用いることを承認した。この新規程に基づくA信用組合の職員の退職金額は，旧規程適用時より著しく低いものであった。[*1]

A信用組合の常務理事らは，合併協議会が新規程適用を承認するのと同時期に開催された同意書案および退職金計算方式に関する説明会の数日後，Xらを含む20名の管理職員に対し，同意書を示し，これに同意しないと本件合併を実現することができないなどと告げて同意書への署名押印を求めた。これに対して，管理職員全員が常務理事らの求めに応じて署名押印をした。A信用組合とY信用組合の合併は，平成15（2003）年1月14日に効力を生じ，同日から新規程が適用された。

Y信用組合は，平成16（2004）年2月に，さらに3つの信用協同組合と合併したが，この時にも退職金の支給基準を変更した。[*2] この変更に際しても，Yは自らが用意した労働条件変更に関する書面への同意の署名を求め，各職員はこれに応じていた。

これら支給基準変更の結果，Xらに支給される退職金額が平成16（2004）年合併以前の期間分は0円となり，同合併以降分についても新制度制定の平成21（2009）年4月以前に退職した者には支給されなかった（*2も参照）。そこで，Xらは，旧規程の基準が自らに適用されるとして，Yに対しその基準に基づく退職金の支給を求めた。

*1｜新規程の内容

新規程では，①退職金の基礎となる基礎給与額が旧規程の2分の1となり，②基礎給与額に乗じる支給倍数には，新たに上限が設けられた。さらに，旧規程では全国信用組合厚生年金規約に基づく加算年金等の給付額（「厚生年金給付額」）を退職金から控除する「内枠方式」が採用されていたが，これが維持された。加えてA信用組合加入の企業年金保険の解約によりうける還付額も新たに控除の対象となった。

*2｜支給基準の変更

その内容は，①平成16（2004）年合併以前の在職期間は同合併以前の基準［Xらの場合平成15（2003）年合併以降の新規程の基準］を用いること，②平成16（2004）年合併後の在職期間分についてはこれから制定される新制度によること，③①につき退職理由に応じて支給係数が異なる場合は（支給係数の低い）自己都合退職のものを用いること，④②の新制度制定前に自己都合退職をした場合には②の分の退職金を支給しないことであった。これにより退職金の支給基準はさらに不利益に変更されている。

読み解きポイント

① 就業規則の不利益変更がされた場合，労働者の同意があれば，合理性審査（［判例**26**］）を経ずとも，変更後の就業規則は労働者に適用されるか。

② 同意による労働条件の変更が認められるとした場合，同意の有無はどのように判断されるか。

判決文を読んでみよう

「労働契約の内容である労働条件は，労働者と使用者との個別の合意によって変更することができるものであり，このことは，就業規則に定められている労働条件を労働者の不利益に変更する場合であっても，その合意に際して就業規則の変更が必要とされることを除き，異なるものではないと解される（労働契約法8条，9条本文参照）。もっとも，……労働条件の変更が賃金や退職金に関するものである場合には，当該変更を受け入れる旨の労働者の行為があるとしても，労働者が使用者に使用されてその指揮命令に服すべき立場に置かれており，自らの意思決定の基礎となる情報を収集する能力にも限界があることに照らせば，当該行為をもって直ちに労働者の同意があったものとみるのは相当でなく，当該変更に対する労働者の同意の有無についての判断は慎重にされるべきである。そうすると，……労働者の同意の有無については，当該変更を受け入れる旨の労働者の行為の有無だけでなく，当該変更により労働者にもたらされる不利益の内容及び程度，労働者により当該行為がされるに至った経緯及びその態様，当該行為に先立つ労働者への情報提供又は説明の内容等に照らして，当該行為が労働者の自由な意思に基づいてされたものと認めるに足りる合理的な理由が客観的に存在するか否かという観点からも，判断されるべきものと解するのが相当である」。

結論として，本判決は，上記の枠組みから審理を尽くすことなく平成15（2003）年合併に関わる基準についても，平成16（2004）年基準変更についてもXらによる同意があるものとした原判決の破棄および本事件の原審への差戻しを命じた。

この判決が示したこと

① 労働者の同意がある場合，就業規則の変更の合理性審査を経ることなく，変更後の就業規則に労働者は拘束される。

② 労働者の同意の有無は慎重に判断されるべきであり，変更を認める労働者の行為の有無だけでなく，当該行為が労働者の自由な意思に基づいてされたものと認めるに足りる合理的な理由が客観的に存在するか否かという観点からも判断されるべきである。

解説

Ⅰ．労働者の同意があれば合理性はいらない？

労契法制定（2007年）以前の判例は，就業規則の不利益変更について，労働者が変更に同意をしない場合でも変更後の就業規則に合理性があれば労働者は就業規則に拘束されるという法理を確立していた。労契法は，この法理を労契法9条および10条で法定化している。すなわち，9条は，使用者は労働者と合意することなく就業規則の不利益変更はできないという原則を定めつつ，例外的に労働者の同意なく変更できる場合として10条を設定し，同条において合理性審査の内容を定める（［判例26］）。

もっとも，労契法9条を反対解釈[*3]すると，使用者がおこなった就業規則の変更に対して労働者の同意があれば，労契法10条による合理性審査をすることなく，労働者は変更後の労働条件に拘束されることになる。

本判決は，労働条件は本来労働者と使用者の個別の合意によって変更できるのが原則であることを理由に，上記の解釈をとることを明らかにし，労働者の同意があれば，

＊3｜反対解釈
条文の文言として明確に書かれていない事項については，その条文の適用を否定すること。9条は，労使の合意がない場合に就業規則を変更できないと定めているため，労使の合意がある場合については明文では定めていない。これを反対解釈すると，労使の合意がある場合は，労働条件を変更することはできないという9条の規範は適用されず，使用者は就業規則の変更ができるという結論が導かれる。

就業規則変更に際して 10 条の合理性審査を経ることなく，変更後の労働条件が労働者に適用される旨を明らかにした。

もっとも，この解釈をとる場合，使用者が労働者との交渉力格差を利用して，労働者の同意[*4]を強引に得ることで，事実上合理性審査を回避して使用者の思いのままに労働条件変更ができてしまうおそれが生じる。この点につき，最高裁は，次に述べるように，同意が労働者の自由な意思に基づくことを要求することで歯止めをかけた。

＊4｜労働者の同意

労働者と使用者は対等ではなく，両者の間には交渉力の差がある（労働者の従属）。使用者は，この交渉力格差を利用し，労働者に対して同意を半ば強引に迫ることにより，形式上は当事者の合意を得ることも可能である。それは，実質的には使用者による一方的な労働条件の決定・変更となろう。

Ⅱ. 労働者の同意の判断方法および本事件へのあてはめ

本判決によれば，労働者の同意は，単なる同意があったというだけでは足りず，労働者の自由な意思に基づいてされたと認めるに足りる合理的な理由が客観的に存在する場合でなければならない。その判断についても，「当該変更を受け入れる旨の労働者の行為の有無だけでなく，当該変更により労働者にもたらされる不利益の内容及び程度，労働者により当該行為がされるに至った経緯及びその態様，当該行為に先立つ労働者への情報提供又は説明の内容等」を考慮すると述べる。同意が自由意思に基づくことを求め，かつ自由意思の存在を判断するにあたって不利益の内容や程度，変更に至る経緯，情報提供と説明の内容という客観的な事情も考慮すると述べた最高裁は，労働者の同意の認定に関し，かなり慎重な枠組みを採用したと評価できる。

本判決では，以上の枠組みに基づき，X らの同意について以下のように判断して原審を破棄し，本件を原審に差し戻した。

すなわち，判決は，平成 15（2003）年合併時の旧規程から新規程への変更に対する同意につき，まず署名に先立つ説明会で示された同意書案には従前の支給基準と同一水準の退職金を保障する旨が記載されていたが，実際の新規程は旧規程より支給水準を著しく低くするものであり，実際に X らは平成 16（2004）年合併前の在職期間分については退職金が 0 円となったこと。従前より Y 信用組合に在職していた労働者には内枠方式（＊1 を参照）が採用されておらず，著しく均衡を欠くことを指摘する。

その上で，このような不利益の内容等および署名押印に至った経緯を踏まえると，X らが「本件基準変更への同意をするか否かについて自ら検討し判断するために必要十分な情報を与えられていたというためには，同人らに対し，旧規程の支給基準を変更する必要性等についての情報提供や説明がされるだけでは足りず，自己都合退職の場合には支給される退職金額が 0 円となる可能性が高くなることや，Y 信用組合の従前からの職員に係る支給基準との関係でも上記の同意書案の記載と異なり著しく均衡を欠く結果となることなど，本件基準変更により管理職 X らに対する退職金の支給につき生ずる具体的な不利益の内容や程度についても，情報提供や説明がされる必要があった」と述べ，本件合併後の当面の退職金額とその計算方法を知り，本件同意書の内容を理解した上でこれに署名押印をしたことをもって同意があった原審（東京高判平成 25・8・29 労判 1136 号 15 頁）の判断は審理が尽くされていないとした（判決は，平成 16〔2004〕年の支給基準変更についても同様に署名をもって直ちに同意があるものとした原判決は審理を尽くしていないと評価した[*5]）。

＊5｜差戻後の判決

なお，差戻後の高裁判決（東京高判平成28・11・24労判1153号5頁）では，いずれの同意についても自由な意思に基づくものとは認められない等として，旧規程の適用を認めている。

28 配転命令

東亜ペイント事件

最高裁昭和61年7月14日第二小法廷判決(労判477号6頁) ▶百選62

事案をみてみよう

Y社は全国13か所に営業所を置き，従業員約800名を雇用して塗料の製造・販売を営む株式会社である。Y社の労働協約，就業規則には「会社は業務上の都合により従業員に転勤を命ずることができる」旨の規定があり，実際にも従業員（特に営業担当者）の転勤，出向[*1]が頻繁に行われていた。

Xは昭和40（1965）年にY社に入社し，大阪事務所の営業部に配属された。入社時，XとY社の間で勤務地を大阪に限定する合意はなされず，将来の転勤が当然に予定されていた。その後，Xは昭和44年に他社の大阪営業所へ出向し，昭和46（1971）年にY社の神戸営業所へ転勤した。

昭和48（1973）年，Y社はXに広島営業所への転勤を内示したが，Xは家庭の事情を理由にこれを拒否した。そこでY社は，広島営業所には名古屋営業所に勤務するAを転勤させることにして，XにはAの後任として名古屋営業所に転勤するよう命じた（「本件転勤命令」）。しかし，Xは本件転勤命令も家庭の事情を理由に拒否したため，Y社は就業規則の懲戒事由に該当するとしてXを懲戒解雇した。

本件転勤命令の当時，Xは母親（71歳），妻（28歳），長女（2歳）と堺市内の母親名義の家屋に居住し，母親を扶養していた。母親は元気で食事の用意や買物もできたが，生まれてから大阪を離れたことがなく，長年続けてきた俳句を趣味とし，老人仲間で月2，3回句会を開いていた。妻は本件転勤命令のわずか2か月前にそれまで勤めていた会社を退職し，無認可の保育所に勤め始めるとともに，この保育所の運営委員になったばかりであった。

Xは本件解雇は無効であるとしてY社の従業員たる地位にあることの確認等を求めて訴えを提起した。原審[*2]がXの請求を認めたため，Y社が上告。

＊1｜出向
労働者が現在の使用者との労働契約を維持したまま他の企業で業務に従事すること（[判例**29**]）。

＊2｜原審
大阪高判昭和59・8・21 労判477号15頁。

読み解きポイント

① 使用者が労働者に転勤を命ずる権限を有するのはどのような場合だろうか。
② 転勤命令が権利の濫用と評価されるのはどのような場合だろうか。

判決文を読んでみよう

(1) Y社の労働協約，就業規則に「会社は業務上の都合により従業員に転勤を命ずることができる」旨の規定があった，実際にもY社では従業員（特に営業担当者）の転勤が頻繁に行われていた，XとY社の間で勤務地を大阪に限定する旨の合意はなかったという「事情の下においては，Y社は個別的同意なしにXの勤務場所を決定し，これに転勤を命じて労務の提供を求める権限を有するものというべきである。」

(2)「転勤，特に転居を伴う転勤は，一般に，労働者の生活関係に少なからぬ影響を与えずにはおかないから，使用者の転勤命令権は無制約に行使することができるものではなく，これを濫用することの許されないことはいうまでもないところ，当該転勤命令につき業務上の必要性が存しない場合又は業務上の必要性が存する場合であつても，当該転勤命令が他の不当な動機・目的をもつてなされたものであるとき若しくは労働者に対し通常甘受すべき程度を著しく超える不利益を負わせるものであるとき等，特段の事情の存する場合でない限りは，当該転勤命令は権利の濫用になるものではないというべきである。右の業務上の必要性についても，当該転勤先への異動が余人をもつては容易に替え難いといつた高度の必要性に限定することは相当でなく，労働力の適正配置，業務の能率増進，労働者の能力開発，勤務意欲の高揚，業務運営の円滑化など企業の合理的運営に寄与する点が認められる限りは，業務上の必要性の存在を肯定すべきである。」

(3)「本件についてこれをみるに，名古屋営業所のA主任の後任者として適当な者を名古屋営業所へ転勤させる必要があつたのであるから，主任待遇で営業に従事していたXを選び名古屋営業所勤務を命じた本件転勤命令には業務上の必要性が優に存したものということができる。そして，前記のXの家族状況に照らすと，名古屋営業所への転勤がXに与える家庭生活上の不利益は，転勤に伴い通常甘受すべき程度のものというべきである。したがつて，……本件転勤命令は権利の濫用に当たらないと解するのが相当である。」

⇩ この判決が示したこと ⇩

① 労働協約や就業規則に「業務上の都合により従業員に転勤を命ずることができる」旨の規定があり，かつ，労働者と使用者の間に勤務地を限定する合意がない場合，使用者は労働者の個別的同意がなくても転勤を命ずる権限を有する。

② ①転勤命令に業務上の必要性がない場合，②転勤命令が不当な動機・目的に基づくものである場合，③転勤命令が労働者に対し通常甘受すべき程度を著しく超える不利益を負わせるものである場合など，特段の事情がある場合，転勤命令は権利の濫用として無効となりうる。

解説

Ⅰ.「転勤あり」，一言書いてあればいい

本件では，懲戒解雇の効力を判断する前提として本件転勤命令の効力が問題となった。本件転勤命令が無効であれば，懲戒解雇の理由とされたXの転勤命令違反も存在しないことになるからである。

では，Y社による本件転勤命令は有効なのだろうか。**Introdution** で見たように，人

＊3｜配転と転勤
同じ使用者の下で長期にわたり職務内容や勤務場所を変更することを配転といい，配転のうち特に勤務場所の変更を伴うものを転勤という。

事権行使のひとつである転勤命令[*3]の効力は，ⓐ「使用者に転勤を命ずる権限はあるのか」（権限審査），ⓑ「使用者による転勤命令が権利の濫用になっていないか」（濫用審査）によって判断される。

第1に，ⓐ権限審査について本判決は，㋐労働協約や就業規則に「会社は業務上の都合により従業員に転勤を命ずることができる」と規定されており，実際に転勤が頻繁に行われていること，㋑XとY社の間で勤務地を限定する合意はなかったことから，Y社の転勤命令権を肯定した（**判決文 (1)**）。就業規則について見ると，㋐は本件の就業規則が「合理的な労働条件」であること（労契法7条本文[*4]），㋑はXとY社が「就業規則の内容と異なる労働条件」を合意していないこと（同条ただし書[*5]）を意味する。

ここで注目したいのは，「会社は業務上の都合により従業員に転勤を命ずることができる」という白紙委任的な条項であっても，就業規則に一言書いてありさえすれば「合理的な労働条件」として使用者の転勤命令権を基礎づけるという点である。使用者に労働者の職務内容や勤務場所を柔軟に変更する権限を認めることで，円滑な長期雇用慣行の実現[*6]をサポートしようという当時の最高裁の意図が垣間見える。

Ⅱ. 濫用審査に変化の兆し

第2に，ⓑ濫用審査について本判決は，①転勤命令に業務上の必要性がない場合，②転勤命令が不当な動機・目的に基づくものである場合，③転勤命令が労働者に対し通常甘受（我慢）すべき程度を著しく超える不利益を負わせるものである場合のいずれかに該当すれば，転勤命令は権利の濫用として無効になりうると判示した（**判決文 (2)**）。

ここでも，おそらくは日本型雇用システムをサポートするために，本判決が①〜③を使用者に有利に運用している点に注目したい。すなわち，①について，業務上の必要性は「余人をもつては容易に替え難い」（この人でなくてはダメ）といった高度のものでなくてもよく（**判決文 (2)**），「代わりの主任が必要だから」等，何らかの合理的な理由がつきさえすればよい（**判決文 (3)**）。一方で，③労働者が受ける不利益は「通常甘受すべき程度を超える」だけではダメで，それを「著しく超える」程度に達していなければならない（**判決文 (2)**）。本件でも，Xが単身赴任しなければならないといった「家庭生活上の不利益は，転勤に伴い通常甘受すべき程度のもの」とされている（**判決文 (3)**[*7]）。

もっとも，本判決のような判断枠組みの運用には変化の兆しも見られる。たとえば，育児・介護休業法には2001年の改正によって，使用者は転勤命令にあたって「労働者の子の養育又は家族の介護の状況に配慮しなければならない」という規定が新設された（育介法26条[*8]）。さらに，労働者のキャリア形成の利益（希望する仕事を続けられる利益）を重視した裁判例[*9]や，配転命令にあたり労働者への説明や不利益緩和措置が必要であるとした裁判例[*10]も登場している。これらの変化は，労働者の「ライフ」と「ワーク」それぞれの利益を重視することで，少子高齢化や共働き世帯の増加に対応する意味を持つものといえる。

＊4｜労契法7条本文

「労働者及び使用者が労働契約を締結する場合において，使用者が合理的な労働条件が定められている就業規則を労働者に周知させていた場合には，労働契約の内容は，その就業規則で定める労働条件によるものとする。」

＊5｜労契法7条ただし書

「ただし，労働契約において，労働者及び使用者が就業規則の内容と異なる労働条件を合意していた部分については，……この限りでない。」

＊6｜長期雇用と配転

労働者が新卒入社してから定年退職するまで同じ会社で働くとなると，同じ勤務地で同じ仕事に従事し続けるのは難しく，配転が必要になる。

＊7｜原審との比較

原審が①業務上の必要性はそれほど高くない一方で，③Xは相当の犠牲を強いられるとして本件転勤命令を権利の濫用に当たると判断したのとは対照的である。

＊8｜変化の兆し

男女雇用機会均等法7条，同法施行規則2条3号（労働者の昇進にあたり，転勤の経験の有無を要件とすることを間接差別として原則禁止）や労契法3条3項（仕事と生活の調和への配慮義務）も参照。

＊9｜キャリア形成の利益

安藤運輸事件・名古屋高判令和3・1・20労判1240号5頁など。

＊10｜配転手続の利益

直源会相模原南病院事件・東京高判平成10・12・10労判761号118頁など。

29 降格

アーク証券事件

東京地裁平成8年12月11日決定（労判711号57頁）　▶百選61

 事案をみてみよう

証券会社であるＹ社の就業規則では，給与について「別に定める給与システムによる」と定められ，これを受けた給与システムでは「部長・次長・課長・課長代理・主任・一般」といった区分ごとに給与や諸手当の支給額が定められていた。ただし，給与システムの区分は職制（会社の指揮命令系統における役職・職位）とは無関係で，給与や諸手当の額を決める資格に過ぎない。たとえば，給与システムで「部長」に格付けられている者が部長として課長や係長を指揮しているわけではない。

業績不振に陥ったＹ社は，1992（平成4）年から1996（平成8）年にかけて，給与システム上の給与を減額するとともに，勤務成績の不振を理由として従業員であるX_1，X_2の資格を引き下げた。これらの措置により，X_1の賃金は60万円から28万2500円に，X_2の賃金は54万4500円から23万500円になった。

Ｘらは，Ｙ社による賃金の減額は労働契約に違反し違法，無効であるとして，Ｙ社に対して労働契約に基づき差額賃金の支払を求めて訴えを提起した。

読み解きポイント

① 本件の降格は，役職・職位を引き下げる降格とはどのように異なるだろうか。
② 職能資格制度において資格等級を引き下げるためには何が必要だろうか。

決定文を読んでみよう

(1)「使用者が，従業員の職能資格や等級を見直し，能力以上に格付けされていると認められる者の資格・等級を一方的に引き下げる措置を実施するにあたっては，就業規則等における職能資格制度の定めにおいて，資格等級の見直しによる降格・降給の可能性が予定され，使用者にその権限が根拠づけられていることが必要である。」

(2)「Ｙ社は，Ｘらに対する措置は一般に認められている降格であり，それに伴い賃金の減少が生じてもやむを得ない旨主張する。しかし，……Ｙ社の給与システムには，部長・次長・課長・課長代理・主任・一般の区分……があるがこれはいわゆる資格であって，職制とは関係がなく，給与システム上の部長・次長・課長等の区分，課長一・課長二の区分は，いずれもいわゆる資格の呼称であって，給与及び諸手当の支給額……に違いがあるにすぎない。してみれば，Ｙ社において行われている『降格』は，資格制度上の資格を低下させるもの（昇格の反対措置）であり，一般に認められてい

る，人事権の行使として行われる管理監督者としての地位を剥奪する『降格』（昇進の反対措置）とはその内容が異なる。資格制度における資格や等級を労働者の職務内容を変更することなく引き下げることは，同じ職務であるのに賃金を引き下げる措置であり，労働者との合意等により契約内容を変更する場合以外は，就業規則の明確な根拠と相当の理由がなければなしえるものではなく，Y社の右主張は理由がない。」

この決定が示したこと

① 本件における降格は資格制度上の資格を低下させる降格（昇格の反対措置）であり，管理監督者としての地位を剥奪する降格（昇進の反対措置）ではない。

② 本件において資格や等級を労働者の職務内容を変更することなく引き下げるためには，就業規則等における職能資格制度の定めにおいて，資格等級の見直しによる降格・降給の可能性が予定され，使用者にその権限が根拠づけられていることが必要である。

解説

Ⅰ.「降格」はややこしい！

「降格」と呼ばれる人事措置には3種類のものがある。①職制（会社の指揮命令系統における役職・職位）の引下げ（「昇進」の反対概念。例：営業所の成績不振を理由として営業所長を平の営業社員にする），②職能資格制度上の資格・等級の引下げ（「昇格」の反対概念。例：主事の資格を副主事の資格にする），③懲戒処分としての降格（降職と呼ばれることもある）である。これらがすべて「降格」という同じ語で呼ばれるのだから，非常にややこしい。しかし，次に見るように，①～③のどれであるかによって降格が有効か否かの判断枠組みは異なってくる。そのため，降格の問題を考えていくためには，まず，問題となっている降格が①～③のどれであるかを見極めることが肝要になる（**決定文(2)**）。

本件において，給与システムで定められた「部長・次長・課長……」といった区分は，一見すると①職制の引下げのように思える。しかし，これらの区分は職制とは無関係で，給与や諸手当の額を決める資格に過ぎなかった。また，Xらは会社の秩序を乱す行為をしたわけではないから，本件の降格は③懲戒処分でもない。それゆえ，本件の降格は②職能資格制度上の資格・等級の引下げとしての降格ということになる。

では，②の降格の有効性はどのように判断すればよいのだろうか。

Ⅱ. 職能資格の引下げは厳格に

②の降格も配転や出向，懲戒処分と同じく，使用者による人事措置のひとつである。そのため，ここでも人事権行使の有効性を判断するための枠組みを適用できる。すなわち，ⓐそもそも使用者に降格を行う権限があるか（権限審査），ⓑ一般的に権限があるとしても，具体的な権限の行使が権利の濫用になっていないか（濫用審査）という

2段階のチェックである。

では，ⓐ使用者が②の降格を行う権限を持つといえるためには何が必要だろうか。これを理解するには，本件でＹ社が採用していた職能資格制度の特徴を押さえる必要がある。

職能資格制度とは，その企業における職務遂行能力を（英語検定○級というふうに）資格化して労働者を各資格に格付けたうえで，その資格（職能資格）に応じて基本給（職能給）を支払う制度をいう。一般に，職務遂行能力は労働者の能力（知識・技能・経験），情意（仕事への姿勢），業績によって評価される[*1]。労働者の能力は勤続によって労働者の中に蓄積されていくものだから，いったん蓄積された能力が減少することは予定されていない。

こうした特徴から，一般的な職能資格制度[*2]において，使用者は労働者の職能資格を引き下げる権限を原則として有しないと考えられる。それにもかかわらず労働者の職能資格を引き下げたいのであれば，就業規則や労働契約によって「資格等級の見直しによる降格・降給の可能性が予定され，使用者にその権限が根拠づけられていることが必要」になる（**決定文（1）**）。本件では就業規則や労働契約に降格の規定がなかったため，ⓐ権限審査の段階でＹ社の主張には理由がないとされた。

Ⅲ．役職・職位の引下げは緩やかに

これに対して，①の降格（役職・職位の引下げ）は，労働者の職位を特定する個別の合意がない限り，就業規則等に特別の根拠規定がなくても可能とされている。②の降格と比較すると，権限の有無に関する原則と例外が逆転しているのだ。①の降格は，使用者が労働者を企業組織の中に位置づけ，その役割を定めるという，労働契約上当然に予定された人事権の行使だからである。

もちろん，①の降格はⓐ権限審査だけでなくⓑ濫用審査も受ける。しかし，誰をどの役職に就けるかは企業経営に直結する事項であるだけに，裁判所はⓑ濫用審査に抑制的で，降格命令が社会通念上著しく妥当性を欠くような場合でなければ権利濫用にはならないと判断する傾向にある。裁判例には，勤続33年で課長まで経験した労働者を20歳代前半の女性契約社員が担当する受付の業務に就ける降格を，人格権（名誉）を侵害し，やがて退職に追いやる意図をもってなされたとして違法・無効と判断したものがある[*3]が，権利濫用とされるのはこうした極端なケースに限られる。

＊1｜職務遂行能力の評価

能力は勤続によって向上すると考えられるため，一定年数以上の勤続が昇格の要件になっていることも多い（年功的運用）。また，情意は主として上司の主観的な評価であり，残業をたくさんしている労働者が「あいつは頑張っているな」と高く評価されることもある。

＊2｜賃金制度のトレンド

近年では，労働者に蓄積された能力（潜在能力）ではなく労働者が従事する職務や労働者の成果・業績（顕在能力）に応じて基本給を決定する賃金制度（職務等級制度，役割等級制度）を採用する企業も増えてきた。こうした制度における降格は，本件のような職能資格制度における降格とは区別して考える必要がある。

＊3｜①の降格を権利濫用とした裁判例

バンク・オブ・アメリカ・イリノイ事件・東京地判平成7・12・4労判685号17頁。

30 出向命令

新日本製鐵（日鐵運輸第２）事件

最高裁平成15年4月18日第二小法廷判決（労判847号14頁）　▶百選63

 事案をみてみよう

Ｘらは鉄鋼の製造・販売等を業とするＹ社の従業員であり，Ａ組合の組合員である。Ｙ社の就業規則には「会社は従業員に対し業務上の必要によって社外勤務をさせることがある」旨の規定があった。また，Ｙ社とＡ組合が締結した労働協約（社外勤務協定）には，①出向期間は原則３年以内とするが業務上の必要により延長がありうること，②出向期間はＹ社の勤続年数としてカウントすること，③出向者の就業時間，休日，休暇等は出向先の規定により，昇格・昇給等の査定は出向先における勤務成績を基にＹ社の勤務者と同一基準で行うこと，④出向者の給与・賞与は出向先の定めるところによるが，それがＹ社の規定による支給額に満たないときは差額を支給すること等が定められていた。

ある年，Ｙ社の経営が戦後最悪の状態にまで悪化した。こうした状況に対応するため，Ｙ社は，経営合理化の一環として製鉄所構内の輸送業務のうち鉄道輸送部門の業務[*1]をＢ社に委託することとした。これに伴い，Ｙ社は，委託作業を円滑に遂行するのに必要な技能や経験を保有する者という観点からＸらを含む鉄道輸送作業に従事していた従業員を出向措置の対象者として選定し，Ｘらに B 社への出向を命じた。

Ｘらは上記出向命令は無効であるとして，Ｂ社で就労する義務を負わないことの確認を求めて訴えを提起した。

＊1｜構内での鉄道輸送

一般に製鉄所の敷地は広く，輸送する貨物は重いため，鉄道での貨物輸送が必要になる。たとえば，日本製鉄九州製鉄所の敷地面積は約1112万m^2（3.3km四方）にも及ぶ。

読み解きポイント

① 使用者が労働者に出向を命ずる権限を有するのはどのような場合だろうか。
② 本判決はどのような事情に着目して出向命令が権利の濫用に当たるか否かを判断しているだろうか。

判決文を読んでみよう

(1)「(1) 本件各出向命令は，Ｙ社が……一定の業務を協力会社であるＢ社……に業務委託することに伴い，委託される業務に従事していたＸらにいわゆる在籍出向を命ずるものであること，(2) Ｘらの入社時及び本件各出向命令発令時のＹ社の就業規則には，『会社は従業員に対し業務上の必要によって社外勤務をさせることがある。』という規定があること，(3) Ｘらに適用される労働協約にも社外勤務条項として同旨の規定があり，労働協約である社外勤務協定において，社外勤務の定義，出向

期間，出向中の社員の地位，賃金，退職金，各種の出向手当，昇格・昇給等の査定その他処遇等に関して出向労働者の利益に配慮した詳細な規定が設けられていること，という事情がある。

以上のような事情の下においては，Y社は，Xらに対し，その個別的同意なしに，Y社の従業員としての地位を維持しながら出向先であるB社においてその指揮監督の下に労務を提供することを命ずる本件各出向命令を発令することができるというべきである。」

(2) 「Y社が……一定の業務をB社に委託することとした経営判断が合理性を欠くものとはいえず，これに伴い，委託される業務に従事していたY社の従業員につき出向措置を講ずる必要があったということができ，出向措置の対象となる者の人選基準には合理性があり，具体的な人選についてもその不当性をうかがわせるような事情はない。また，本件各出向命令によってXらの労務提供先は変わるものの，その従事する業務内容や勤務場所には何らの変更はなく，上記社外勤務協定による出向中の社員の地位，賃金，退職金，各種の出向手当，昇格・昇給等の査定その他処遇等に関する規定等を勘案すれば，Xらがその生活関係，労働条件等において著しい不利益を受けるものとはいえない。そして，本件各出向命令の発令に至る手続に不相当な点があるともいえない。これらの事情にかんがみれば，本件各出向命令が権利の濫用に当たるということはできない。」

この判決が示したこと

① 就業規則や労働協約に出向を命じうる旨の規定があり，かつ，出向労働者の利益に配慮した詳細な規定が設けられている場合，使用者は労働者の個別的同意がなくても出向を命ずる権限を有する。

② 本判決は，ⓐ出向の必要性，ⓑ人選基準の合理性と具体的な人選の相当性，ⓒ出向対象者が生活関係や労働条件等において受ける不利益の有無・程度，ⓓ出向命令の発令に至る手続の相当性に着目して出向命令が権利の濫用に当たるか否かを判断している。

解説

I. そもそも出向とは？

出向（在籍出向）とは，使用者（出向元）が労働者との労働契約を維持したまま労働者を他企業（出向先）での業務に従事させることをいう。出向は，労働者が他企業に出て働くようになる点で同一企業内での勤務地・業務の変更に留まる配転と異なり，元々の使用者との労働契約が維持される[*2]点でそれが解消される転籍（転籍出向）と異なる（→図1〜3）。

出向元と出向先の間には，親会社・子会社や融資元・融資先など何らかの提携関係があることが多い。出向は，関連会社への経営・技術指導や従業員の能力開発，経営悪化時の雇用調整[*3]といった目的で，配転と同じくわが国で広く行われている。

図1 配転

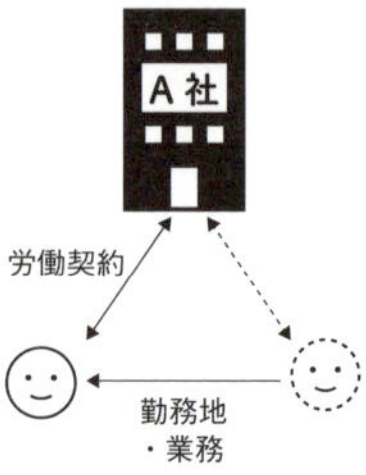

A社
労働契約
勤務地・業務

図2 出向

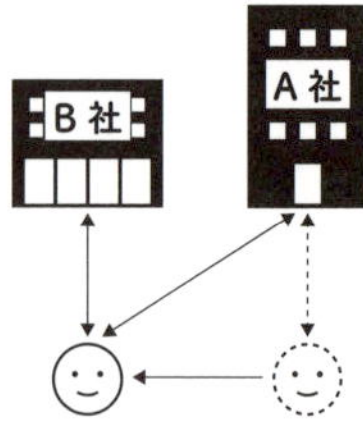

図3 転籍

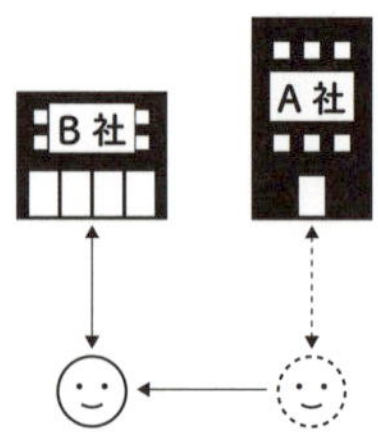

＊2 枝分かれする契約

この結果，元々1本だった出向元との労働契約が出向元との労働契約，出向先との労働契約の2本に枝分かれすることになる（→図2）。各契約の内容（賃金はどちらが支払うか，解雇権はどちらが持つか）は，出向元・出向先の間の出向契約や意思解釈によって決まる。

＊3 コロナ禍での雇用調整

近年でも，コロナ禍で不況に陥った航空会社の従業員が一時的に他業界の企業に出向するといった動きが見られた。

Ⅱ. 「出向あり」，一言書いただけじゃダメ

出向命令も使用者の人事権行使なので，その効力はやはり，㋐「使用者に出向を命ずる権限はあるのか」（権限審査），㋑「使用者による出向命令が権利の濫用になっていないか」（濫用審査）によって判断される。現在，出向に関するこの判断枠組みは労契法 14 条[*4]に定められている。

㋐権限審査について，出向は出向元が労働者に対して有する指揮命令権の一部を出向先に譲渡することを意味するため，配転命令にはなかった考慮を要する。具体的には，「使用者は，労働者の承諾を得なければ，その権利を第三者に譲り渡すことができない」と定める民法 625 条 1 項との関係で，この「労働者の承諾」の内容が問題になる。

*4｜労契法 14 条

「使用者が労働者に出向を命ずることができる場合において，当該出向の命令が，その必要性，対象労働者の選定に係る事情その他の事情に照らして，その権利を濫用したものと認められる場合には，当該命令は，無効とする」。このうち，「使用者が労働者に出向を命ずることができる場合において」が権限審査に，「その権利を濫用したものと認められる場合」が濫用審査に対応している。

この問題について，一方の極には，ⓐ個別の出向命令ごとに労働者の個別の同意がなければ「労働者の承諾」があるとはいえないという見解があった。これに対して，他方の極には，ⓑ配転命令の場合と同様，「会社は業務上の都合により従業員に出向を命ずることがある」といった程度の抽象的・包括的な規定に労働者が（就業規則などを通じて）同意していれば「労働者の承諾」として十分であるという見解もあった。こうした中で本判決は，「個別的同意なしに……本件各出向命令を発令することができる」と判示しており，ⓐの見解には立っていない。しかし，出向を命じうる旨の抽象的・包括的な規定に加えて「出向労働者の利益に配慮した詳細な規定が設けられている」という事情を指摘して出向命令権を肯定していることから，ⓑの見解よりは具体的・個別的な規定が必要と考えているように読める（**判決文 (1)**）。この，ⓐとⓑのいわば中間に立つという本判決の見解（具体的規定説）の背後には，出向が配転にはない不利益（例：指揮命令権者や給与支給者の変更，労働条件の低下，労働関係の複雑化）を労働者にもたらしうるという考慮があるものと思われる[*5]。

図 4

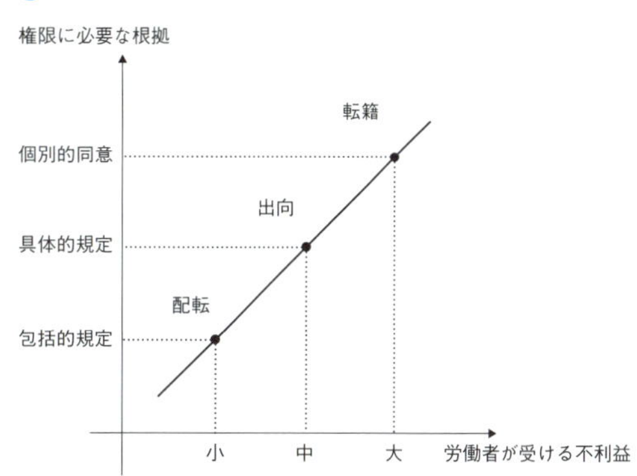

*5｜権限審査のハードル

元の雇用主（転籍元）との労働契約を解消して他企業（転籍先）との労働契約を成立させる転籍の場合，その都度労働者の個別的な同意が必要と解されている。このように，人事権の権限審査において求められるハードルは，当該権限が行使されることで労働者が受ける影響が大きくなるほど高くなると整理できる（→図4）。

Ⅲ. 濫用審査と労契法 14 条

㋑濫用審査について，本判決をベースに立法された労契法 14 条では，出向命令が権利の濫用か否かは「その必要性，対象労働者の選定に係る事情その他の事情に照らして」判断するとされている。**判決文 (2)** のうち，**この判例が示したこと**②で見たⓐが「その必要性」，ⓑが「対象労働者の選定に係る事情」，ⓒおよびⓓが「その他の事情」に対応するものと整理できる。これらの判断要素は，配転命令における濫用審査の判断要素（［判例 **28**］）とおおよそ同じと考えておけばよい。

本件では勤務場所や業務内容が変わらず，給与水準の差額も補塡されるという特殊な事情があったため，ⓒ労働者が受ける不利益の程度は高くなく，ⓐ，ⓑ，ⓓにも問題はないため本件各出向命令は濫用ではないと評価された（**判決文 (2)**）。

31 私傷病と債務の本旨に従った履行

片山組事件

最高裁平成10年4月9日第一小法廷判決（労判736号15頁） ▸百選26

事案をみてみよう

Y社は土木建築業を営む株式会社で，本社のほかに3つの支社を置き，従業員数は約130名であった。Xは入社後本社の工事部に配属され，以来21年以上にわたって建築工事の現場で現場監督業務に従事してきた。

ある年の夏，体調に異変を感じて病院を受診したXは，バセドウ病[*1]であるとの診断を受けた。その後，新しい工事現場での現場監督業務を命じられた際，XはY社に，バセドウ病に罹患しているため現場作業には従事できないと伝えた。そこでY社はXに，当分の間自宅で疾病の治療にあたるべき旨の命令を発した（以下，「本件自宅治療命令」という）。これに対してXは，現場作業は無理でも事務作業[*2]に従事することはできると医師の診断書を添えて申し出たが，Y社は本件自宅治療命令を維持した。

Xは本件自宅治療命令によって欠勤扱いとされた期間の賃金支払を求めて訴えを提起した。原審[*3]がXの請求を棄却したため，Xが上告。

＊1｜バセドウ病

甲状腺ホルモンが過剰に分泌される自己免疫疾患のひとつ。XはY社に，バセドウ病の症状として「疲労が激しく，心臓動悸，発汗，不眠，下痢等を伴い，抑制剤の副作用による貧血等も症状として発生しています」と説明している。

＊2｜事務作業

Xが従事していた事務作業としては，事務所における図面，必要書類の作成などがあった。

＊3｜原審

東京高判平成7・3・16労判684号92頁。

＊4｜私傷病と労働災害

業務以外の事由を原因とする私傷病に対して，業務を原因とするケガや病気を労働災害という。たとえば，休みの日にサッカーをしていて負ったケガは私傷病であり，工事現場で作業中に負ったケガは労働災害である。労働災害について詳しくはⅡ-**3 Introduction**を参照。

読み解きポイント

私傷病（業務以外の理由で負ったケガや病気[*4]）が原因で労働者がそれまで従事していた業務をこなせなくなった場合，使用者は労働者が労務を提供していない（きちんと働いていない）として賃金を支払わないことができるだろうか。

判決文を読んでみよう

(1)　「労働者が職種や業務内容を特定せずに労働契約を締結した場合においては，現に就業を命じられた特定の業務について労務の提供が十全にはできないとしても，その能力，経験，地位，当該企業の規模，業種，当該企業における労働者の配置・異動の実情及び難易等に照らして当該労働者が配置される現実的可能性があると認められる他の業務について労務の提供をすることができ，かつ，その提供を申し出ているならば，なお債務の本旨に従った履行の提供があると解するのが相当である。そのように解さないと，同一の企業における同様の労働契約を締結した労働者の提供し得る労務の範囲に同様の身体的原因による制約が生じた場合に，その能力，経験，地位等にかかわりなく，現に就業を命じられている業務によって，労務の提供が債務の本旨に従ったものになるか否か，また，その結果，賃金請求権を取得するか否かが左右されることになり，不合理である。」

(2) 「Xは，Y社に雇用されて以来21年以上にわたり建築工事現場における現場監督業務に従事してきたものであるが，労働契約上その職種や業務内容が現場監督業務に限定されていたとは認定されておらず，また，……本件自宅治療命令を受けた当時，事務作業に係る労務の提供は可能であり，かつ，その提供を申し出ていたというべきである。そうすると，右事実から直ちにXが債務の本旨に従った労務の提供をしなかったものと断定することはできず，Xの能力，経験，地位，Y社の規模，業種，Y社における労働者の配置・異動の実情及び難易等に照らしてXが配置される現実的可能性があると認められる業務が他にあったかどうかを検討すべきである。」

⇩ **この判決が示したこと** ⇩

①労働契約に職種や業務内容の限定がない場合，労働者が現に就業を命じられた業務について労務を提供できないとしても，②労働者が配置される現実的可能性がある他の業務について労務を提供でき，かつ，③その提供を申し出ているならば，なお債務の本旨に従った履行の提供があるといえ，使用者は労働者に賃金を支払う必要がある。

解説

Ⅰ. ノーワーク・ノーペイの原則

労働契約は労働者が使用者に労務を提供することを約し，使用者がそれに対して賃金を支払うことを約する契約であり（民法623条），労働者はその約した労務を提供した後でなければ賃金を請求することができない（同法624条1項）。これを「ノーワーク・ノーペイの原則[＊5]」という。

では，労働者が使用者に提供すべき労務とは何か。それは使用者の指揮命令に従った労務であり，これが労働契約における「債務の本旨に従った履行の提供」（契約上負っている義務をきちんと履行すること）に当たる。いくら労働者が頑張って働いていても，それが使用者の指揮命令に反するものであれば，そのような労務の提供は債務の本旨に従った履行の提供とはいえない。労働者は法的には働いていないのと同じだから，「ノーワーク・ノーペイの原則」に則り，使用者に賃金を支払う義務は生じない[＊6]ことになる。

本件において，XはY社から現場作業を含む現場監督業務を命じられたにもかかわらず，事務作業に従事したいと申し出ている。上記の考え方からすると，Xの申出はY社の指揮命令に反するものであり，債務の本旨に従った履行の提供とはいえないから，Y社がXに賃金を支払う義務はないということになりそうである。

Ⅱ. 労働者が仕事を選べる！？

しかし，本判決はそのようには考えなかった。使用者が命じる業務について労働者が労務を提供できない場合でも，①労働契約に職種や業務内容の限定がなく，②使用者が命じる業務とは別に，労働者が配置される現実的可能性がある他の業務が存在し，

＊5｜ノーワーク・ノーペイの原則
「原則」というからには例外がある。たとえば，遅刻・早退は1時間までなら欠勤扱いせず賃金を満額支払うというように，労務の提供なしに賃金を支払うという合意も有効である。

＊6｜働いてもノーペイ
たとえば，ある労働者が使用者から外回りの営業を命じられたのに内勤の方がエアコンがきいていて快適だからといってデスクワークをしても，そのような労働者が賃金を受けることはできない。水道機工事件・最一小判昭和60・3・7労判449号49頁も参照。

③労働者が当該業務について労務を提供でき，かつ，その提供を申し出ている場合には，なお債務の本旨に従った履行の提供があると解すべきだというのである（**判決文(1)**）。労働者は使用者の指揮命令に従った業務を遂行してはじめて債務の本旨に従った履行をしたことになるという原則に対して，重大な例外を示す考え方といえる。

本判決はなぜそのように考えたのだろうか。**判決文(1)**が述べているのは，次のようなことである。仮に，Xと同期のZがいて，Zは入社以来，図面設計など屋内での業務に従事していたとしよう。このZがXと同じバセドウ病に罹患したとしても，Xと異なりZは休職命令を受けずに働き続けることができる。XとZはそれぞれY社とまったく同じ労働契約を締結していたにもかかわらず，疾病に罹患したときに従事していた業務がたまたま違っただけで，債務の本旨に従った履行の提供に関する評価が180度変わってしまうのは不合理ではないか，と。理論的には，こうした不合理な事態を回避するために，使用者には信義則上の付随義務（労契3条4項）として労働者が提供できる他の労務を受領する配慮義務があると説明できるだろう。

なお，労働者からの労務の提供（事務作業には従事できるという申出）が債務の本旨に従った履行の提供である場合，使用者にはその労務を受領する（申出の通りに働かせる）義務がある。それにもかかわらず使用者が労務の受領を不当に拒否し，労働者が働けなくなったとすると，その履行不能[*7]は使用者の責めに帰すべき事由によって引き起こされたものといえる。このような場合，民法536条2項[*8]が適用され，労働者は働かずとも使用者に賃金を請求できることになる。ここでは，「ノーワーク・ノーペイの原則」は妥当しない。

＊7｜履行不能

労務を提供する機会は刻一刻と失われていくから，労務の受領が拒否された場合，労務の提供は直ちに履行不能になる。このような性質の行為を「定期行為」という。

＊8｜民法536条2項

「債権者〔使用者〕の責めに帰すべき事由によって債務を履行する〔労務を提供する〕ことができなくなったときは，債権者〔使用者〕は，反対給付の履行〔賃金の支払〕を拒むことができない。」

Ⅲ．どこまで使える？　特別な考え方

本判決の事案は休職命令が有効かというスタート（賃金支払）の問題であったが，本判決の考え方は休職期間が満了した時点で労働者は復職できるかというゴール（雇用の存続）の問題にも応用できる[*9]。タイミングこそ違えど，いずれも債務の本旨に従った履行の提供の有無がポイントになるからである。

他方で，どんな場合にも本判決の考え方が使えるというわけではない。第1に，本判決は働けない原因が労働者にもコントロールできない私傷病だからこそ使用者に配慮義務を課したのであり，使用者の指示通りに働かない原因が争議行為や組合活動であったり，配転命令拒否であったりする場合，本判決の考え方は使えない。第2に，本判決の考え方の前提には，「労働者が職種や業務内容を特定せずに労働契約を締結」しているという事情がある。こうした働き方は日本で一般的なものであるが，近年普及してきた「限定正社員」（職種や業務内容が特定された労働契約）の場合，また違った判断がありうるだろう。第3に，たとえ本判決の考え方による場合でも，使用者が受領すべきなのは「労働者が配置される現実的可能性がある」業務に関する労務に限られる。能力，経験，地位といった労働者側の事情，企業の規模，業種，配置・異動の実情および難易といった使用者側の事情を踏まえて他に労働者が従事できる仕事が見つからない場合，休職命令は有効になる。

＊9｜復職の可否への応用

実際に本判決の考え方を使って復職の可否を判断した裁判例として，JR東海事件・大阪地判平成11・10・4労判771号25頁などがある。

32 使用者の懲戒権

関西電力事件

最高裁昭和58年9月8日第一小法廷判決(労判415号29頁)　▸百選52

 事案をみてみよう

Y社の従業員XはY社の企業内組合Zの組合員であり，Y社の経営方針を厳しく批判してきた。Xは，自身がZ組合の役員選挙に落選した後，落選はY社が設立した親睦団体の妨害行為によるものと思い込み，Y社に強い憤りを覚えていた。

そこでXは，大晦日の深夜から元旦の未明にかけて，他の数名と協力してY社の従業員社宅にビラ約350枚を配布した。ビラには，「昨年会社は差別，村八分をはじめ，およそ常識と法では許されないやり方で労働者をしめ上げ，それを足場によその会社より低い給料，少ない賞与を押しつけ，いろいろな既得の権利をとり上げて来ました」，「会社は……ことしこそ以前にもましてみにくく，きたないやり方をするでしょう」といった記載があった。

Y社は，Xの上記ビラ配布行為は就業規則に懲戒事由として定められた「その他特に不都合な行為があつたとき」に該当するとして，Xを譴責(けん)[*1]の懲戒処分に付した。これに対してXは，懲戒処分の無効や慰謝料の支払を求めて訴えを提起した。

＊1｜譴責
一般に，懲戒処分には，戒告・譴責，減給，出勤停止（自宅謹慎），降格・降職，諭旨解雇・懲戒解雇などがある。譴責は始末書を提出させて将来を戒めるもので，戒告と並んで最も軽い懲戒処分のひとつといえる。

読み解きポイント

① そもそも使用者が労働者に懲戒処分を課すことはできるのだろうか。

② 本件ビラ配布のように，職場外でされた職務遂行に関係のない労働者の行為に対しても懲戒処分を課すことはできるだろうか。

判決文を読んでみよう

(1)「労働者は，労働契約を締結して雇用されることによつて，使用者に対して労務提供義務を負うとともに，企業秩序を遵守すべき義務を負い，使用者は，広く企業秩序を維持し，もつて企業の円滑な運営を図るために，その雇用する労働者の企業秩序違反行為を理由として，当該労働者に対し，一種の制裁罰である懲戒を課することができるものであるところ，右企業秩序は，通常，労働者の職場内又は職務遂行に関係のある行為を規制することにより維持しうるのであるが，職場外でされた職務遂行に関係のない労働者の行為であつても，企業の円滑な運営に支障を来すおそれがあるなど企業秩序に関係を有するものもあるのであるから，使用者は，企業秩序の維持確保のために，そのような行為をも規制の対象とし，これを理由として労働者に懲戒を課することも許されるのであり……，右のような場合を除き，労働者は，その職場外

における職務遂行に関係のない行為について，使用者による規制を受けるべきいわれはないものと解するのが相当である。」

(2) 本件について見ると，ビラの内容が大部分事実に基づかず，又は事実を誇張歪曲してＹ社を非難攻撃し，全体としてこれを中傷誹謗するものであり，右ビラの配布により労働者の会社に対する不信感を醸成して企業秩序を乱し，又はそのおそれがあったものといえる。そうすると，「Ｘによる本件ビラの配布は，就業時間外に職場外であるＹ社の従業員社宅において職務遂行に関係なく行われたものではあるが，前記就業規則所定の懲戒事由にあたると解することができ，これを理由としてＸに対して懲戒として譴責を課したことは懲戒権者に認められる裁量権の範囲を超えるものとは認められないというべきであ」る。

この判決が示したこと

① 労働者は労働契約の締結によって企業秩序遵守義務を負い，使用者は企業秩序を維持し企業の円滑な運営を図るために労働者の企業秩序遵守義務違反に対して懲戒処分を課すことができる。

② 職場外でされた職務遂行に関係のない労働者の行為であっても，企業の円滑な運営に支障を来すおそれがあるなど企業秩序を乱しうるものである場合には懲戒処分を課すことができる。

解説

Ⅰ．企業が「お仕置き」できるワケ？

本件で問題となった懲戒も使用者による人事権行使なので，①「使用者に労働者を懲戒する権限はあるのか」（権限審査），②「使用者による懲戒が権利の濫用になっていないか」（濫用審査）という枠組みでその効力を考えよう（労契法15条[*2]）。本件では主に①権限審査が問題になる（②濫用審査については［判例**33**］参照）。

では，使用者が労働者に対して懲戒権限を有するのはどのような場合だろうか？一般に，懲戒とは何らかの義務違反に対する制裁をいう。法律を見渡すと，「懲戒」という言葉は児童・生徒・学生に対する教員の懲戒（学校教育法11条）や少年院の在院者に対する少年院長の懲戒（少年院法113条）といった場面で登場する[*3]。これらの場面からイメージされるように，「懲戒」という言葉には当事者間に上下関係や権力関係があることが含意されている。しかし，労働者と使用者は互いに対等な契約当事者であり（労契法3条1項[*4]），上下関係にも権力関係にもない。だとすると，そもそも使用者が労働者に懲戒処分を課すことなどできないのではないだろうか[*5]。

この問題について本判決は，労働者は労働契約の締結により使用者に対して企業秩序を遵守すべき義務（企業秩序遵守義務）を負い，使用者は企業秩序を維持するために当該義務違反に対して懲戒処分を課すことができるという（**判決文(1)**）。この判旨を素直に読むと，本判決は，懲戒権は労働契約を締結するだけで根拠づけられると理解しているように読める。企業という組織を秩序立って運営していくためには秩序違反

＊2｜労契法15条

「使用者が労働者を懲戒することができる場合において，当該懲戒が，当該懲戒に係る労働者の行為の性質及び態様その他の事情に照らして，客観的に合理的な理由を欠き，社会通念上相当であると認められない場合は，その権利を濫用したものとして，当該懲戒は，無効とする」。①権限審査は，「使用者が労働者を懲戒することができる場合」に当たるかの問題である。

＊3｜法律の中の「懲戒」

民法旧822条にも子に対する親権者の懲戒権が定められていたが，児童虐待等の問題を背景に同条は現在では削除されている。

＊4｜労契法3条1項

「労働契約は，労働者及び使用者が対等の立場における合意に基づいて締結し，又は変更すべきものとする」。

＊5｜公務員に対する懲戒

公務員については懲戒が法律で規定されているため（国公法82条，地公法29条等），これが懲戒権限の根拠となりうる。これに対して，民間の労働者についてはこうした規定が存在しない。

に対する制裁が本来的に必要であり，懲戒権は企業組織の運営者である使用者に固有の権利であるという理解である（固有権説[*6]）。

しかし，どのような行為が企業秩序遵守義務違反とされ，それに対していかなる懲戒処分が課されるか分からないというのでは，労働者の地位は著しく不安定なものになってしまう（どのような行為が犯罪とされ，いかなる刑罰が科されるか分からないのと同じ）。そもそも，契約上の義務違反（債務不履行）に対して債権者がなしうる措置は契約の解除や損害賠償請求なのであり，契約上の義務があることから直ちに当該義務違反に対して懲戒処分を課せることにはならない。使用者が懲戒という特別の措置をとるには，単に労働契約を締結しているだけでは足りず，当該措置のための契約上の根拠が別途必要というべきである（契約説[*7]）。**判決文 (1)** もこうした理解と矛盾するものではないし，本判決後の最高裁も，「使用者が労働者を懲戒するには，あらかじめ就業規則において懲戒の種別及び事由を定めておくことを要する」と，契約説と同趣旨の判示を行っている（フジ興産事件・最二小判平成 15・10・10 労判 861 号 5 頁）。

Ⅱ. 懲戒事由は玉石混淆

就業規則等に懲戒の種別・事由に関する一般的な規定があっても，労働者の具体的な行為がそこで定められた懲戒事由に該当しなければ，「使用者が労働者を懲戒することができる」（労契法 15 条）ことにはならない。そして，労働者の行為が懲戒事由に該当するというためには，当該行為によって企業秩序が実際に侵害されたことが必要である。懲戒が企業秩序を維持するために認められた特別な制裁である以上，労働者の行為が懲戒事由に形式的に該当するだけでは不十分なのだ[*8]。たとえば，「男性職員のひげ及び長髪は不可とする」という懲戒事由は「顧客に不快感を与えるようなひげ及び長髪」を禁止したものと限定的に解釈するべきであり，整えられたひげや長髪は懲戒事由に該当しない（郵便事業〔身だしなみ基準〕事件・神戸地判平成 22・3・26 労判 1006 号 49 頁）。

本判決は，「企業の円滑な運営に支障を来すおそれがあるなど企業秩序に関係を有する」行為であれば懲戒の対象になりうると（**判決文 (1)**），懲戒によって保護される企業秩序の範囲を広く捉えている。そこには，企業の日常的な活動（これを害する労働者の行為例：業務命令違反，ハラスメント）だけでなく，企業の対外的な評価（例：兼業・副業，私生活上の非行）や労使間の信頼関係（例：経歴詐称），従業員の企業に対する対内的な信用（例：本件ビラ配布），企業で働く他の従業員の集中力（例：職場での政治活動）といった主観的・精神的なものまで含まれる。それゆえ，こうした企業秩序は，職場内での職務遂行だけでなく，「職場外でされた職務遂行に関係のない労働者の行為」によっても害されうることになる（**判決文 (1)**）。

もっとも，「企業秩序」の概念は抽象的であるだけに，ともすると無限定に拡大して労働者の行動（例：私生活上の行動，表現の自由，組合活動）を過度に制約しかねない。懲戒事由該当性を判断するにあたっては，労働者の行為によって企業の円滑な運営がいかなる意味で害されるのかを明確にしたうえで，その侵害の有無・程度を実質的に判断することが求められる。

＊6｜固有権説
この考え方によれば，就業規則等に懲戒事由が規定されていても，それは懲戒事由の一部を例示したものにすぎない（例示列挙）。それゆえ，使用者は就業規則等に規定されていない事由についても懲戒権を有する。

＊7｜契約説
この考え方によれば，就業規則等に懲戒事由が規定されていてはじめて，使用者は当該事由について懲戒権を有しうる（限定列挙）。それゆえ，使用者は就業規則等に規定されていない事由について懲戒権を有しない。

＊8｜懲戒事由への該当性
目黒電報電話局事件・最三小判昭和52・12・13民集31巻7号974頁〔百選56〕では，「〔注：懲戒規定が〕局所内の秩序風紀の維持を目的としたものであることにかんがみ，形式的に右規定に違反するようにみえる場合であつても，実質的に局所内の秩序風紀を乱すおそれのない特別の事情が認められるときには，右規定の違反になるとはいえない」とされた。

33 懲戒権の濫用

ネスレ日本事件

最高裁平成18年10月6日第二小法廷判決（労判925号11頁） ▶百選54

 事案をみてみよう

Y社の従業員X_1は体調不良を理由に欠勤した翌日，この欠勤を年次有給休暇に振り替えようとしたが，上司Aはこれを認めず，X_1の賃金が一部減額された。X_1が所属するZ組合はこれをZ組合に対する攻撃と捉え，Aに抗議することとした。こうした状況で①～③の本件各事件が発生した：①Z組合の組合員X_2がAのネクタイや襟をつかんでAの身体を壁に押しつける暴行を加え，X_1もこれに加勢する（①事件），②Xら組合員がAを取り囲み暴行を加え，Aがけい部捻挫，左ひざ・右小指挫傷の傷害を負う（②事件），③X_1が執務中のAの腹部を殴打する暴行を加える（③事件）。

Aが②事件，③事件について捜査機関に被害届や告訴状を提出したことから，Y社は捜査の結果を待ってXらの処分を検討することとした。③事件から約6年後，Xらを不起訴処分とする旨の通知が検察官から関係者に通知された。そのさらに1年後，②事件に関与した組合員Bの退職をめぐる裁判でY社の言い分が認められた。そこで，Y社は改めてXらの処分を検討し，Xらを論旨退職処分[*1]に付した。Xらは本件処分の無効を求めて訴えを提起した。原審[*2]が本件処分を有効と判断したため，Xらが上告。

＊1｜論旨退職
労働者に自発的な退職を促しつつ，それに応じない場合には懲戒解雇とする措置をいう。論旨退職は実質的には懲戒解雇に等しいから，基本的に懲戒解雇としてその有効性を判断する必要がある。

＊2｜原審
東京高判平成16・2・25労経速1890号3頁。

読み解きポイント

① 労働者の行為が就業規則所定の懲戒事由に該当する場合であっても懲戒が無効となるのは，どのようなときだろうか。

② 本判決が本件各事件から7年以上経過した後になされた論旨退職処分を無効としたのは，どのような理由からだろうか。

判決文を読んでみよう

(1) 「使用者の懲戒権の行使は，企業秩序維持の観点から労働契約関係に基づく使用者の権能として行われるものであるが，就業規則所定の懲戒事由に該当する事実が存在する場合であっても，当該具体的事情の下において，それが客観的に合理的な理由を欠き，社会通念上相当なものとして是認することができないときには，権利の濫用として無効になると解するのが相当である。」

(2) 「本件各事件は職場で就業時間中に管理職に対して行われた暴行事件であり，……管理職以外にも目撃者が存在したのであるから，上記の捜査の結果を待たずとも

Y 社においてXらに対する処分を決めることは十分に可能であったものと考えられ，本件において上記のように長期間にわたって懲戒権の行使を留保する合理的な理由は見いだし難い。しかも，使用者が従業員の非違行為について捜査の結果を待ってその処分を検討することとした場合においてその捜査の結果が不起訴処分となったときには，使用者においても懲戒解雇処分のような重い懲戒処分は行わないこととするのが通常の対応と考えられるところ，上記の捜査の結果が不起訴処分となったにもかかわらず，Y 社がXらに対し実質的には懲戒解雇処分に等しい本件諭旨退職処分のような重い懲戒処分を行うことは，その対応に一貫性を欠くものといわざるを得ない。」

(3)「本件各事件以降期間の経過とともに職場における秩序は徐々に回復したことがうかがえ，少なくとも本件諭旨退職処分がされた時点においては，企業秩序維持の観点からXらに対し懲戒解雇処分ないし諭旨退職処分のような重い懲戒処分を行うことを必要とするような状況にはなかったものということができる。」

(4)「以上の諸点にかんがみると，本件各事件から7年以上経過した後にされた本件諭旨退職処分は，……処分時点において企業秩序維持の観点からそのような重い懲戒処分を必要とする客観的に合理的な理由を欠くものといわざるを得ず，社会通念上相当なものとして是認することはできない。そうすると，本件諭旨退職処分は権利の濫用として無効というべきであり，本件諭旨退職処分による懲戒解雇はその効力を生じないというべきである。」

この判決が示したこと

① 労働者の行為が就業規則所定の懲戒事由に該当する場合であっても，懲戒が客観的に合理的な理由を欠き，社会通念上相当なものとして是認することができないときには，権利の濫用として無効になる。

② 長期間にわたる懲戒処分の留保に合理的な理由がないこと，捜査の結果との関係で対応に一貫性がないこと，期間の経過とともに職場の秩序が回復していることに鑑みると，本件諭旨退職処分は権利の濫用として無効である。

解説

Ⅰ. 権利濫用の代表例

懲戒の効力に対する2段階の審査（権限審査→濫用審査）のうち，ここでは主に濫用審査を取り扱う（権限審査については［判例 **32**］参照）。

本判決が判示するように，「就業規則所定の懲戒事由に該当する事実」が存在して使用者の懲戒権限が基礎づけられた場合でも，「当該具体的事情の下において，それ〔懲戒権の行使〕が客観的に合理的な理由を欠き，社会通念上相当なものとして是認することができないときには，権利の濫用として無効になる」（**判決文 (1)**）。このことは，現在では労契法15条[*3]に規定されている。

では，懲戒処分が客観的合理性や社会的相当性を欠いて「権利の濫用として無効になる」のはどのような場合だろうか。「権利の濫用」自体が漠然とした概念であるだ

＊3｜労契法15条

「使用者が労働者を懲戒することができる場合において，当該懲戒が，当該懲戒に係る労働者の行為の性質及び態様その他の事情に照らして，客観的に合理的な理由を欠き，社会通念上相当であると認められない場合は，その権利を濫用したものとして，当該懲戒は，無効とする。」

＊4｜適正な手続

日本通信（懲戒解雇）事件・東京地判平成24・11・30労判1069号36頁。

「懲戒処分（とりわけ懲戒解雇）は，刑罰に類似する制裁罰としての性格を有するものである以上，使用者は，実質的な弁明が行われるよう，その機会を付与すべきものと解され，その手続に看過し難い瑕疵が認められる場合には，当該懲戒処分は手続的に相当性に欠け，それだけでも無効原因を構成し得るものと解される。」

＊5｜経歴詐称は話が別？

同じく懲戒事由発生から長期間が経過する事案でも，採用時の経歴詐称（例：学歴，職歴，犯罪歴）について判例は懲戒処分を有効と解する傾向にある（例：炭研精工事件・最一小判平成3・9・19労判615号16頁〔百選55〕）。企業秩序侵害が生じるのは詐称した時点ではなく詐称が発覚した時点ということだろうか。

＊6｜私生活上の非行

横浜ゴム事件・最三小判昭和45・7・28民集24巻7号1220頁〔百選59〕〔深夜に風呂場から他人の家に侵入する〕，小田急電鉄事件・東京高判平成15・12・11労判867号5頁〔判例**10**〕〔電車で痴漢を働く〕など。

けに，それは，「当該懲戒に係る労働者の行為の性質及び態様その他の事情に照らして」判断するしかない（労契法15条）。代表例としては，ⓐ懲戒事由（＝企業秩序侵害の程度）に対して懲戒処分が重すぎる場合（例：1日無断欠勤しただけで懲戒解雇），ⓑ同様の行為をした他の労働者に対する懲戒処分と比較して懲戒処分が重すぎる場合（例：勤務時間中の私用メールについて，他の同僚は戒告で済んだのに自分だけ減給処分を受ける），ⓒ聴聞や弁明の機会の付与など適正な手続を踏まずに懲戒処分が実施される場合[＊4]（例：ハラスメントが問題となった場合に，被害労働者の言い分だけを聞いて加害労働者を懲戒する）等がある。解雇権濫用法理（労契法16条）でも似た議論があったことを思い出してほしい（〔判例**22**〕）。

Ⅱ．7年越しの懲戒処分！？

本件の最大の特徴は，本件各事件から7年以上という長期間が経過した後に懲戒処分が行われた点にある。この点は濫用審査においてどのような意味を持つだろうか。

懲戒事由の発生からいつまでに懲戒処分を行うべきと定める法律上の規定は存在しない。しかし，時間の経過は一般に，㋐懲戒事由に該当する行為によって動揺した企業秩序が沈静化する，㋑証言や証拠が散逸・劣化して労働者の弁明が困難になる，㋒懲戒処分を受けないという合理的な期待が労働者に形成される，㋓行為後の真面目な勤務によって労働者への非難可能性が低下するといった影響をもたらすだろう。㋐は企業秩序侵害の程度を低下させることでⓐ懲戒事由と懲戒処分のバランスを変化させるし，㋑，㋒にもかかわらず懲戒を行うことはⓒ適正手続の要請に反する。本判決も**判決文 (3)** で，「期間の経過とともに職場における秩序は徐々に回復したことがうかがえ，……諭旨退職処分のような重い懲戒処分を行うことを必要とするような状況にはなかった」と，㋐の観点に言及している[＊5]。

また，本件においてY社が懲戒事由の発生から懲戒処分まで長期間を要した主な理由は，本件各事件に係る捜査の結果を待つからであった。しかし，本判決は，ⓐ本件各事件は職場内で就業時間中に発生しており事実関係の把握は容易で，そもそも捜査の結果を待つ必要はなかった，ⓑ捜査の結果が不起訴処分であるにもかかわらず懲戒解雇処分に等しい諭旨退職処分とすることは一貫性を欠くと指摘し，これらも権利の濫用を基礎づけるとする（**判決文 (2)**）。ⓐは，労働者が職場外で就業時間外に罪を犯し，使用者が捜査機関を通じてしか事実関係を把握できない場合[＊6]と対比すると分かりやすい。合理的な理由なく懲戒処分を留保することは，労働者の地位をいたずらに不安定なものにする点でⓒ適正手続の要請に反するだろう。ⓑは既にした言動との矛盾が権利の濫用を導く点（禁反言）を指摘するものとも，ⓐ不起訴処分（企業秩序侵害の低さ）と諭旨退職処分（不利益の重さ）がバランスを欠いている点を指摘するものとも理解できる。

以上のように，労契法15条の濫用審査にあたっては，ⓐ〜ⓒの観点を基礎にしつつ，労働者の非難可能性や使用者の禁反言などさまざまな事情を考慮に入れた判断を行うことになる。

Introduction 3

Contents

非正規雇用

1．非正規雇用とは何か

このあいだ「契約社員募集」っていう求人を見たから応募したんだ。面接の場で「労働契約を結ぶから『契約』社員なんですよね！（ボクは労働法を知っているんだ！　気づいて！）」ってアピールしたんだけど，面接した人が苦笑いして変な空気になっちゃった。なんでだろう？

エンピツくんの疑問に先に答えておくと，「契約社員」という表現は，有期契約の労働者に用いられることが多い。採用側は有期契約で働きたい人を求めているのに，それを理解していないっぽい発言だから変な空気になったんだ。ちなみに，有期契約の労働者は非正規雇用に分類される。では非正規雇用とは何か？　それを理解するためには，まず正社員の特徴から考え始めると分かりやすい。

正社員は，①フルタイムで1日8時間，週40時間程度働き（残業や休日労働をする人はもっと！），②期間の定めのない（無期）契約を締結し，③企業に直接雇われている（直接雇用）という特徴を備えている。[＊1] そして，これら3つの特徴のうちひとつでも備えていない場合には非正規雇用に分類されることになる。

①について言えば，フルタイムではない，すなわちパートタイム（短時間）の勤務をしている場合には非正規雇用の一形態であるパートタイム労働者となる。[＊2]

同じように②については，無期ではない，すなわち，3か月契約や1年契約などの有期の労働契約を締結している場合には，非正規雇用のうちの有期雇用労働者となる。

③については，やや複雑だが，法律上は，直接雇用ではない雇用形態（間接雇用）として，派遣労働というものが用意されている。すなわち，労働者を実際に使用する（＝労働力を利用する）就労先（派遣先）に直接雇用されるのではなく，派遣会社に雇用された上で，就労先の指揮命令を受けて労働に従事する場合は，非正規雇用のうちの派遣労働者となる。[＊3]

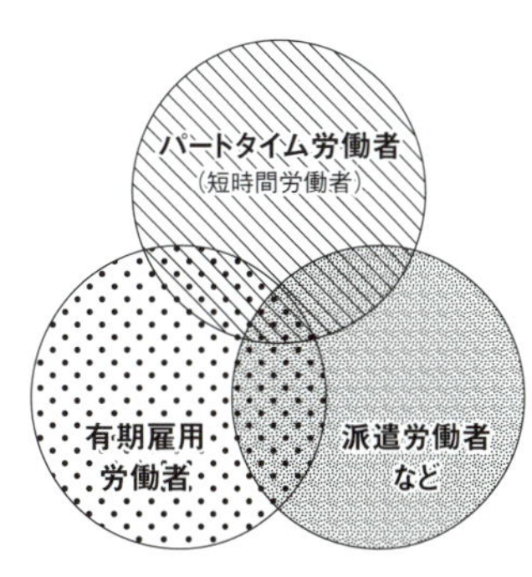

ここまでの説明からわかるように，パートタ

＊1｜正社員の待遇

正社員の中には，十分な賃金，厚い福利厚生，充実した教育訓練などの「良い処遇」を受ける者も少なくない。したがって，一般用語として「正社員」という場合には良い処遇を受けているという意味を含むこともある。しかし，処遇の良し悪しという基準は曖昧であり，法律上の区別にはなじまないため，非正規雇用に関する法律の適用の有無は本文の①～③のように客観的な基準で決められる。

＊2｜擬似パート

もっとも，日本ではフルタイムで働くけれども職場では「パート」という呼称のもと，正社員とは区別された非正規雇用としての待遇をうけている者もいる。これらの人々は，本来の意味でのパートタイム（短時間）労働とは異なることから擬似パートと呼ばれている。擬似パートには有期契約を締結する者も少なくないが，無期契約の場合には正社員の特徴をすべて備えながらも，処遇面では非正規雇用扱いをされていることになる。

＊3｜派遣労働

派遣労働は，使用者と労働者のマッチングを促進する職業仲介としての側面もあるため，労働市場のチャプターで詳しくは取り上げる。

イム労働者，有期雇用労働者，派遣労働者であるか否かは，客観的な契約内容から決まるため，個々の企業での呼称はこれらの分類とは関係ない。たとえば，ある企業で「パート」，「アルバイト」と呼ばれていても，労働時間が通常の社員と同じ程度あれば法律上はパートタイム労働者ではない。[＊4]

2. 非正規雇用労働者って法律上特別な扱いをうけるの？

この間，「弁護士さんが非正規雇用を守る法律をやさしく解説します！」っていう講演会に行ったんだけど，遅刻して入ったらその弁護士さんが「パーユーホー」「パーユーホー」って言っててなんのことだか？？？　だったんだけど。あれはなんなの？

1で説明したように非正規雇用とは，パートタイム労働者，有期雇用労働者，派遣労働者などのことをいう。これら3つの立場をダブル，トリプルで兼ねることが可能であるので，たとえば，パートタイム労働者でありながら，有期雇用労働者であることはありうるし（1日4時間勤務かつ1年契約など），パートタイム労働者であり，有期雇用労働者でもあり，なおかつ派遣労働者でもあるケースもありうる（図を参照）。

さて，これらの非正規雇用に対する法律の適用に関して第1に気をつけなければいけないのは，非正規雇用労働者たちも「労働者」なので，正社員と同じく労基法，労契法，労組法などの労働関係法規の適用を受けることである。したがって，「あなたは非正規雇用だから労基法の適用はない」などということはない。

また，非正規雇用労働者には，労働者一般に適用される労基法などに加えて，もっぱら非正規雇用を対象とした法律も適用される。このような法律の中で最も重要なのがパートタイム有期法（略して「パ有法」[＊5]！）だ。これはパートタイム労働者と有期雇用労働者を適用対象とした法律であり，労働条件の文書による明示・説明義務，均等・均衡待遇の確保，正社員への転換促進などに関わる定めを置いている。これらの規制は，非正規雇用が直面しやすい困難を対象としている。たとえば，採用面接時にボーナスの支給を示唆されたにもかかわらず，実際には支給されなかったといった契約内容の不明確性から生じる紛争がそれにあたる。また，正社員との間に合理的な理由のない待遇格差が存在するといった問題もある。パ有法は，こうした問題に対処するための法的枠組みの提供している。なお，有期契約については，労基法，労契法にも重要な規定がある。すなわち，契約年数の上限を設定する規定（労基法14条），いわゆる「5年ルール」[＊6]や有期契約の雇止め規制に関わる規定（労契法18条・19条）があり，パ有法と並んで重要な役割を果たしている。

派遣労働者については，労働者派遣法によって労働契約の内容や解雇などについて労働者保護のための措置が細かく規定されている。政府が「同一労働同一賃金」というスローガンのもとで進めている非正規雇用の処遇改善に関わる規定は，パートタイム労働者と有期雇用労働者に関してはパ有法に定めがあるが，派遣労働者に関しては（パ有法とは少し異なる形で）労働者派遣法に定めが置かれている。

＊4｜契約社員

エンピツくんが変な空気を作ってしまった「契約社員」も企業内での呼称に過ぎないが，日本の企業実務上，「契約社員」はフルタイムではあるが有期契約を締結している労働者のことをいう場合が多い。

＊5｜パゆうちゃん

厚生労働省の広報には，「パゆうちゃん」というキャラクターが出てくる。ワイシャツ，ネクタイの上に法服らしき服を着用しているので職業は裁判官なのか。あるいはパゆうちゃんが着ているのは特殊なデザインのワンピースなのだろうか。謎の人物である。

＊6｜5年ルール

労契法18条は同一使用者との有期契約の通算期間が5年を超えた場合には，労働者の申出により，労働契約を無期にすることができる旨を定めている。なお，無期契約に転換したとしても，契約期間が無期になるだけであり，正社員としての待遇が保障されるわけではなく，原則として有期契約だった際と同一の労働条件が維持される。

34 有期労働者との不合理な格差

ハマキョウレックス事件

最高裁平成30年6月1日第二小法廷判決（民集72巻2号88頁） ▶百選82

事案をみてみよう

運送業を営むＹ社では，有期労働契約を締結する契約社員と正社員との間で，①無事故手当，②作業手当，③給食手当，④住宅手当，⑤皆勤手当，⑥通勤手当，⑦家族手当，⑧賞与，⑨定期昇給，⑩退職金について，支給の有無または支給する場合の支給額の差が存在していた。

Ｙ社のＡ支店で勤務するトラック運転手には，契約社員と正社員がいたが，両者に業務の内容，業務に伴う責任の程度について相違はなかった。しかし，正社員には出向を含む広域の異動の可能性があるのに対して，契約社員にはそれらは予定されておらず，また，正社員には能力開発と人材育成などを目的とした等級役職制度があったが，契約社員にはそれに相当する制度はなかった。

Ａ支店で契約社員のトラック運転手として勤務していたＸは，本件における賃金の相違が，平成30（2018）年改正前の労契法旧20条[*1]（同条は現存せず，パート有期法8条[*2]に引き継がれている）に違反するとして，賃金等について正社員と同一の地位にあることの確認を求めるとともに，主位的には，正社員に付与される賃金との差額分の賃金支払，予備的に不法行為に基づき差額分の損害賠償を請求した。手続違反を理由とする差戻し等を経たのち，原審（大阪高判平成28・7・26労判1143号5頁）は，①②③⑥について待遇の差異を不合理と認定し，損害賠償請求の一部を認めた。

＊1｜労契法旧20条

同条は，2012年の労契法改正で創設された条文であり，有期労働者と無期労働者の労働条件の相違について，当該相違は「労働者の業務の内容及び当該業務に伴う責任の程度……，当該職務の内容及び配置の変更の範囲その他の事情を考慮して，不合理と認められるものであってはならない」と定めていた。

＊2｜パート有期法8条以前のパート，有期の均等・均衡

パート有期法は，もともと短時間（パートタイム）労働者のみを適用対象としていたパート労働法であった。2018年の働き方改革関連法は，パート労働法の適用範囲を有期労働者にも拡大したため，これに合わせて同法の名称もパート有期法に変更した。パート有期法改称以前，パート労働法は，旧8条において，パートタイム労働者・フルタイム労働者間の不合理な相違を禁止していた（2014年の同法改正で創設された条文）。これに対して，有期労働者については，労契法旧20条が有期労働者・無期労働者間の不合理な相違を禁止していた。2018年の改正により，この2つの規定は，パート有期法8条として統合（同時に，文言も一部修正）されている。

☑ 読み解きポイント

① 労契法旧20条はどのような規定であると位置づけられたか。

② 労契法旧20条は私法上の効力をもつか。また，その判断手法はどのようなものか。

判決文を読んでみよう

「同条〔労契法旧20条〕は，有期契約労働者と無期契約労働者との間で労働条件に相違があり得ることを前提に，職務の内容，当該職務の内容及び配置の変更の範囲その他の事情……を考慮して，その相違が不合理と認められるものであってはならないとするものであり，職務の内容等の違いに応じた均衡のとれた処遇を求める規定であると解される。」

「同条の規定は私法上の効力を有するものと解するのが相当であり，有期労働契約

のうち同条に違反する労働条件の相違を設ける部分は無効となるものと解される。」

「〔正社員のみに支給される〕住宅手当は，従業員の住宅に要する費用を補助する趣旨で支給されるものと解されるところ，契約社員については就業場所の変更が予定されていないのに対し，正社員については，転居を伴う配転が予定されているため，契約社員と比較して住宅に要する費用が多額となり得る。」

「〔正社員のみに支給される〕皆勤手当は，……皆勤を奨励する趣旨で支給されるものであると解されるところ，Yの乗務員については，契約社員と正社員の職務の内容は異ならないから，出勤する者を確保することの必要性については，職務の内容によって両者の間に差異が生ずるものではない。また，上記の必要性は，……将来転勤や出向をする可能性や，Yの中核を担う人材として登用される可能性の有無といった事情により異なるとはいえない。そして……契約社員については，……皆勤の事実を考慮して昇給が行われたとの事情もうかがわれない。」

（結論として，④住宅手当については不合理性を否定，⑤皆勤手当については肯定。このほか，①②③⑥についても不合理性を肯定し，この部分については原判決維持。）

この判決が示したこと

① 労契法旧20条は職務の内容等の違いに応じた均衡のとれた処遇を求める規定と位置づけられる。

② 労契法旧20条は，私法上の効力をもつ。また，不合理性の判断は労働条件ごとに性質・目的を決定し，その観点から条文記載の3つの事情を考慮してなされる。

解説

Ⅰ. 不合理な相違と言われても…

正社員と非正規雇用労働者との労働条件格差について立法による介入が始まったのは2000年代半ばからである。当初，正社員並みに働く非正規雇用労働者の差別的取扱いを禁止する立法[＊3]が制定されたが，正社員並みに働く非正規雇用労働者はほとんどおらず，実効性が低い点などが批判された。そこで，労契法旧20条では，正社員並みに働くことを救済の要件としない，新たな枠組みが採用された。

＊3｜パート有期法9条
正社員と同等に働く労働者を保護するという発想をもつ立法は，現在のパート有期法9条に引き継がれている。同条は，職務の内容，および職務内容の変更の範囲について通常の労働者（＝正社員）と同視すべきパートタイム労働者・有期労働者について，基本給，賞与その他の待遇のそれぞれについて，差別的取扱いをしてはならない旨を定めている。

同条は，多くの非正規雇用労働者が救済対象となるように，労働条件の差が，(1)「労働者の業務の内容及び当該業務に伴う責任の程度」（職務の内容），(2)「当該職務の内容及び配置の変更の範囲」，(3)「その他の事情」を考慮して，不合理と認められるものであってはならないという抽象的な判断枠組みを採用した。もっとも，その抽象性ゆえに解釈の幅が広く，不合理性の判断方法，不合理性の意味，同条違反の私法的効力など種々の論点を生み出すこととなった。

Ⅱ. 裁判例の判断枠組み

最高裁は，本判決等でこれらの解釈上の論点のいくつかについて判断をおこなっている。具体的には，労契法旧20条が職務の内容等の違いに応じた均衡処遇を求める趣旨であり，また，私法上の効力が認められるため，違反の場合に損害賠償責任を発生させることなどを判示した。不合理性の判断枠組みについては，裁判所は，労働条件ごとにその性質，目的や趣旨（性質等）を確定し，その性質等との関連で，3事情（職務の内容，変更の範囲，その他の事情）を考慮して不合理性を判断するという手法を採用していると言える。この判断手法の大枠は，労契法旧20条を受け継いだパート有期法8条にも引き継がれている[*4]。ただし，パート有期法8条は性質等に照らして上記3事情のうち「適切と認められるものを考慮」すると定めており，3事情のうち性質等に関連する事情のみを考慮することを明文で示している。

労契法旧20条に関わる裁判例からは以下のような傾向がみて取れる。まず，基本給，賞与，退職金については，それらの賃金項目の性質等が複合的であることから，不合理性が容易に認定されない。裁判例の中には，賞与や退職金について，有為な人材を確保するため，あるいは企業の中核的業務を担う正社員を確保するためという抽象的な性質等を認定するものもあり，それらが労働条件格差を正当化できるかという点には議論がある。これに対して，その他の諸手当（皆勤手当，休日勤務手当など）については，その性質等からみて，当該有期労働者が適用されるべき状況にあるときは，不合理性が認定されやすい傾向にある。

＊4｜労契法旧20条とパート有期法8条の相違点

本文で示したように，パート有期法8条は，職務の内容等の3事情をすべて考慮するという枠組みをとっていた労契法旧20条と異なり，当該待遇の性質等に照らして必要なもののみを考慮する枠組みを採用している。この判断枠組みの変化により労契法旧20条に関して判例が示した判断とは異なる判断がパート有期法8条のもとで出される可能性がある。

Ⅲ. 定年後再雇用制度とパート有期法8条

労契法旧20条に係る裁判例のなかには，定年後の再雇用制度に関わるものが多数ある（〔判例 **50**〕も参照[*5]）。再雇用後の労働条件は企業ごとに自由に決定できるが，多くの場合，正社員であった定年前から賃金が大幅に引き下げられる。これを有期労働者・無期労働者間の不合理な労働条件の相違と構成し，労契法旧20条に基づいて違法性を争うのがこの類型の訴訟である。

最高裁は，長澤運輸事件（最二小判平成30・6・1民集72巻2号202頁）において「有期契約労働者が定年退職後に再雇用された者であることは，……『その他の事情』として考慮されることとなる事情に当たると解するのが相当である」と述べて，結論として，再雇用者への賞与不支給は不合理な相違ではないと判断しており，定年後再雇用であるという事情を，不合理性を否定するのに有利な事情として考えていることがうかがわれる。

もっとも，パート有期法8条や労契法旧20条の不合理性判断は，個々の待遇ごとになされるという枠組みのもとでなされているため，定年後再雇用であることとの関連性がない待遇については，定年後再雇用であることが考慮されることはない（パート有期法8条については当該待遇の性質等に照らし必要なもののみを考慮するとされているので尚更強い要請がはたらく。ただし関連性の有無の判断は容易ではない）。また，定年後再雇用と関連性がある待遇についても，不合理性判断は他の要素も含めて総合的になされるので，定年後再雇用であることがどれほど強く不合理性を否定するのに有利な事情となるのかについては，さまざまな立場があり得る点にも注意が必要である。

＊5｜定年退職後の雇用継続

多くの企業では，高年法が要求する65歳までの雇用確保措置の義務を満たすために，定年（多くの場合60歳）退職後に，有期労働者として再雇用することで65歳まで雇用を確保することがおこなわれている。

35 有期労働者の更新拒否

日立メディコ事件

最高裁昭和61年12月4日第一小法廷判決（労判486号6頁） ▶百選80

事案をみてみよう

Xは，Y社の柏工場において，昭和45（1970）年12月1日から同月20日までの有期契約を締結し，これが満了した同月21日から2か月の有期契約を5回繰り返し更新してきた臨時員である。

柏工場の臨時員制度は簡易な採用方法をとっていたところ[*1]，Yが昭和45（1970）年8月から12月までの間に採用した柏工場の臨時員90名のうち，翌46年10月20日まで雇用関係が継続した者は，本工採用者を除けば，Xを含む14名である。臨時員は，一般的には比較的簡易な作業を割り当てられるにすぎず，Xも同様であった。Yは，臨時員の契約更新にあたっては，更新期間の約1週間前に本人の意思を確認し，当初作成の労働契約書の「4雇用期間」欄に順次雇用期間を記入し，臨時員の印を押捺せしめており，5回にわたる労働契約の更新は，いずれも期間満了の都度新たな契約を締結する旨を合意することによってされてきたものである。

Yは，経営上の理由で人員削減をするという方針から，Xとの契約が満了する昭和46（1971）年10月20日に雇止め[*2]をすることをXに通知した。これに対して，Xは本件雇止めが違法であると主張し，労働契約上の権利を有する地位にあることの確認を求めた。

＊1｜本件における採用手続

景気変動に伴う受注の変動に応じて雇用量の調整を図る目的で設けられたものであり，臨時員の採用にあたっては，面接において健康状態，経歴，趣味，家族構成などを尋ねるのみであった。

＊2｜雇止め

使用者が有期契約の更新を拒否すること。**解説**で示すように，法的には採用拒否（就職活動で相手企業からご縁がなかったと言われるのと一緒！）であるが，有期契約を反復して更新していた場合等には，実質的に解雇のように作用する。

読み解きポイント

① 雇止めを制限する法理が適用されるのはどのような場合か。

② 最高裁はどのような場合に雇止めが違法となると考えているか。また，違法の場合にどのような法的効果が生じるか。

判決文を読んでみよう

「5回にわたる契約の更新によって，本件労働契約が期間の定めのない契約に転化したり，あるいはXとYとの間に期間の定めのない労働契約が存在する場合と実質的に異ならない関係が生じたということもできないというべきである。」

「柏工場の臨時員は，季節的労務や特定物の製作のような臨時的作業のために雇用されるものではなく，その雇用関係はある程度の継続が期待されていたものであり，Xとの間においても5回にわたり契約が更新されているのであるから，このような労働者を契約期間満了によって雇止めにするに当たっては，解雇に関する法理が類推され，解雇であれば解雇権の濫用，信義則違反又は不当労働行為などに該当して解雇無効とされるような事実関係の下に使用者が新契約を締結しなかったとするならば，期間満了後における使用者と労働者間の法律関係は従前の労働契約が更新されたのと同様の法律関係となるものと解せられる〔などと述べた原判決の判断は正当として是認することができる〕。」

この判決が示したこと

① 労働契約が無期契約に転化したり，あるいは無期契約が存在する場合と実質的に異ならない関係が生じた場合でなくとも，ある程度の継続が期待されている場合には雇止め法理が適用される。

② 雇止め法理では，解雇に関する法理が類推され，解雇であれば解雇権の濫用等で無効となるような事実関係が存在するならば，雇止めは違法とされ，従前の契約が更新されたのと同様の法律関係が生じる。

解説

I．仏の顔も三度まで。有期も三度で雇止め！？

有期の労働契約の締結については，労基法14条が長期間の拘束防止を趣旨とした期間の上限（原則3年）を定めるのみで，特段の制限を設けていない[*3]。したがって，短期の有期契約を反復更新して，結果として長期間の契約関係を続けることも違法ではない。ただし，現在では5年ルール（**Introduction**）があるため，有期契約が5年を超えて継続する場合，労働者が望めば，労働契約は無期契約に転換する。

ところで，有期契約は契約期間の満了によって自動的に終了する。したがって，契約を更新するためには使用者と労働者の双方が新たな有期契約の締結について合意をしなければならない。使用者側が契約更新を拒否するのが「雇止め」であり，これは法的には採用の拒否（＝契約締結に向けた行為をしない）と評価される。採用については，三菱樹脂事件最高裁判決（〔判例**24**〕）において使用者の採用の自由が広範に認められているため，たとえば「履いている靴が気に入らない」のような不合理な理由であっても法令に違反しない限りは，採用拒否が違法となることはない。この論理に基づけば，使用者は自由に雇止めをおこなうことができることになる。採用時には「あなたとは10回でも20回でも更新し続けるつもりだ」と言って，実際にそのように運用しながらも，突如，「仏の顔も三度までだから有期契約も三度までにしよう」のような謎の論理を振りかざして使用者が雇止めをしても，それは「採用の自由」を行使しているにすぎないと評価されてしまうのだ。

しかしながら，雇止めは労働者の雇用を奪うことになり大きな不利益を労働者に及ぼす。また，期間の定めのない契約ならば不合理な理由に基づく解雇は無効となる（〔判例**22**〕）のに対して雇止めは自由にできるため，使用者はあえて有期契約を選択して解雇規制を回避することもできる。特に短い期間での有期契約を反復更新する場合には，使用者は，実質的に無期契約と同様に長期で労働者を利用しながらも，契約

＊3｜入口規制
ドイツやイタリアなどでは，伝統的に有期を締結する正当な事由として法律上列挙された場合（季節労働など）にのみに有期契約の締結を制限する入口規制がみられた。現在ではこれらの国でも正当な事由なく有期契約の締結を認める制度を創設するなど，入口規制を緩和する傾向がみられるが，継続して有期として契約ができる期間に上限があるなど有期契約は限定的に利用されるべきという原則は残っている。

満了のタイミングで雇止めをすることで，実質的にはいつでも自由に労働者との契約を「終了」させることができてしまう。

Ⅱ. 判例法理および労働契約法 19 条の創設

Ⅰで述べた問題に対して，判例は，有期契約の雇止めについても，一定の場合に解雇権濫用法理を類推適用するという法理を構築してきた。まず，東芝柳町工場事件・最一小判昭和 49・7・22 民集 28 巻 5 号 927 頁は，2 か月の有期契約を 5〜23 回反復して更新しており，更新にあたっては必ずしも新規契約締結の手続がおこなわれたわけではなかったなどの事情があった事例において，労働契約は「期間の満了毎に当然更新を重ねてあたかも期間の定めのない契約と実質的に異ならない状態で存在していた」と述べて，解雇権濫用法理を類推適用した。

本事件は，東芝柳町工場事件とは異なり更新時に新たな契約を締結する手続がとられていた事案であるところ，最高裁は，期間の定めのない契約と実質的に異ならない状態にあることは否定して同事件との違いを明示しつつも，「ある程度の継続が期待されていた」ことを理由に，結果として解雇権濫用法理の類推適用を認めている。このように解雇権濫用法理が類推適用される範囲が広いことを示した点に本判決の意義がある。[*4]

解雇権濫用法理が類推適用されて雇止めが違法とされた場合[*5]には，当該雇止めは無効になるわけではなく（雇止めは契約締結を「しない」ことなので解雇とは異なり無効にできない），「従前の労働契約が更新されたのと同様の法律関係」が形成される。これは一種の法定更新と理解するのが一般的である。

現在は，2012 年改正によって創設された労契法 19 条により，上記判例法理は，（幾分か文言や法的構成を変更しながらも）法文化されている。すなわち，上記の無期契約と実質的に異ならない状態の場合（同条 1 号）と雇用継続の期待がある場合（同条 2 号）において，雇止めが「客観的に合理的な理由を欠き，社会通念上相当であると認められないとき」は，労働者が申込みをおこなえば，従前と同一労働条件の有期契約が成立する。

＊4｜最初の更新時でも雇用継続の期待による雇止め法理？

雇用継続の期待があれば解雇権濫用法理の類推適用が認められるため，反復更新は必ずしも同法理適用の条件ではなく，最初の更新時でも同法理が適用される余地がある。すなわち，格別の意思表示や特段の支障がない限り当然更新されることを前提として契約が締結されており，期間満了によって契約を終了させるためには，従来の取扱いを変更して契約を終了させてもやむを得ないと認められる特段の事情の存在を要するなどの場合には，雇用継続への合理的な期待が，当初の契約締結時等から生じていると認められる余地がある。

＊5｜雇用保障の程度の差

なお，本件では臨時員の雇用保障の程度について，「いわゆる終身雇用の期待の下に期間の定めのない労働契約を締結しているいわゆる本工を解雇する場合とはおのずから合理的な差異があるべきである」と述べて，有期労働者の雇用保障は，正社員の雇用保障に劣ることを述べ，結論として雇止めの合理性を認めた。これは，臨時員が簡易な手続で採用され，また実際の職務内容も補助的なものにとどまったことを反映した判断であろう。

Introduction 4

Contents

企業変動

1. 企業変動とは

フデバコ社の「偉人の顔に落書き」事業を，プルミエ社が買収したんだって！　僕は身を粉にしてこの事業で働いてきたのに，プルミエ社に移れないんだ。赤ペンちゃんは，残りたいのにプルミエ社に移籍させられるんだって。

日本的雇用慣行の大きな特徴は，1つの企業に定年まで雇用される終身雇用であった。しかし，市場がグローバル化し，企業の買収や合併（M&A）も活発に行われるようになると，企業組織も変化し（企業変動），労働契約の相手が変わることもある。こうした場合，労働契約が「承継[*1]」されるか，という問題が生じる。別の企業に移りたいのに移れない労働者（エンピツくんの場合）や，残りたいのに移籍させられる労働者（赤ペンちゃんの場合）を，どのように保護すればよいだろうか。

2. 企業変動の種類

労働契約の承継は，企業変動の種類ごとに異なる（**表**）。

表：企業変動と承継方法

	承継方法	主な労働法的規律
合併	包括承継	――
事業譲渡	特定承継	民法 625 条
会社分割	包括承継	労働契約承継法 H12 商法等改正法附則

(1) 合併

合併とは，典型的にはA社とB社が合体し1つの会社になることを指す[*2]（図1）。この場合，労働契約は包括的に合併先に承継される。そのため，合併後の労働条件変更を除き，紛争はほとんど生じない。

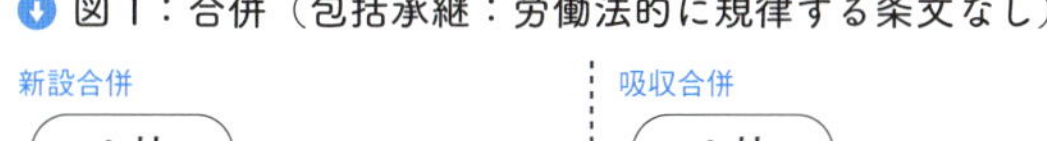
図1：合併（包括承継：労働法的に規律する条文なし）

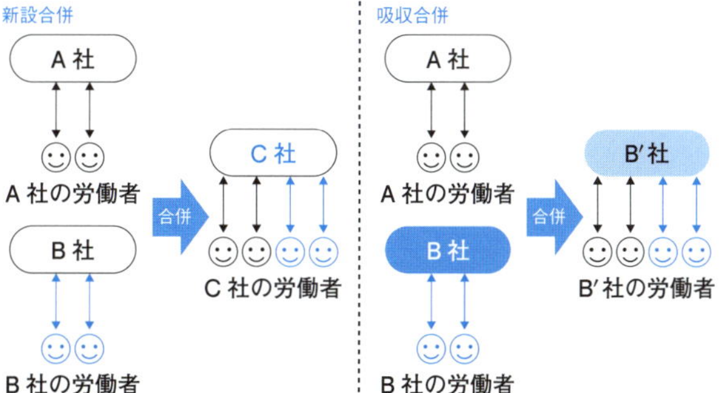

(2) 事業譲渡

事業譲渡とは，冒頭のエンピツくんように，フデバコ社（譲渡会社）が自社の「事業[*3]」の全部または一部をプルミエ社（譲受会社）に譲り

＊1 承継
権利・義務を引き継ぐこと。労働者が「X社からY社に移籍する」ことは，法的には，「労働契約がXからYに承継される」と表現する。

＊2 合併の種類
A社がB社に吸収されてB′社になる場合（吸収合併）と，C社という新会社になる場合（新設合併）がある（会社2条27号・28号）。

＊3 事業
有機的一体性をもつ財産を指す。具体的には，機械設備や顧客情報，ノウハウ，従業員など，ビジネスに必要なもの一式をイメージしよう。

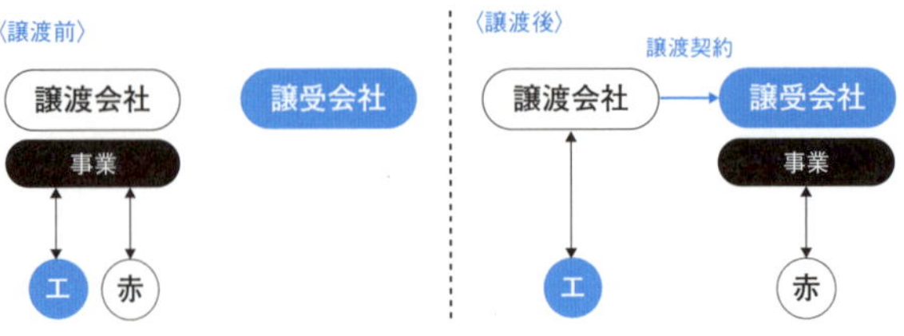

図 2：事業譲渡（特定継承：民法 625 条が規律）

渡すことを指す[*4]（図 2）。この場合，労働契約は「特定承継」，つまり譲渡会社と譲受会社が合意した範囲でしか労働者は移籍しない（できない）のが原則だ[*5]。

赤ペンちゃんの場合，民法 625 条 1 項が保護を与えている。労働者が承諾しない限り，譲渡会社は譲受会社に指揮命令権を譲り渡せない（労働契約も承継されない）。厄介なのがエンピツくんの場合で，この場合には制定法のルールがない。そこで判例は，さまざまな手法で労働者の保護を図っている〔判例 **37**〕。

（3）会社分割

結局，フデバコ社に残って，「教科書にパラパラ漫画連載」という主力事業で働いているんだ。でも，経営悪化に伴い，会社分割で主力事業を独立させてメプヒェン社を新設するみたい。僕は，メプヒェン社に移れないのかなぁ。シャーペンくんの会社は，赤字事業を会社分割するらしく，シャーペンくんも移籍しなきゃいけないらしいよ。

会社分割とは，会社の一部事業を分割[*6]することである（図 3）。会社分割の場合，包括承継が原則なので，「分割計画書[*7]」に名前のある労働者は移籍するしかないし，名前のない労働者は移籍できない。

すると，①エンピツくんは，経営悪化したフデバコ社に残ることを余儀なくされ，高い確率で，解雇や労働条件の低下に直面してしまう。②シャーペンくんも，赤字会社への移籍を余儀なくされるという意味ではやはり問題である。そこで，労働契約承継法は，125 頁の表の通り，一定の労働者に対して，残留／移籍に異議を申し立てる権利を保障している。それでも，労働者の意に反して移籍させられるケースを完全には防げないため，しばしば法的紛争が生じることになる〔判例 **36**〕。

図 3：会社分割（包括承継：労働契約継承法・H12 商法等改正法附則で規律）

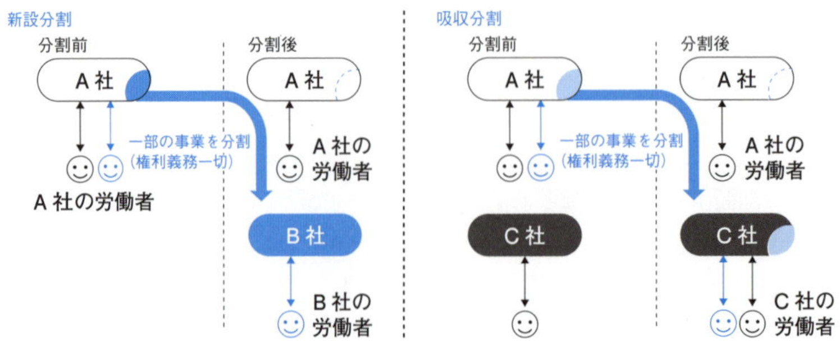

＊4｜譲渡会社・譲受会社
事業を譲り渡す会社を譲渡会社（じょうとがいしゃ・ゆずりわたしがいしゃ），譲り受ける会社を譲受会社（じょうじゅがいしゃ・ゆずりうけがいしゃ）と呼ぶ。

＊5｜特定承継
承継には会社同士の「合意」が必要という意味で「合意承継」と呼ぶことや，承継されるかは個別の労働者ごとに判断するという意味で「個別承継」と呼ぶこともある。

＊6｜分割の種類
全く新しいB社を立ち上げる場合（新設分割）と，既存の会社C社に権利義務を譲り渡す場合（吸収分割）がある。

＊7｜会社分割計画書
承継される債権債務（≒労働契約）の範囲等を明記した書面（会社758条1項・763条1項参照）。

36 会社分割と労働契約の承継　日本IBM事件

最高裁平成22年7月12日第二小法廷判決（民集64巻5号1333頁）　▸百選67

 事案をみてみよう

A社の日本法人Y社は，HDD[*1]事業部門を新設分割してY'社を設立することにした（本件会社分割）。Xらの就労するα事業場は，HDD事業部門の中核であった。そこでY社は，Xら含む従業員およびXらの所属するZ組合に対して，法の定めに従い（図参照），次の措置・協議を実施した。

まずY社は，(i) 労働契約承継法（以下承継法）7条所定の措置・協議（以下7条措置）として，従業員に対し，❶社内ネットワーク上での情報提供，❷事業場ごとの従業員代表に対する説明会を実施した。またY社は，α事業場の従業員代表者に対し，❸個別協議および質問書への3度の書面回答を行った。❷では，本件会社分割の背景・目的，Y'社の事業概要，承継対象従業員の判断基準，承継従業員のY'社での待遇等が説明され，❸では，Y'社設立後の経営見通しや，Y'社への在籍出向は考えていないこと，Y'社で労働条件が維持されること等が説明された。

図：会社分割の流れ

〈労働法の手続〉

労働者の理解と協力を得る努力【承継法7条】
↓ 協議前が望ましい
個別の労働者との協議【改正法附則5条】
↓ 通知前日まで
労働者・労働組合への通知【承継法2条】
↓
労働者による異議の申出【承継法4条・5条】
↓

〈会社法の手続〉

分割計画書の作成準備
↓
分割計画書の作成
↓
分割計画書の本店備置き
↓

少なくとも2週間前

株主総会
↓
会社分割／労働契約の承継・不承継

次いでY社は，(ii) 平成12年商法等改正法（以下改正法）附則5条1項所定の協議（以下5条協議）を行うため，❶HDD事業部門の従業員に対する説明会を実施し，また，❷承継に納得しない従業員に対する協議（Z労働組合と7度）および書面のやり取り（Xらと3度）を実施した。❶においては，Y'社の就業規則案等が提示され，労働契約の承継に対する従業員の意向が確認された（なお，多数の従業員が承継に同意した）。❷においては，Y'社の事業概要や，XらがY'社への承継対象労働者に該当する旨が説明された。もっともY社は，Y'社の経営見通しについて，機密事項であるとしてZ組合の求めた形での回答を行わず，Y'社における将来の労働条件についても，Y'社が判断することである等と回答した。またY社は，Xらについて在籍出向または配置転換に留めてほしい，とのZ組合の求めには応じられないと回答した。

Xらは，Y社に対し，Xらに係る労働契約の承継につき異議を申し立てる書面を提出した。しかし，分割計画書にはXらの雇用契約も承継される旨記載され，最終的にY'社が設立された。そこでXらが，Y社との労働契約が存続している旨の地位確認，および本件会社分割が不法行為に該当するとして損害賠償を請求した。

＊1 ｜ HDD
ハードディスクドライブの略。パソコンにデータを保存するための記憶装置の一つ。

(iStock.com/roadk)

読み解きポイント

① 承継法7条および改正法附則5条1項は，どのような法的効果を持つか。
② 7条措置・5条協議が適切か否かを，具体的にどのように判断するか。

判決文を読んでみよう

(1) 改正法附則５条１項は，事前協議により労働者を保護するための規定であるので，「5条協議が全く行われなかったときには，当該労働者は……労働契約承継の効力を争うことができる」。また，「5条協議が行われた場合であっても，その際の分割会社からの説明や協議の内容が著しく不十分であるため，法が５条協議を求めた趣旨に反することが明らかな場合には，分割会社に５条協議義務の違反があったと評価してよく，当該労働者は……労働契約承継の効力を争うことができる」。

これに対し，承継法７条の規定は「努力義務を課したもの」にすぎず，「これに違反したこと自体は労働契約承継の効力を左右する事由になるものではない」。７条措置の履践の程度は，「５条協議義務違反の有無を判断する一事情」に留まる。

(2) 行政指針[*2]は，７条措置の内容として，会社分割の背景・理由および承継対象労働者の判断基準を，５条協議の内容として，分割会社の概要や労働者が承継対象となっているかの説明，労働者の希望聴取・協議等をそれぞれ定めている。この指針は「基本的に合理性を有する」ので，「7条措置や５条協議が法の求める趣旨を満たすか否かを判断するに当たっては，それが指針に沿って行われたものであるか否かも十分に考慮されるべきである」。

*2｜行政指針
「分割会社及び承継会社等が講ずべき当該分割会社が締結している労働契約及び労働協約の承継に関する措置の適切な実施を図るための指針」（平成12年12月27日労働省告示第127号）。

(3) 本件において，Ｙ社は (i) ❶〜❸の対応をした。「これは，７条措置の対象事項を前記のとおり挙げた指針の趣旨にもかなうもの」であり，Ｙ社の「7条措置が不十分であったとはいえない」。次にＹ社は，(ii) ❶，❷の対応をした。同対応における説明は，「指針の趣旨にかなうものというべきであり，他にＹの説明が不十分であったがためにＸらが適切に意向等を述べることができなかったような事情」もない。したがって，「本件における５条協議に際してのＹからの説明や協議の内容が著しく不十分であるため，法が５条協議を求めた趣旨に反することが明らかであるとはいえない」。よって，Ｙの「Ｘらの Y' 社への労働契約承継の効力が生じないということはできない」。不法行為も成立しない。

この判決が示したこと

① 5条協議が全く行われない／内容が著しく不十分である場合，労働者は労働契約承継の効力を争うことができる。
② 7条措置の内容は，5条協議違反の有効性判断の一要素となるが，それ自体では労働契約承継の効力を左右しない。
③ 5条協議・7条措置の適否は指針所定の内容を遵守したかを重視して判断する。

解説

Ⅰ. 困難は分割せよ？：労働契約の承継が問題となる背景

承継法の規定によれば，承継事業に主として従事する労働者は，分割計画書に記載されている限り，会社分割によって自動的に労働契約が承継される（表参照）。労働者が，これに異議を申し立てることは予定されていない（Introduction）。本件におけるXらも，この種の労働者であった。

しかし少なくとも，Xらは，本件会社分割を，「不採算部門であるHDD事業部門を切り捨てるもの」と考えていた。つまりシャーペンくんの例のように（Introduction），将来的な解雇や労働条件の低下が危惧される状況と考えたのである。この状況に異議を申し立てられないとすれば，「労働者の保護を図る」（承継法1条）という法目的が没却される可能性も否定できない。確かに明文の定めこそないものの，労働者らが，自らの労働契約は承継されないと主張することはできないだろうか。

ここで着目されるのが，5条協議・7条措置の存在である。すなわち，(i) 5条協議・7条措置違反はどのような効果をもたらすか，(ii) いかなる場合に5条協議・7条措置違反が成立するか，という問題が，実践的重要性を帯びることになる。

Ⅱ. 判例の応答

本判決は，(i) につき，5条協議違反について，会社分割の無効[*3]を訴えるまでもなく，労働者が労働契約承継の効力を争えることを明確にした。これに対し，7条措置は，5条協議違反があったか否かの一判断要素だと位置づけられた[*4]（判決文 (1)）。

次に本判決は，(ii) につき，5条協議違反が成立する場合として，全く行われない場合，あるいは行われたとしても「説明や協議の内容が著しく不十分」である場合を挙げた。前者の場合は少ないと思われるから，実際には，「説明や協議の内容が著しく不十分」な場合とは何かが決定的な問題となる。もっとも本判決は，説明会や書面でのやり取りがあれば「著しく不十分」にあたらないとしており（判決文 (3)），必ずしも労働者側からの疑問に一問一答形式で答える必要はないことがうかがえる。

その後の裁判例では，新設会社の取締役に就任予定の工場長が，労働組合から脱退すれば退職勧奨を取りやめて新設会社での雇用を約束する旨告げた（労働者は当日中に組合を脱退した）面談につき，「希望の聴取」という5条協議の趣旨に反することは明らかとして，労働契約の承継を否定した例が見られる[*5]。

表　異議申出権の有無

	分割計画書に記載あり	分割計画書に記載なし
継承事業に主として従事する労働者	異議申立権なし（常に移籍）	異議申立権（残留；行使により移籍）
その他の労働者	異議申立権（移籍；行使により残留）	異議申立権なし（常に残留）

*3｜会社分割の無効
会社法上，会社分割の無効について，異議申立てや訴訟のための特別な仕組みが予定されている。もっとも，申立可能な者が限定されているため，労働者救済の役に立たない可能性が指摘されていた。

*4｜7条措置違反
もっとも，「措置」として主に想定されているのは労使間の協議そのものである（承継法施行規則4条）。学説のなかには，7条所定の義務違反から，5条協議違反が推定されると解するべきとの主張もある。

*5｜関連裁判例
エイボン・プロダクツ事件・東京地判平成29・3・28労判1164号71頁。

37 事業譲渡における特定承継とその修正

勝英自動車学校（大船自動車興業）事件

東京高裁平成17年5月31日判決（労判898号16頁）

事案をみてみよう

図

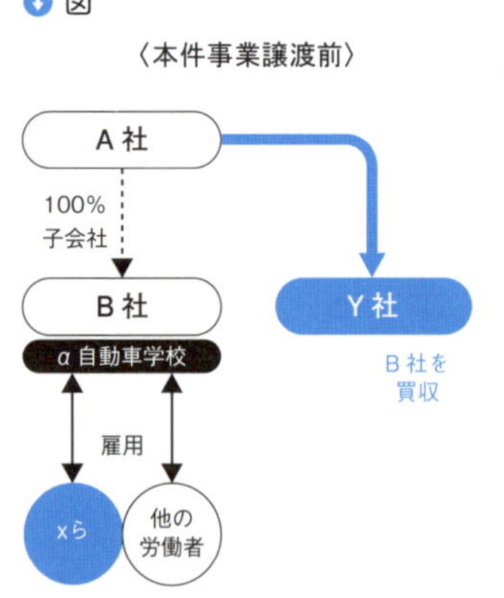

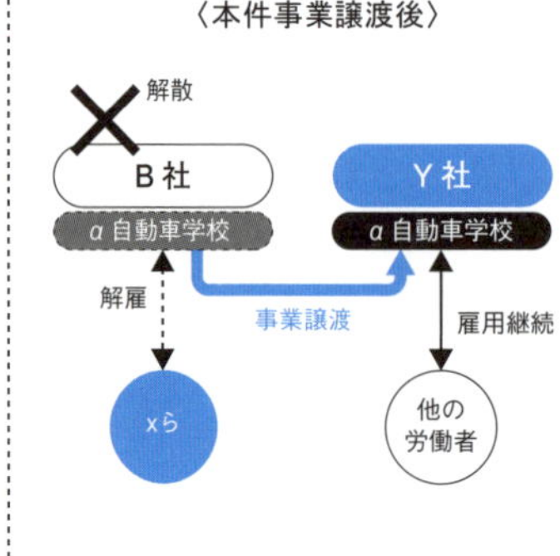

Xら8名は，α自動車学校を経営するB社の従業員であった。B社は，A社の100％子会社であったが，自動車学校の入校者数・売上高の減少や，売上に占める人件費の割合が88％と高騰していたため，営業損失が1億円を超えていた。

B社の経営再建が可能と判断したY社は，A社からB社を買収した。その後，人件費削減が必要と判断したB社新経営陣は，従業員に対し，約1か月後に雇用関係を終了するので退職届を提出してほしいこと，退職届を提出した従業員はY社で雇用すること（ただし賃金額は約15％減），一定期日までに態度を明らかにしない者は退職届なしの扱いとすること等を伝えた。Xらはこれに反発し，退職届を提出しなかった。

約1か月後，Y社は，B社からα自動車学校に関する事業の全部を譲渡された（本件事業譲渡[*1]）。本件事業譲渡契約においては，「Y社は，事業譲渡日以降は，B社の従業員の雇用を引き継がない。ただし，Y社は，B社の従業員のうち……〔一定期日までに〕Y社に対し再就職を希望した者で，かつ同日までにB社がY社に通知した者については，新たに雇用する」と規定されていた（本件規定）。また同日B社は，株主総会の決議を経て会社を解散し，Xら8名を含む従業員11名を，就業規則所定の「やむを得ない事業上の都合」により解雇した（本件解雇）。そこでXらは，Y社に対し，自らの労働契約が承継されているとして地位確認等を請求した。

＊1｜営業譲渡

本判決が下された当時は「営業譲渡」と呼ばれていた。現在では「事業譲渡」が法律上の用語なので，便宜上，事案・判決を全て「事業譲渡」に書き改めた。

読み解きポイント

① 事業譲渡において，労働契約の承継の原則は何だろうか。

② 裁判所は，なぜ解雇についての判断をしたのだろうか。

③ 裁判所は，本件事業譲渡の内容をどのように理解したのだろうか。

判決文を読んでみよう

(1)　会社「解散を理由とする解雇は，特段の事情のない限り，……有効である」。しかし，B社とY社との間で，(i) α自動車学校の事業に従事させるため，B社と従業員との労働契約をY社に移行させる，(ii) ただし，賃金等の労働条件の低下に異議のある従業員については個別に移行から排除する，(iii) 排除の手段として，B社従業員の全員に退職届を提出させ，提出者のうちからY社が再雇用するという形式を採るものとし，退職届を提出しない従業員は会社解散を理由に解雇する，との「合意がされたと認められる」（以下，本件合意）。このような本件「解雇は，……解雇権の濫用として無効である」。

(2)　事業譲渡「に伴い譲渡人がその従業員と締結していた労働契約が当然に譲受人に承継されるものではない[*2]」。Xらの労働契約がY社に承継されるかは，「Y社とB社との間でその旨の特別の合意が成立しているか否かによることとなる」。

(3)　本件合意中，(ii)・(iii) の「合意部分は，民法90条に違反するものとして無効になる……。したがって，上記合意は，B社と従業員との労働契約を，αの事業に同従業員を従事させるため，Y社との関係で移行させるという原則部分のみが有効なものとして残存することとなる」。なお，本件規定も，本件合意と「符節を合わせたものとして，民法90条に違反して無効になる」。

(4)　本件解雇が無効となることに伴い，B社の従業員としての地位を有していたXらは，「B社とY社との上記合意の原則部分に従って……労働契約の当事者としての地位が承継されることとなる」。控訴棄却。

> ⇩ **この判決が示したこと** ⇩
>
> ① 事業譲渡において，労働契約は特定承継が原則となる。
>
> ② 解雇が無効であるため，事業譲渡時，XらはB社の従業員である。
>
> ③ 本件事業譲渡により，Xらを含むB社の従業員全員の労働契約が，Y社に承継された。

解説

I. 口に出したら嘘になる？：本判決の論理と契約解釈

日本には，事業譲渡に関する明文のルールはない[*3]。譲渡会社と譲受会社が合意しない限り，労働者の労働契約は承継されないこと（特定承継）が原則である（**判決文 (2)**）。本判決は，そうした状況を前提に，「契約解釈」，「部分無効」等の技巧的手法により，労働者の保護を図っている。本判決は，大きく3段階に分かれる。

第1段階は，B社による解雇が，労働条件の低下を強制しており無効である，と判断した部分である。これにより，事業譲渡の段階において，XらはB社に在籍していたことが確認された。労働条件変更については，労働協約（[判例**43**]）や就業規則（[判例**26**]・[判例**27**]）の変更，または個別合意が必要になることを確認しよう。

＊2｜**譲渡人・譲受人**
本件の譲渡人はB社，譲受人はY社を指す。

＊3｜**メンバーシップ型雇用と事業譲渡**
職務を特定せずに労働者を採用する日本的雇用慣行のもとでは，仕事は労働者に一時的に割り当てられたものに過ぎないことも多く，事業譲渡のルール設定が難しい。これに対し，労働者に特定の職務のみを割り当てる（いわゆるジョブ型）働き方が主流のヨーロッパでは，事業譲渡においても包括承継が原則である。仕事が移転すれば，その仕事をする労働者も移転するのである。

もっとも，このままでは，Xらは B 社の従業員であるに過ぎない。B 社は解散する運命なのだから，Xらがα自動車学校で働くことはできない。そこで登場するのが，第 2 段階の「契約解釈」である。

B 社と Y 社の契約書の内容（本件規定）を素直に読めば，原則として従業員の労働契約を承継しない，しかし例外として，B 社が Y 社に通知した従業員に限り承継する，という内容に読める。ところが裁判所の認定によれば（**判決文（1）**），B 社と Y 社の合意内容は，原則として B 社の従業員全員を承継させる（本件合意（i）），例外として労働条件の低下をのまない従業員を承継しない（本件合意（ii）・（iii））という内容になっている。原則と例外が逆転しているのである。

裁判所は，決して B 社と Y 社の意思を無視したわけではない。契約とは，契約当事者の意思の合致によって成立し，その内容が決まる。確かに，契約書は通常，当事者の意思を反映したものと考えられる。しかし，書面化されていない意思も存在する。[*4] 書面化されていない意思も含め，契約に関する当事者の意思を全体として観察した結果，裁判所は，契約書の文言とは異なる原則—例外関係が B 社－Y 社間で合意されていた，と結論づけたのである。

さらに第 3 段階として，裁判所は，例外部分（本件合意（ii）・（iii））のみを公序良俗違反[*5]で無効と判断した（**判決文（3）**）。原則部分を残し，合意の一部だけを無効にしたのである。この結果，無効になった部分は存在しないから，合意の原則部分，すなわち B 社の従業員全員を承継させる，という部分だけが法的拘束力を持つことになる。結果として，B 社－Y 社間の「合意」に基づいて，Xらは Y 社に移籍することができた（**判決文（4）**）。

Ⅱ．契約解釈の限界

このような労働者保護の手法は，柔軟性がある反面，限界もある。契約解釈は，あくまで客観的に行われる。契約の内容は，両当事者が決めた範囲を逸脱することができない。裁判官が「かくあるべし」と考えた内容を押し付けることはできないのだ。たとえば，労働契約を承継しないことが原則である（承継はあくまで例外である）としか解釈できない場合[*6]，労働者の移籍を認めることは難しい。また，契約がどのように解釈されるか，判決が下されるまで予測しがたいという問題もある。

契約解釈に限界があるとすれば，他に労働者を保護する手法はないだろうか。もう 1 つの手法が，商法・会社法の領域でみられる，「法人格否認の法理[*7]」である。正義・衡平の観点から，ある企業 A に法人格がないのと同様の取扱いをすることで，企業 A を支配している他の企業 B の責任追及を可能とする法理である（肯定例として，第一交通産業ほか（佐野第一交通）事件・大阪高判平成 19・10・26 労判 975 号 50 頁）。

もっとも，この法理に依拠しても，労働者の保護を図ることは容易ではない。問題の解決のためには，特定承継の原則を維持することが妥当か，新たなルールの立法化は不要か，といった課題を考える必要があるだろう。

*4｜黙示の意思
365日必ずエンピツ削りを購入しているエンピツくんが，ある日「いつもの」と注文し，店側も承諾したとする。たとえ明示的に表示していなくても，事実関係から，エンピツ削りの売買が契約の内容と判断されるだろう。

*5｜公序良俗
強行法規や社会の一般的道徳観念に反する法律行為は，公序良俗に反するとして無効とされる（民90条）。本件の場合，一方的に労働条件の不利益変更を労働者に強制しようとした点，それに異を唱えた労働者を排除しようとした点を問題視したと考えられる。就業規則法理や労働協約法理，解雇権濫用法理といった労働法の重要なルールを，不当に回避するものだからである。

*6｜関連裁判例
東京日新学園事件・東京高判平成17・7・13労判899号19頁〔百選65〕等。同事件では，学校の引継ぎにあたり，新設校が退職者のうち誰を新規採用するか決定できる旨が明確に書面化されており（規模の関係で全員は引き継がないことも明確化されていた），従業員全員を承継する意思を認定できなかったと考えられる。

*7｜法人格否認の法理
法人格否認の法理は，①法人格が「形骸化」している場合と，②法人格が「濫用」されている場合に分かれる。労働法領域で主として適用が主張されるのは②であり，（i）企業Bが企業Aを実際に支配していること（「支配の要件」），（ii）企業Aの法人格が違法不当な目的のため利用されていること（「目的の要件」），という2つの要件を満たす必要がある。

本章で学ぶこと

1. 労働組合
2. 不当労働行為
3. 労働協約・団体行動

集団的労使関係法

一人では立場の弱い労働者も，集団になれば使用者とある程度対等の立場に立てる可能性がある。これまでの **Chapter** が，使用者と労働者一人の労働契約に主眼を置いてきたのに対し，この **Chapter Ⅳ** では労働組合にフォーカスをあて，労働者が集団を通じて経済的地位の向上を図るしくみを解説する。

憲法 28 条は，労働者（法文上は「勤労者」）に，団結権・団体交渉権・団体行動権を保障している。以下ではまず，団結権に焦点をあて，労働組合の脱退・加入のルールや，組合員の権利・義務に関するルールを勉強しよう（Ⅳ-1）。

次いで，労働組合の諸活動をサポートするために設けられた不当労働行為制度を学習しよう。労働者が集団を形成したとしても，妨害工作が重なれば，バラバラに崩壊してしまう可能性がある。労組法は，団結権を守るため，使用者による不当な行為を禁止している（Ⅳ-2）。

最後に，団体交渉権・団体行動権の具体的行使の場面でのルールを学ぼう。団体交渉を通じて労使間で一定の合意が形成されたならば，その内容を労使双方が守るよう，成文化して拘束力をもたせる必要がある（労働協約と呼ばれる）。またそもそも，労使双方の主張が一致しない場合でも，労働組合が泣き寝入りするしかないのでは意味がない。そこで，労働組合が正当に主張を貫徹するための団体行動（争議行為）が保障されている（Ⅳ-3）。

Contents

Introduction 1

Contents

労働組合

1. 企業変動とは

(1) 労働組合の類型

僕の入っているフデバコ社従業員組合（通称，全フデバコ）は，フデバコ社の正社員だけが入れる労働組合なんだ。毎年「春闘」で賃上げを要求したり，赤ペンちゃんから相談を受けて，セクハラ解決のために使用者とやり取りしているよ。

労働組合とは，労働者が団結した組織を指す。労働法のない時代から，労働者は労働組合を結成し，使用者や国家に対して，就労条件の改善や苦情の申入れ，保護立法の要求を行い，労働法発展の原動力となってきた。現在の日本においても，労働組合は全労働者の約 16.9%（厚労省「令和３年労働組合基礎調査」）を組織化しており，①春闘などを通じた労働条件の改善や，②企業内の苦情処理，③労働法の立法政策[*1]にも関与している。

労働組合の組織の仕方には，いくつかの類型がある。日本の労働組合の９割以上は，フデバコ社のような，ある企業の正社員[*2]のみに組合員資格を認める，企業別組合の形態をとる。そのほかにも，たとえばパイロットのように，一定の技能（熟練）が要求される特定の職に就いた労働者に（所属企業がどこであろうと）組合員資格を認める職種別組合，熟練の有無を問わず，ある産業の労働者すべてに（所属企業がどこであろうと）組合員資格を認める産業別組合等がある。ヨーロッパやアメリカでは，産業別組合が労働組合の主たる形態とされている。

(2) 組合の法的分類

憲法 28 条は，勤労者の団結権を認めている。そのため，「勤労者」が「団結」，すなわち２人以上で団体[*3]を作れば，法的に労働組合と認められる。これを「憲法組合」と呼ぶ。

もっとも，労働組合法は，団結権の実質的保障のために，憲法 28 条の保障を超えた特別な労働組合保護の仕組みを設けている（労

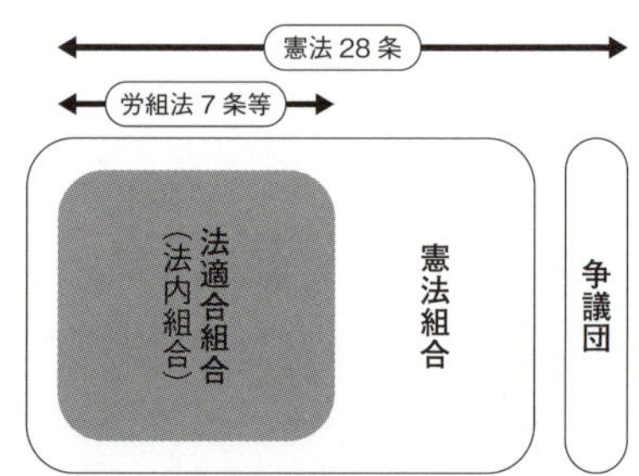

＊1｜立法政策
労働法を制定・改正するためには，国会審議の前に，厚生労働省に設置された「労働政策審議会」（通称：労政審）での審議が必要である。労政審には，学識者などの公益委員に加え，労働組合の代表と使用者の代表も参加するなど，相異なる立場から議論を交わす仕組み（公労使三者構成）が整備されている。

＊2｜正社員
日本の企業別組合の特徴の一つは，組合員となる資格がその企業の正社員に限定されることが多い点である。令和2年調査の時点で，約6割の組合が非正規労働者に組合員資格を認めていない。

＊3｜団体
団体といえるためには，一定の継続性が必要である。特別な目的を達成するためだけに一時的に労働者が集まった集団は，「争議団」と呼ばれ労働組合とは区別される。

組5条1項)。不当労働行為の申立て(労組27条)や,労働協約の地域的拡張適用(労組18条)等である。これらの特別な保護[*4]は,すべての憲法組合に及ぶわけではなく,法適合組合(法内組合)にのみ認められる。「法適合組合」の条件は,①「労働者」〔判例3〕が,②「主体[*5]」となって,③「自主的」に,④「経済的地位の向上」を主目的[*6]として,組織されていることである(労組2条)。これに,⑤民主的な組合運営を定めた規約の存在(労組5条2項)も加わる。

*4｜特別な保護
そのほか,規範的効力(労組16条)を持つ労働協約を締結できることは,特別な保護にあたるか,という問題も議論されている。

*5｜主体
組合員の一部に「労働者」でない者が加入していても構わない。

2. ショップ制度・便宜供与

全フデバコは,毎年新入社員歓迎会をやっていて,新入社員は全員入ることになっているんだ。そういえば,シャーペンくんは組合費を払いたくないと強く文句を言って,組合を脱退したんだっけ。最近見ないけど,どうしてるんだろう?

労働組合への加入・脱退は,労働者の自由意思によることが原則である。しかし他方で,労働組合は,主として使用者に対し,団体交渉や団体行動など,「経済的地位の向上」のためにさまざまな働きかけを行う。使用者が組合の要求に譲歩する理由は,多数の労働者に反旗を翻されることを恐れるからだ。「数は力」であり,組合員数が少ないと交渉力は高まらない。そこで労働組合は,使用者に対し,組合員を安定的に確保できるような仕組み(ショップ制度)を要求してきた。代表的なものが,組合員でない者の解雇を使用者に義務付けたユニオン・ショップ制度である〔判例38〕。

労働組合はそのほかにも,組合事務所の無償貸与やチェックオフ[*7]等,さまざまな便宜を使用者に要求し,勝ち取ってきた。これらも,労組法7条3号所定の「経費援助」に該当しない限り,「便宜供与[*8]」として保護の対象となる。

*6｜主たる目的
副次的に,福利厚生活動や政治活動を行うことは差し支えない。

*7｜チェックオフ
使用者が,組合員の賃金から組合費相当額を控除し,所属組合に直接支払う仕組み。便宜供与の一種。

3. 組合員の権利・義務

不況下で,フデバコ社に対して強気にボーナスを要求すべきか,赤字削減のため手当カットを受け入れるべきか,組合大会で話し合ったんだ。手当カットの受入れで最終的に決まったけど,強気派の人たちは協力してくれるかなぁ?

労働組合に加入した労働者(組合員)は,組合の民主的運営に参加する権利を得る。代わりに組合員は,組合に対して,①組合費の納入義務や,②組合の統制に服する義務を負う。組合費がないと組合を運営できないからであり,組合員がバラバラに活動しては,「経済的地位の向上」という組合の目的を達成できないおそれがあるからだ。もっとも,組合員個人の権利・利益を侵害するかたちで,組合が統制権を行使することはできない。両者の調整が課題となる〔判例39〕。

*8｜便宜供与
便宜供与は使用者から一定の援助を受けるものだが,労働組合の「自主性」を損なうものではない。便宜供与の不合理な撤回は,支配・介入の不当労働行為に該当する。

38 ユニオン・ショップ協定の効力とその限界

三井倉庫港運事件

最高裁平成元年12月14日第一小法廷判決（民集43巻12号2051頁）　▶百選83

事案をみてみよう

X_1，X_2（以下，Xら）は，Y社の海上コンテナトレーラー[*1]運転手として雇用され，Z_1組合に加入していた。Y社はZ_1組合との間で，Y社所属の運転手は，「双方が協議して認めた者を除き，すべてZ_1組合の組合員でなければならない。Y社は，……Z_1組合に加入しない者及びZ_1組合を除名された者を解雇する」とのユニオン・ショップ協定を締結していた（本件ユ・シ協定）。

Xらは，ある日の午前8時半ごろ，脱退届を提出してZ_1組合を脱退した。Xらはその後，即刻Z_2組合に加入し，その旨を同日午前9時10分ごろY社に通告した。Y社は，同日午後6時ごろ，本件ユ・シ協定に基づいてXらを解雇し（本件解雇），同日以後の賃金を支払わなかった。そこでXらが，本件解雇は無効であるとして，Y社に対し，労働契約上の地位確認等を求めて訴訟を提起した。

＊1｜海上コンテナトレーラー

写真参照。

（iStock.com/Iam Anupong）

読み解きポイント

① ユニオン・ショップ協定の限界を画する根拠は何か。

② ユニオン・ショップ協定はどのような場合に無効となるか。

判決文を読んでみよう

(1) 「ユニオン・ショップ協定は，……間接的に労働組合の組織の拡大強化を図ろうとするものであるが，他方，労働者には，自らの団結権を行使するため労働組合を選択する自由があり，また，ユニオン・ショップ協定を締結している労働組合（以下「締結組合」という。）の団結権と同様，同協定を締結していない他の労働組合の団結権も等しく尊重されるべきであるから，ユニオン・ショップ協定によって，労働者に対し，解雇の威嚇の下に特定の労働組合への加入を強制することは，それが労働者の組合選択の自由及び他の労働組合の団結権を侵害する場合には許されない」。

(2) 「ユニオン・ショップ協定のうち，締結組合以外の他の労働組合に加入している者及び締結組合から脱退し又は除名されたが，他の労働組合に加入し又は新たな労働組合を結成した者について使用者の解雇義務を定める部分は，右の観点からして，民法90条の規定により，これを無効と解すべきである（憲法28条参照）」。したがって，これらの者に対するユ・シ協定に基づく解雇は，解雇義務が発生していない以上，客観的合理性・社会的相当性を欠き，無効と言わざるを得ない。

(3) 本件についてこれを見ると，Z_1 組合を脱退して Z_2 組合に加入した X らに対し，本件ユ・シ協定に基づく解雇義務が，Y 社に生じることはない。よって本件解雇は，ユ・シ協定に基づく解雇義務が生じていないときになされた解雇であり，客観的合理性・社会的相当性を欠き無効である。

この判決が示したこと

① ユニオン・ショップ協定といえども，労働者の組合選択の自由や，他の労働組合の団結権を侵害することはできない。

② 他組合員，および，脱退・除名後に新組合に加入・結成した労働者に対する解雇義務を定めたユニオン・ショップ協定は，公序良俗に反し違法である。

解説

Ⅰ. ユ・シ協定の有効性の承認

ユニオン・ショップ協定（以下ユ・シ協定）とは，労働組合への加入を雇用継続の条件とし，組合未加入者を解雇する義務を使用者に課した労使間の協定を指す。日本では，約 6 割の組合がユ・シ協定を含む労働協約を締結しており，組合員を確保する手段として広く用いられている。もっとも，いわゆる「尻抜けユニオン」[*2]，「宣言ユニオン」[*3] も多い。

最高裁は，ユ・シ協定について，「労働組合の組織の拡大強化をはか」るという「正当な機能を果たすものと認められるかぎり」[*4]，その効力を認めてきた。労働組合が使用者と対等の立場となるためには，数多くの労働者の後押しが必要だからである。本判決も，組織の拡大強化に触れており，ユ・シ協定が一般的に有効であることを前提としている。

*2｜尻抜けユニオン
「労使協議によって決する」「事情により解雇しないことがある」など，組合未加入者に対し解雇以外の処遇の余地を残すユ・シ協定。

*3｜宣言ユニオン
労働者の組合加入義務のみを定め，使用者の未加入者解雇義務を規定しないユ・シ協定。

*4｜先行判例
日本食塩製造事件・最二小判昭和50・4・25民集29巻4号456頁。

Ⅱ. 一般的組織強制への限定

しかし，すべてのユ・シ協定が法的拘束力をもつわけではない。本判決の意義は，一定の場合にはユ・シ協定が無効となることを，理由とともに明らかにした点にある。

加入が完全に自由な結社（憲 21 条）の場合と異なり，労働組合（憲 28 条）は，労働者の経済的地位の向上を目的とする。そのため，組合に加入するという，団結権の積極的行使は，経済的地位の向上に直接結びつくものであるため，その不行使（消極的団結権とも呼ばれる）よりも優先されると理解されてきた。つまり重要なのは，労働組合が結成されている，ということ自体であり，労働者がどの労働組合に属するかではない。むしろ，団結権が人権である以上，すべての勤労者は，どの労働組合に加入するかを選択することができるはずだし，ユ・シ協定を締結していない労働組合の団結権も，同様に尊重されなければならないはずである。しかし，本件ユ・シ協定のように，特定組合（Z_1 組合）への加入を雇用条件とする場合，この要請を満たすことはできない。

判決文 (1) が示したのは，以上のような理解だろう。つまり，ユ・シ協定により，いずれかの労働組合への加入を雇用条件とすること（一般的組織強制）は認めた一方で，特定の組合への加入を雇用条件とすること（特定組織強制）は認めなかったのである。

Ⅲ. ユ・シ協定と解雇

*5｜公序良俗
［判例37］*5参照。

判決文 (2) は，一般的組織強制のみを認めたことの結果として，①他組合の組合員，②脱退・除名後に他組合を結成・加入した元組合員に対しては，公序良俗違反[*5]により，ユ・シ協定が一部無効となり，解雇義務がそもそも発生しないとした。最高裁はもともと，ユ・シ協定による組合からの脱退・除名が有効である場合に限り，使用者の解雇に客観的合理的理由が認められると判断してきた（→*4参照）。したがって，ユ・シ協定自体が一部無効となった本件の事実関係のもとでは，**判決文 (3)** のとおり，Xらの解雇が無効とされたのは当然であろう。

なお，本件でXらは，40分後にZ_2組合を作ったため，解雇を免れた。では，仮に1日後や1週間後だった場合はどうなるだろうか。元組合員は，脱退・除名後，いつまでに新組合・他組合に加入すればよいのだろうか。Z_1組合から解雇を要求された時点で組合に加入していなければ解雇を免れない，との説もある。しかし，労働者の組合選択権の尊重という観点を貫くならば，実質的に意味のある選択を組合員がするためにも，事案ごとに合理的な範囲で，解雇の猶予期間を認めざるを得ないだろう。

Ⅳ. ユ・シ協定違憲論

本判決の立場と異なり，ユ・シ協定が憲法28条に反し違憲であるとの見解も有力に主張されている。すなわち，労働者は憲法13条のもとで自己決定権を保障されており，団結についても労働者の自己決定が尊重されるべきである以上，解雇の威嚇のもとに組合への加入を強制するユ・シ協定は，違憲と考えざるを得ない，というのがこの学説の主張である。

39 組合員の協力義務・組合費納入義務

国労広島地本事件

最高裁昭和50年11月28日第三小法廷判決(民集29巻10号1698頁) ▶百選85

事案をみてみよう

X組合は規約において，一般組合費を徴収するほか，必要と認めたときには上部団体の承認を経て臨時に組合費を徴収できる旨を定めていた。X組合は，1958年から1961年にかけて，臨時組合費として，上部団体の承認を得て，❶炭労資金350円，❷安保資金50円，❸政治意識昂揚資金20円を徴収することを決議した。[*1]

❶は，訴外Z組合[*2]による合理化反対闘争を支援するための資金。❷は，日米安保条約の改正反対闘争[*3]において民・刑事責任を問われた組合員を救援するための資金。❸は，1960年の衆院選において組合出身の立候補者を支援するべく，その所属政党に寄付する資金であった。

Y_1〜Y_{48}（以下Yら）は，X組合の組合員であったが，脱退日までの間に，上記各臨時組合費を納入しなかった。そこでX組合が，Yらに対し，その納入等を求める訴訟を提起した。[*4]原審（広島高判昭和48・1・25労民集24巻1・2号1頁）は，❶〜❸のいずれについても，組合の目的の範囲を超えるとして，Yらの納入義務を否定した。これに対してX組合が上告した。

読み解きポイント

① 組合員の協力義務と，労働組合の統制権はどのように調整されるのか。
② 臨時組合費❶〜❸について，Yらは納付義務を負うのか否か。その理由は何か。

判決文を読んでみよう

1 (1) 組合員は，「協力義務」，すなわち，「組合が正規の手続に従つて決定した活動に参加し，また，組合の活動を妨害するような行為を避止する義務を負うとともに，右活動の経済的基礎をなす組合費を納付する義務を負う」。この義務は，経済的地位の向上という労働組合の目的の範囲内に限定される。しかし今日，労働組合の活動は「政治的活動，社会的活動，文化的活動など広く組合員の生活利益の擁護と向上に直接間接に関係する事項にも及」んでいる。これらの諸活動について労働組合が統制を行っても，直ちに目的の範囲外とすることはできない。

(2) しかし，「組合員が一個の市民又は人間として有する自由や権利」との調整も重要である。「問題とされている具体的な組合活動の内容・性質，これについて組合

*1｜金銭の価値
1958〜60年のサラリーマンの月給は，約1万6500円〜8500円であった（賃金構造基本統計調査）ので，各額面を30倍すると（❶1万500円，❷1500円，❸600円），現代の金銭感覚に近い数字になろう。

*2｜日本炭鉱労働組合
当時の日本においては，石炭から石油へのエネルギー転換を背景に，炭鉱労働者らの雇用保護は大きな争点だった。大きなストライキも頻発するなど，労使も激しく対立していた。

*3｜日米安保反対運動
日本とアメリカの安全保障条約に対し，日本が基地負担を負うこと等について反対運動が全国的に広がった。

*4｜請求
X組合はそのほかにも，一般組合費や，闘争資金の納付をYらに請求しており，いずれも最終的にはYらに支払が命じられている。

員に求められる協力の内容・程度・態様等を比較考量し，多数決原理に基づく組合活動の実効性と組合員個人の基本的利益の調和という観点から，組合の統制力とその反面としての組合員の協力義務の範囲に合理的な限定を加えることが必要である」。

2　❶炭労資金について検討する。「労働組合の目的とする組合員の経済的地位の向上は，当該組合かぎりの活動のみによつてではなく，広く他組合との連帯行動によつてこれを実現することが予定されているのであるから，それらの支援活動は当然に右の目的と関連性をもつ」。支援活動をするか否かは組合自身が決定すべき問題であり，「多数決によりそれが決定された場合には，これに対する組合員の協力義務を否定すべき理由はない」。Yらは納付義務を負う。

3　❷安保資金について検討する。

(1)　一般的には，労働組合は政治団体ではないのだから，「政治的思想，見解，判断等をもつ個々の組合員の協力を義務づけることは，原則として許されない」。しかし，「労働者の権利利益に直接関係する立法や行政措置の促進又は反対のためにする活動」のように，政治活動としての面を帯びつつも，「組合員個人の政治的立場の相違を超えて労働組合本来の目的を達成するための広い意味における経済的活動ないしはこれに付随する活動」については，政治的自由の侵害の程度は軽微であるから，「組合員の費用負担を含む協力義務を肯定すべきである」。

(2)　本件の安保資金の主眼は，「組織の維持強化を図るために，被処分者の受けている生活その他の面での不利益の回復を経済的に援助」する点にあり，政治的活動への積極的協力や，政治的立場への支持の表明となるものではない。「組合員個人の政治的思想，見解，判断等に関係する程度は極めて軽微」であり，「組合員の協力義務を肯定することが相当である」。Yらは納付義務を負う。

4　❸政治意識昂揚資金について検討する。「選挙においてどの政党又はどの候補者を支持するかは，投票の自由と表裏をなすものとして，組合員各人が市民としての個人的な政治的思想，見解，判断ないしは感情等に基づいて自主的に決定すべき事柄である」。よって，組合員に対し協力義務を課すことは許されない。Yらは納付義務を負わない。

この判決が示したこと

① (i)　組合の統制権・組合員の協力義務は，経済的地位の向上のために広い範囲に及ぶ。
(ii)　組合の統制権は，組合員個人の基本的利益と調和する範囲でしか行使できない。

② 臨時組合費❶は，「経済的地位の向上」と関連する事柄であり，Yらに納付義務がある。

③ (i)　組合本来の目的のための活動は，政治的活動としての面があっても，組合員に協力義務が生じる。
(ii)　臨時組合費❷は，政治的自由の侵害の程度は軽微であり，Yらに納付義務がある。

④　臨時組合費❸は，投票の自由に関する事柄であり，Yらに納付義務はない。

解説

Ⅰ．郷に入っては郷に従え？

大学生がサークルに参加すると，一定の義務を負う。参加の際に，サークルのメンバーとの間で，サークルのルールに従う旨を合意するからである。同様に組合員も，組合に加入すると，一定の義務（組合費納入義務，組合の統制に従う義務）を負う。違反すれば，組合員資格の停止や，組合からの除名等，組合による統制処分[*5]が下されることになる。

しかし，組合員の協力義務・組合の統制権も無制限に及ぶわけではない。組合員の基本的人権との調整が必要だからである。組合費を題材に，この調整の視点を示したのが本判決の意義である。

＊5｜統制処分
労働組合が，組合の規約・決定に反した組合員に対し不利益を課すこと。組合が統制処分を行う権利を統制権という。

Ⅱ．具体的に考えてみよう

判決文 1 のうち，(1) はまず，労働組合の目的の範囲を審査し，組合員の協力義務＝組合の統制権が広い範囲で及ぶことを確認する。労働組合は「経済的地位の向上」（労組２条）を目的としており，目的達成のためには政治的・社会的・文化的活動も重要な役割を果たすからである。そのうえで (2) は，統制の対象となる組合活動の性質等と，組合員に求められる協力等（≒組合員の利益が制約を受ける程度）を比較し，ケースバイケースで協力義務を限定する，という枠組みを示している。**判決文**下線部の指標を自分で１つ１つ確認しておこう。

判決文 2 以下は，この枠組みを本件に具体的に適用した部分である。**判決文 2** は，他組合支援が当然に労働者の経済的地位の向上と関連する，という理由で納付義務を肯定した。目的との関連性が高ければ，協力義務は肯定されやすい。他方で**判決文 4** は，組合員個人が選挙における投票の自由をもつことから，協力義務を否定した。組合員個人の基本的人権の中心的部分については，協力義務は否定されやすい。

判決文 3 は，その中間にあたる。組合員個人の思想・良心の自由や参政権そのものは，最重要の基本的人権の１つであり，これを侵害する協力義務は原則として認められない。しかし，政治的活動と関連する事項について，一律に協力義務を否定することは妥当ではない。広い意味での経済的活動が，政治的色彩を帯びることもあるからだ（「労働者の権利利益に直接関係する立法や行政措置の促進又は反対のためにする活動」という例示は，重要である）。そのため，政治的自由との関連性が軽微であるならば，組合員はなお協力義務を負う。本件において，最高裁が重視したのは，安保資金が，安保反対運動自体ではなく，あくまで不利益を被った組合員救済のために拠出されたこと（具体的な組合活動の内容・性質）だった。このように，**判決文 1** で示された枠組みに照らし，事案に応じて具体的な事情を考えることが重要となる。

Introduction

2 不当労働行為

Contents

1. 不当労働行為の淵源

会社が突然，全フデバコに無償で貸していた組合事務所の返還を求めてきたんだ。使用貸借契約[*1]の解除が無効であることについて，裁判所で争うしかないのかなぁ。

労働者と使用者の利害は，常に一致するわけではない。使用者からの妨害が予想される状況では，労働者は安心して組合を結成できないだろう。こうした事態を防ぐため，使用者に一定の行為を禁じる不当労働行為制度が導入された（労組7条)。

当初は，不当労働行為に手を染めた使用者に対し，裁判所が裁判を経て刑罰を科す方式が採用されていた。しかし，労働関係の実態は多様であり，紛争解決には法律の知識のみならず労使関係の専門的な知見が必要となる。事務所貸与のような「便宜供与[*2]」が労使関係においてもつ意味が分からなければ，団結権は保護できない。

そのため，1949年（昭和24年）の労組法改正に伴い，裁判所（司法）ではなく，専門の行政機関が救済の任にあたることとなった[*3]。団結権を人権として保障する日本では，不当労働行為制度の目的も，団結権に対する侵害を除去し，団結権が保障された正常な状態への回復を図る（原状回復主義）という点に求められている［判例40]。

2. 労働委員会の仕組み

事務所貸与の件で，全フデバコからフデバコ社に団体交渉を申し込んだのに，全然応じてくれない。いつ，どこで交渉するとは事前に決めていないから，団体交渉の権利といっても全然具体的じゃないし，団体交渉の履行を命じる判決をもらえそうにないぞ。

憲法上，労働組合には労働基本権が保障されている。しかしたとえば，団体交渉権は，日時や場所，請求が特定された通常の債権とは異なる。裁判という具体的な権利・義務に関する紛争を解決する仕組みだけでは，団体交渉を実現することは難しい。使用者に実際に団体交渉をさせるためには，当事者間の権利・義務にとらわれることなく，状況に応じてさまざまな措置を命じることが必要である。そこで，権利・義務にとらわれずに済む行政機関に，専門的知識を活かして事件ごとに適切かつ柔軟な救済を命じる権限を委ねるという，行政救済[*4]の仕組みが採用された。

この救済権限をもつ行政機関が，労働委員会である。労働委員会は，紛争現場をよ

＊1｜使用貸借契約
物を有償で使用・収益させる賃貸借契約（民601条以下）と異なり，無償の場合には使用貸借契約（民593条以下）とされる。

＊2｜便宜供与
労働組合の団結権保障のため，使用者が一定の援助を与えること。違法な経費援助と区別される。労組法2条2号，同7条3号ただし書に例示があるが，これに限られない。組合事務所についても，無償貸与自体は使用者の義務ではないが，いったん貸与した事務所の返還を正当な理由なく求めることは不当労働行為となる。

＊3｜アメリカ法
アメリカは，専門の行政機関（NLRB）が不当労働行為に対する行政救済を与える仕組みを採用しており，不当労働行為制度の母法（モデルとなった外国法）の1つと理解されている。もっとも，アメリカ連邦憲法は労働者の権利保護を明記していないなど，日本とは制度が大きく異なる点もみられる。

く知る労使それぞれの代表者（労働者委員・使用者委員）に加え，学識経験者など公益委員からなる（三者構成）。労働委員会の下す代表的な救済命令として，団体交渉を拒絶するなとの命令（団交応諾命令）や，団体交渉に誠実に応ぜよとの命令（誠実交渉命令），解雇した労働者を復職せよとの命令（復職命令），解雇期間中の賃金を支払えとの命令（バックペイ命令），謝罪文を手交せよとの命令（ポスト・ノーティス命令）などがある〔判例 **40**〕・〔判例 **41**〕。

労働委員会は，各都道府県に１つ設けられている。その命令に不服がある場合，厚労省に設けられた中央労働委員会に再審査を申し立てることもできる。さらに争う場合，国（中労委）や都道府県（各都道府県労委）を相手取って取消訴訟[*5]を提起できる。

3. 不当労働行為の類型

全フデバコを脱退して，メカニカルペンシル組合を立ち上げたシャーペンくんたちには高い給料が支払われた。でも全フデバコの僕たちの給料は，人事査定が悪いから下がったんだ。組合事務所の件で団交を申し入れた後には，「会社の将来を思った行動をしよう」という社長の呼びかけもあったし，会社のためにならないと判断されたのかなぁ。

労組法７条は主として[*6]，次の３つの行為を不当労働行為として禁じている。不利益取扱い（１号・４号），団体交渉拒否（２号），支配・介入（３号）である。

不利益取扱いが成立するためには，①組合員であることそれ自体，あるいは組合への加入・結成や，組合の正当な行為をしたこと等の，②「故をもつて」，③解雇その他の不利益[*7]を課すことが必要である。エンピツくんのように，特定の組合員に対してのみ人事査定を低くつけることや，組合員であることを理由に解雇することが〔判例 **40**〕，典型的な例といえる。もっとも，人事査定等の場合，偶然に組合員の評価が悪かったということも生じうる。不当労働行為が成立するためには，「①があるから③をした」という②使用者の意思（不当労働行為意思）が必要とされる。不当労働行為意思の判断においては，周囲の事情から，使用者の決定的動機は何かを探ることになる。

団交拒否は，団体交渉のテーブルにつかない場合のほか，資料を提出するなど誠実な態度で交渉に臨まない場合や，書面でのやり取りだけを認め対面交渉を拒絶する場合にも成立する〔判例 **41**〕。

支配・介入は，使用者が組合の運営方針に介入する場合に問題となる。組合事務所の急な返還請求や，フデバコ社の社長の声明が，労働者を萎縮させる効果を持つ場合には，不当労働行為が成立する。また，複数の組合が存在する職場においては，特定の組合員に対する不利益取扱いは，将来組合に入ろうとする者や他の組合員に対する見せしめとしての意味を持つ。全フデバコの組合員に対する低い人事考課は，使用者が中立を保っていないという意味で，不利益取扱いと同時に支配・介入の不当労働行為にも該当することになろう〔判例 **42**〕。

＊4｜行政救済
労働委員会は行政機関として，行政命令のかたちで救済を図る。これに対し労組法7条は強行法規でもあるので，同条に違反する使用者の行為について，行政救済を求めずに，裁判所に救済を求める余地もある（司法救済）。具体的には，損害賠償請求のほか，団体交渉に応ずべき地位の確認請求などが認められている。アメリカ法は行政救済を中心とするため，救済のすみわけは日本独自の課題である。

＊5｜取消訴訟
救済命令は，国や都道府県の行政処分（行政行為）に当たるので，その効力を争うためには，取消訴訟という特別な訴訟を提起する必要がある（〔判例**19**〕参照）。また，大橋真由美ほか START UP『行政法判例50!〔第3版〕』〔判例**07**〕・〔判例**25**〕参照。

＊6｜黄犬契約
このほか労組法7条1号は，黄犬契約（労働組合への未加入・脱退を雇用条件とする労働契約）を禁じている。黄犬yellow dogは英語で，裏切者・卑怯者を意味する。

＊7｜不利益
組合への悪影響を防ぐ仕組みなので，一見すると労働者に利益となるような昇進・配転も，組合からの排除のために行われるときには，不当労働行為となる。宴席に組合員を呼ばない，といった事実上の不利益についても同様である。

40 不当労働行為制度の意義 第二鳩タクシー事件

最高裁昭和52年2月23日大法廷判決（民集31巻1号93頁） ▶百選108

事案をみてみよう

X社のタクシー運転手であるZ_1〜Z_6（Zら）は，いずれもZ組合の組合員であった。Xは，組合活動を嫌悪してZ_1〜Z_3を解雇し，また解雇撤回を求める団交要求や抗議活動に加わったZ_4〜Z_6も解雇した。Zらは，解雇の翌日から1か月後には別のタクシー会社に就職して賃金を得つつ，Z組合とともに，東京都地方労働委員会（Y）に対して不利益取扱いの不当労働行為（労組7条1号）を申し立てた。Yは，不当労働行為の成立を認め，救済として，Zらを現職に復帰させることに加え，ZらがXから得られるはずだった賃金相当額全額の支払を命じた（本件バックペイ命令）。

これに対してXは，Zらが別会社から得た賃金相当額を控除しない本件バックペイ命令は違法であるとして，取消訴訟を提起した。

読み解きポイント

① 労働委員会を通じた行政救済制度を設けた目的と理由は何か。
② 裁判所は労働委員会による救済命令を，どの程度厳格に審査できるか。
③ 不利益取扱いの不当労働行為（特に解雇）に対し，何を考慮し，どのような救済が可能か。

判決文を読んでみよう

1 (1) 「労働委員会の救済命令制度は，労働者の団結権及び団体行動権の保護を目的とし，これらの権利を侵害する使用者の一定の行為を不当労働行為として禁止した〔労組〕法7条の規定の実効性を担保するために設けられた」。行政救済の仕組みを採用したのは，「正常な集団的労使関係秩序の迅速な回復，確保を図るとともに，使用者の多様な不当労働行為に対してあらかじめその是正措置の内容を具体的に特定しておくことが困難かつ不適当であるため，労使関係について専門的知識経験を有する労働委員会に対し，その裁量により，個々の事案に応じた適切な是正措置を決定し，これを命ずる権限をゆだねる趣旨」と解される。

(2) 労働委員会の裁量権には上記の目的・趣旨に由来する限界がある一方で，「裁判所は，労働委員会の右裁量権を尊重し，その行使が右の趣旨，目的に照らして是認される範囲を超え，又は著しく不合理であつて濫用にわたると認められるものでない限り，当該命令を違法とすべきではない」。

2　労組法７条１号違反の不利益取扱い，特に解雇は，「一面において，当該労働者個人の雇用関係上の権利ないしは利益を侵害するものであり，他面において，使用者が右の労働者を事業所から排除することにより，労働者らによる組合活動一般を抑圧ないしは制約する」。それゆえ救済命令も，解雇された労働者の「個人的被害を救済するという観点」に加え，「組合活動一般に対する侵害の面をも考慮し，このような侵害状態を除去，是正して……正常な集団的労使関係秩序を回復，確保するという観点からも，具体的に，決定されなければならない」。

3 (1)　解雇された労働者は賃金を得る機会を失う一方，「就労から解放され，自己の労働力を自由に利用しうる」という利益を得るので，解雇後「他に就職して収入を得た場合には，……解雇による経済上の不利益はその限度において償われたと解される」。ただし，「例えば，被解雇者に中間収入をもたらした労務が，従前の労務と比較して，より重い精神的，肉体的負担を伴うようなものであるとき」は，別途考慮される。

(2)　「組合活動一般に対する侵害の除去という観点から中間収入控除の要否及びその金額を決定する」に際しては，「再就職の難易，就職先における労務の性質，内容及び賃金額の多少」といった点を考慮し，「組合活動一般について生じた侵害の程度に応じ合理的に必要かつ適切と認められる救済措置を定めなければならない」。

(3)　バックペイ命令は，以上の「両面からする総合的な考慮を必要とするのであつて，そのいずれか一方の考慮を怠り，又は救済の必要性の判断において合理性を欠くときは，裁量権の限界を超え，違法とされる」。

(4)　本件においては，Ｚらの「中間収入は，いずれも従前の労務と同じくタクシー会社の運転手として稼働したことによつて得たもの」であり，その控除を考慮すべきである。また，「当時のタクシー業界における運転手の雇用状況，特に同業他社への転職が比較的頻繁かつ容易であつたこと」からすれば解雇の不利益は比較的小さく，中間収入の控除を考慮しないことは合理性を欠く。よって，本件バックペイ命令は，「裁量権の合理的な行使の限度を超え」違法である。

この判決が示したこと

① 労働委員会の制度は，団結権・団体行動権（憲法28条）の保護を目的とし，その実効性確保のため，正常な労使関係秩序を迅速に回復するべく設けられた。

② 裁判所が救済命令を違法とするのは，労働委員会の裁量権行使に逸脱・濫用があった場合に限られる。

③ 労働委員会は，解雇された者個人の被害と，組合に対する抑圧的効果の両方を考慮し，バックペイ命令を下す必要がある。

解説

Ⅰ．制度趣旨と労働委員会の裁量

不当労働行為制度は，アメリカで生まれた制度である。しかし，憲法上の社会権規定がないアメリカと異なり，日本の不当労働行為制度は，憲法28条の保障を背景に発展を遂げてきた。[*1] では，日本の不当労働行為制度の目的は何であろうか。

本判決は，その目的を①団結権の保護と，②正常な集団的労使関係秩序の迅速かつ柔軟な回復に求めた。①を実効的なものとするため，②を実現しよう，とする趣旨であろう。重要なのは，私法的な権利義務関係に拘束されていては，②の実現が難しい場合があるということである。たとえば組合事務所の返還の例を考えてみよう（**Introduction 2**）。権利論からいえば，使用者は労働組合に無償貸与した事務所の返還をいつでも請求することができる。しかし，組合嫌悪に基づくことが明らかな請求については，権利関係を離れて，事務所の貸与を命じることが救済として適当な場合もあろう。解雇が問題となった本件においても，労働委員会は現職復帰[*2]・バックペイ[*3]を命じている。**判決文 1(2)** は，労働委員会によるこうした柔軟な対応を，裁判所は極力尊重するとの態度を明確に示した点で，重要な意義を持つ。

ただし，裁判所が尊重する労働委員会の判断は，救済命令の多様性（効果裁量）にとどまる。不当労働行為の成否それ自体（要件裁量）には及んでいないとされていることに注意しよう。

Ⅱ．バックペイと中間収入控除

本判決以前の判例は，原則として解雇された労働者がその期間中に他社で働いて得た収入（中間収入）全額を，バックペイから控除すべきとしていた（米軍調達部事件・最三小判昭和37・9・18民集16巻9号1985頁）。労働契約は，労働と賃金の交換である。解雇された結果，本来提供すべき労働を転用して利益を得たのであるから，いわば報酬の二重取りに当たる，との発想に出たものであろう（民法536条2項ただし書[*4]）。

これに対して本判決は，判例を変更し[*5]，労働者個人の不利益のみならず，組合が被った被害をも考慮してバックペイの額を決定すべきとした。バックペイ命令も行政救済である以上，額面の算出において民法536条2項に必ずしも拘束されるわけではない。本件のような組合嫌悪を理由とする解雇は，解雇された組合員のみならず，当該組合に加入している組合員や，加入しようとする将来の組合員にも萎縮効果をもたらしうる。本判決が，組合員個人の不利益に還元できない不利益についても考慮する，という姿勢を示したのも，こうした事情を踏まえて行使される労働委員会の効果裁量を尊重するためと考えられる[*6]。

ただし本判決は，同業他社への転職は容易だとして，解雇の不利益を低く見積もり，中間収入の控除を求めた。しかし，**判決文 1** の説く不当労働行為制度の趣旨を貫徹するならば，労働委員会の裁量による全額バックペイ命令は尊重されるべきであろう。

＊1｜アメリカ
日米の最大の違いは，日本の不当労働行為制度が，「使用者」の行為のみを禁止の対象とするのに対し，アメリカのそれは，「使用者」・「労働組合」双方の行為を禁止の対象とする点である。

＊2｜解雇と現職復帰
権利濫用により解雇が無効となり，労働契約上の地位が確認された場合でも（［判例**22**］），業務内容については（労働契約に限定のない限り）使用者が決定しうる場合が多い。これに対し復職命令では，業務内容についても特定することが可能となる。

＊3｜バックペイ
解雇に伴って労使関係に生じた不利益を除去し，回復させるための金銭。通常は，解雇がなければ得られたであろう賃金相当額がバックペイの額面となる。

＊4｜民法536条2項
［判例**22**］＊12参照。

＊5｜判例変更
最高裁の判例は，これに違反した判断が上告受理申立ての理由となる等の点で（民訴法318条1項等），一定の拘束力を帯びる。それゆえその変更は大法廷において取り扱われることになる（裁判所法10条1号）。

＊6｜その後の労委命令
実際，本判決以後の労働委員会命令は，中間収入があってもそれを控除せずに全額のバックペイを命じる例が多いとされる。水町勇一郎『詳解労働法〔第3版〕』（東京大学出版会，2023年）1284頁。

41 団体交渉と誠実交渉義務

山形県・県労委（国立大学法人山形大学）事件

最高裁令和4年3月18日第二小法廷判決（民集76巻3号283頁）

事案をみてみよう

X大学は，人事院勧告[*1]に基づいて，①55歳超の教職員に対する昇給抑制，②基本給の見直し（平均2%程度の引下げ）の実施を企図した。X大学の教職員組合である訴外Z組合は，①・②の双方について団体交渉を申し入れたが，X大学は人事院勧告に準拠することに固執し，①・②のいずれについても，十分な説明や資料の提示をしなかった。その後X大学は，Z組合との合意を得ることなく，2015（平成27）年1月1日より①を，同年4月1日より②を実施した。

Z組合は2015（平成27）年6月22日，X大学の団体交渉における不誠実な態度は労組法7条2号に違反するとして山形県労働委員会に不当労働行為を申し立てた。山形県労委は2019（平成31）年1月15日，X大学に対し，①・②につき誠実に団体交渉に応じるよう救済命令（本件命令）を下した。

そこでX大学は，山形県・山形県労働委員会（以下Y）を相手取り，本件命令の取消訴訟を提起した。原審[*2]は，4年の間に昇給抑制・賃金引下げを前提とした給与計算が積み重ねられてきたことや，X大学が運営経費を国からの補助金（単年度会計）に依存していることから，「労働組合にとって有意な合意の成立が不可能となった」としてYの控訴を棄却した。これに対し，Yが上告した。

＊1｜人事院勧告
国家公務員の労働条件に関する勧告。国立大学法人の教職員は国家公務員ではないため，労働条件決定における法的拘束力は生じない。

＊2｜原審
仙台高判令和3・3・23労判1241号5頁。

読み解きポイント

① 使用者の負う誠実交渉義務とはどのような義務か。その根拠は何か。
② 労働委員会は，問題となっている団体交渉事項について合意の成立が期待できない場合にも救済命令を発出できるか。

判決文を読んでみよう

(1) 「使用者は，必要に応じてその主張の論拠を説明し，その裏付けとなる資料を提示するなどして，誠実に団体交渉に応ずべき義務（以下「誠実交渉義務」という。）を負」う。「使用者が誠実交渉義務に違反した場合，労働者は，当該団体交渉に関し，使用者から十分な説明や資料の提示を受けることができず，誠実な交渉を通じた労働条件等の獲得の機会を失い，正常な集団的労使関係秩序が害されることとなるが，その後使用者が誠実に団体交渉に応ずるに至れば，このような侵害状態が除去，是正され得る」。それゆえ，使用者が誠実交渉義務に違反する場合に誠実交渉命令を下すことは，「一般に，労働委員会の裁量権の行使として，救済命令制度の趣旨，目的に照らして是認される範囲を超え，又は著しく不合理であって濫用にわたるものではない」。

(2) 問題となっている団体交渉事項について労使間で合意が成立する見込みがない場合であっても，使用者が，「その後誠実に団体交渉に応ずるに至れば，労働組合は当該団体交渉に関して使用者から十分な説明や資料の提示を受けることができるようになるとともに，組合活動一般についても労働組合の交渉力の回復や労使間のコミュニケーションの正常化が図られるから，誠実交渉命令を発することは，不当労働行為によって発生した侵害状態を除去，是正し，正常な集団的労使関係秩序の迅速な回復，確保を図ることに資する」。よって，「使用者が誠実交渉義務に違反する不当労働行為をした場合には，当該団体交渉に係る事項に関して合意の成立する見込みがないときであっても，労働委員会は，誠実交渉命令を発することができる」。X大学の誠実交渉義務違反の有無の判断のため，破棄差戻し[*3]。

＊3｜差戻しの結果
差戻控訴審（仙台高判令和5・7・19労判1317号38頁）は，団体交渉においてXが十分な説明や資料の提示をしておらず誠実交渉義務に違反していると判断し，県労委命令を支持した。

この判決が示したこと

① 使用者は団体交渉において，必要に応じて主張の論拠を説明し，その裏付けとなる資料を提示する等の義務を負う。

② 労働委員会は，労働組合の交渉力の回復や労使間のコミュニケーションの正常化のために，合意の可能性を問わず，誠実交渉命令を発出できる。

解説

Ⅰ．団交応諾義務・誠実交渉義務の意義

団体交渉は，労働者の地位向上のために，労働者集団の代表と，単独のまたは複数の使用者とが対面して行う交渉である。団体交渉は，①組合の関与のもとで労働条件を統一的に改善する，②労使間のルールを設定する，③個別的・集団的な苦情を処理し紛争を解決する，④労使間の円滑なコミュニケーションを実現するなど，多様な機能を有する。

憲法28条による団体交渉権保障の趣旨は，労働組合の関与により，労使対等決定を可能とする点にある。そこで労組法7条2号も，使用者が正当な理由なく団体交渉を拒否することを不当労働行為として禁じている（使用者の「団交応諾義務」）。もっとも，たとえば使用者が，労働組合からの賃上げ要求に対し，具体的根拠を示さずに「賃上げは難しいというのが経営判断である」などと繰り返す場合，団交権保障の趣旨は没却されるだろう。使用者は，誠実に団体交渉に応じる義務（誠実交渉義務[*4]）を負い，この義務に反する場合にも実質的には団体交渉拒否にあたると考えるべきである。

しかし「交渉」である以上，使用者も，労働組合の要求を常に受諾する義務を負うわけではない[*5]。そこで，使用者が「誠実に」団体交渉に応じるとは何を意味するかが問題となる。

＊4｜誠実交渉義務
不当労働行為制度の母国アメリカにおいても，誠実交渉義務違反は当然に不当労働行為とされている。

＊5｜ハードバーゲニング
労働組合の要求をすべて拒否する，という強い態度（ハードバーゲニング）で交渉に臨むことも認められる。

Ⅱ. 誠実交渉義務の判断

誠実交渉義務の判断基準は，労働委員会や下級審による具体化に委ねられてきた。例えばカール・ツアイス事件では[*6]，組合事務所の無償貸与や，組合員の人事異動をめぐる団体交渉において，春闘時の労使協定の文言[*7]を盾に，使用者が具体的な議論を拒んだことが，誠実交渉義務違反とされている。

ただし同判決は，使用者の義務につき，【A】「労働組合の要求や主張に対する回答や自己の主張の根拠を具体的に説明したり，必要な資料を提示するなどし，また，結局において労働組合の要求に対し譲歩することができないとしても，その論拠を示して反論するなどの努力をすべき義務があるのであって」，【B】「合意を求める労働組合の努力に対しては，右のような誠実な対応を通じて合意達成の可能性を模索する義務がある」と述べていた。仮に【B】を一般論，【A】を【B】の具体例と考えるならば，本件原審のように，合意達成の見込みがない場合には誠実交渉義務を負わない，とする余地もあった。

＊6｜関連裁判例
東京地判平成元・9・22労判548号64頁〔百選104〕。

＊7｜労使協定の文言
組合が事務所の無償貸与を求めたところ，協定書に「その他の要求事項については現行どおり」と記載されていたため，組合事務所を貸与しない取扱いを続ける，と使用者側は主張した。

Ⅲ. 本判決の意義と射程

本判決は，誠実交渉義務に関する初の最高裁判決として，合意達成の可能性にとらわれない解釈を示した点にその意義がある。**判決文 (1)** は，誠実交渉義務の内容として，使用者による論拠の説明と資料の提示を強調し，**判決文 (2)** も，合意達成の見込みがなくとも誠実交渉義務は生じることを指摘している。このことは最高裁が，団体交渉の多様な機能を踏まえ，団体交渉権を，狭く労働条件決定の権利としてではなく，労使対等決定原則実現のために労働組合の広範な関与（コミュニケーション）を保障した権利として理解していることを意味する。適切な情報提供を受け，相手方の説明に反論する機会が保障されてはじめて，労働組合が使用者と対等な立場で意思決定することが可能となるからである。現に**判決文 (2)** は，団体交渉を含めた組合活動全般において「労働組合の交渉力の回復」・「コミュニケーションの正常化」が重視されることを明らかにしている。本判決における団体交渉権の理解は，広く集団的労働法分野の解釈において参照されることになる。

ただし本判決は，誠実交渉義務の内容を，形式的な説明義務・資料提供義務に収斂させたわけではない。本判決の事案はそもそも，使用者が資料を十分に提供しておらず，合意達成の可能性を論じる前提を欠いていた。使用者が，主張の根拠となる情報を提供し説明をした後であっても，合意達成に向けた努力が一切認められない等の特段の事情があれば，なお誠実交渉義務違反が成立する場合があろう。

42 複数組合に対する中立義務　日産自動車事件

最高裁昭和60年4月23日第三小法廷判決（民集39巻3号730頁）　▶百選107

事案をみてみよう

自動車会社X社によるA社の吸収合併に伴い，X社内には，A社の企業別組合a組合と，合併前から存在しa組合の組合員の多数が移籍したb組合が併存していた。

Xは，昼夜二交替制をとり，あらかじめ計画残業[*1]を織り込んだ生産計画を立てていたのに対し，Aは大部分の労働者に深夜勤務を求めず，また個別の労働者からその都度同意を得て残業を命じていた。Xは合併後約半年後以降，a組合とは協議することなく，b組合との協議を経て，旧A社の工場においても昼夜二交替制・計画残業制を導入した。またXは，b組合の組合員には月50時間以内の残業を命じる一方，a組合の組合員には計画残業を命じなかった。その理由についてXは，a組合との団体交渉の席上，a組合が強制残業・深夜勤務に反対し，残業を労働者の自由意思で行うことを要求している以上，その組合員を残業計画に組み入れることはできない等と説明した。これに対しa組合が，不当労働行為の救済を求めた。

＊1｜計画残業
従業員を計画的に日々必要時間数だけ残業（勤務時間の延長，休日出勤等）させようとする仕組み。

読み解きポイント

① 複数組合が併存する状況で，使用者はどのような義務を負うか。
② 組合に対する異なる取扱いが許されるポイントは何か。

判決文を読んでみよう

1 (1)　複数組合併存下において「各組合はそれぞれ独自の存在意義を認められ，固有の団体交渉権及び労働協約締結権を保障されているものであるから，その当然の帰結として，使用者は，いずれの組合との関係においても誠実に団体交渉を行うべきことが義務づけられている」。また，「単に団体交渉の場面に限らず，すべての場面で使用者は各組合に対し，中立的態度を保持し，その団結権を平等に承認，尊重すべきものであり，各組合の性格，傾向や従来の運動路線のいかんによつて差別的な取扱いをすることは許されない」。

(2)　もっとも，「使用者が各組合との団体交渉においてその交渉相手の持つ現実の交渉力に対応してその態度を決することを是認しなければならない」。同一企業内に圧倒的な多数派組合とごく小さな少数派組合が併存する場合，「一般に，職場全体を通じて均等な労働条件による統一的な勤務体制がとられることが望ましいものであることはいうまでもない」から，使用者がいきおい「多数派組合との交渉及びその結果に重点を置くようになるのは自然」であり，こうした「態度を一概に不当とすることはできない」(労組 17 条も参照)。使用者は中立義務を負うとしても，「各組合の組織力，交渉力に応じた合理的，合目的的な対応をすること」は義務違反とならない。

(3) 団体交渉の場面では，合理的に思われる使用者の行為であっても，「当該交渉事項については既に当該組合に対する団結権の否認ないし同組合に対する嫌悪の意図が決定的動機となつて行われた行為があり，当該団体交渉がそのような既成事実を維持するために形式的に行われているものと認められる特段の事情がある場合には」，使用者の当該行為に「労組法７条３号の不当労働行為が成立するものと解するのが相当である」。具体的な不当労働行為の成否については，「団体交渉において提示された妥結条件の内容やその条件と交渉事項との関連性，ないしその条件に固執することの合理性についてのみ検討するのではなく，当該団体交渉事項がどのようないきさつで発生したものかその原因及び背景事情，ないしこれが当該労使関係において持つ意味，右交渉事項に係る問題が発生したのちにこれをめぐつて双方がとつてきた態度等の一切の事情を総合勘案して」，判断すべきである。

2 (1) 本件においては，①計画残業の導入において会社の意向を a 組合に提案することに特別な困難がなかったこと，②a 組合が団体交渉を拒否したわけではないこと，③勤務体制・労働時間は労働条件の中でも基本的な事項であること，④交替制および計画残業の内容やその必要性，妥当性について a 組合に説得を試みた形跡がみられないことからして，少数派「組合についてはその存在を無視して企業運営を図ろうとする意図のあらわれとみられてもやむをえない」。

(2) また，残業手当が賃金の相当部分を占めるという状況においては，「長期間継続して残業を命ぜられないことは従業員にとつて経済的に大きな打撃となる」。X は，a 組合所属というだけの理由で残業について差別的取扱いをし，「a 組合所属組合員を経済的に不利益な状態に置くことによりその組織の動揺ないし弱体化を図つた」といわざるをえない。

⇩ この判決が示したこと ⇩

① 使用者は，複数組合に対して中立義務を負う一方で，組織力・交渉力に応じて各組合に異なる対応をすることは，義務違反とならない。

② ただし，各組合への異なる対応が，団結権の否認を維持するための行為と認められる等の特段の事情がある場合には，支配・介入の不当労働行為が成立する。

③ 基本的な労働条件について団体交渉を通じて会社の態度を説明・協議せず，組合員を不利益に取り扱うことは，支配・介入の不当労働行為に該当する。

解説

I. 人権としての労働基本権

労働組合による団体交渉・団体行動が実効性を持つためには，ある程度の数の力が必要となる。諸外国においても，多数派組合にしか団体交渉を認めない（米），組合同士で使用者への要求内容や交渉窓口を一本化させる（韓），交渉結果である協約は1つの職場に1つに限定する（独），などの政策がとられることも多い。これに対して日本では，各労働者（労働組合）による団結権を人権として保障する以上，その権利の自発的行使は平等に尊重されなければならない。**判決文1(1)** の課す使用者の「中立義務」は，日本の労使関係のあらゆる場面[*2]において重要な役割を果たす。たとえば，使用者が労働組合に対して職場内に組合事務所を無償で貸与する，典型的な「便宜供与」を考えてみよう（**Introduction 2**）。特定の組合に対してのみ事務所貸与を認めながら，その他の組合にこれを認めないことは，その他の組合の団結自体を否認する使用者のメッセージを意味するから，支配・介入の不当労働行為が成立することになる[*3]。

もっとも団体交渉の場面では，多数派組合が残業増による賃金増を要求し，少数派組合が残業減による労働時間短縮を要求する場合など，使用者が矛盾した対応を迫られる可能性もある。それゆえ，使用者が「組織力，交渉力に応じた」対応をすることが，ただちに中立義務違反になるわけではない（**判決文1(2)**）。多数派組合との間で合意した内容を，少数派組合に受諾するよう求めたり，それ以上譲歩しないとの姿勢を示すことも可能である。

だからといって，少数派組合との労使関係を無視してよいわけではない。多数派組合との間で妥結した条件であっても，抽象的で合理性が乏しい内容（「差し違え条件[*4]」）を少数派組合に押し付けることは，組合差別として不当労働行為となりうる。使用者から冷遇される組合に入りたい労働者はいないから，組合の団結を破壊する効果をもたらすからである。本件のように，特定組合員にのみ残業を命じないことも，団結否認のメッセージを帯びるものであれば，不利益取扱い[*5]（労組法7条1号）と同時に，支配・介入（同条3号）の不当労働行為に該当する。

Ⅱ. 支配・介入の成否

とはいえ，使用者の対応が中立義務に反し不当労働行為となるのか，実際には微妙な判断が求められる。**判決文1(2)・(3)** は，原則として中立義務に違反しないとしつつ，特段の事情（団結否認・組合嫌悪による先行行為と，その実質的維持）がある場合に限って不当労働行為の成立を認める。この点を強調すれば，判例の立場は，多数派組合の合意を優先的に考慮するものにもみえる。しかし，**判決文2(1)** をみると，支配・介入が成立した実質的な理由は，使用者の方針に強く反対する少数派組合に対して適切な協議・説明を試みなかった点に求められている。つまり，残業をめぐる各組合の態度を反映した使用者の対応は，「組織力，交渉力に応じた合理的，合目的的な対応」とは認められなかったことになり，判例の立場も，むしろ少数派組合の団結権保護を重視するものと考える余地もある。労働者の自発的権利行使を重視し中立義務の要請を重くとらえるべきか，統一的要求の必要性（労働条件の統一性）を重視し多数派組合の意向を優先すべきか，という労使関係観の対立を意識した学習が重要となる。

＊2｜中立義務の影響

ユニオン・ショップ協定の効力は他組合の組合員には及ばない［判例**38**］とされ，労組法17条による労働協約の一般的拘束力も他組合の組合員には及ばない（大輝交通事件・東京地判平成7・10・4労判680号34頁）。

＊3｜関連判例

日産自動車事件・最二小判昭和62・5・8労判496号6頁。

＊4｜差し違え条件

支配・介入が認められた差し違え条件の具体例として，会社が賞与支給の条件として「生産性向上に協力すること」を求め，これを受諾した多数派組合には賞与を支給する一方，受諾しなかった少数派組合には賞与を支給しない，といったものがある（日本メール・オーダー事件・最三小判昭和59・5・29民集38巻7号802頁）。

＊5｜不利益取扱い

なお通常，残業がないことは労働者にとって利益であるが，**判決文2(2)** のとおり，そうした場合でも不利益取扱いは成立する（**Introduction＊7**）。

Introduction

3 労働協約・団体行動

1．労働協約

（1）当事者間での「債務的効力」

労働組合は，①組合員の労働条件（例：賃金，労働時間）や②労働組合の活動に関する事項（例：ユニオン・ショップ協定，組合事務所の使用）について，使用者と団体交渉を行う。交渉がまとまると，労働組合と使用者は「では，今後はこの内容で」と取決めを交わす。この取決めを「労働協約[＊1]」という。

労働協約は労働組合と使用者間の契約だから，両当事者に契約としての効力を及ぼす。たとえば，「使用者は労働組合に組合事務所として会議室を利用させる」と取り決めたにもかかわらず使用者が会議室の貸与を渋った場合，労働組合は労働協約に基づいて会議室の貸与を求めたり損害賠償を請求したりできる。労働協約が有するこの契約としての効力を「債務的効力[＊2]」という。

（2）組合員への「規範的効力」

さらに，労働協約には普通の契約にはない特別な効力がある。その一つが，組合員に対する「規範的効力」である（労組法16条）。

規範的効力は，ⓐ労働協約が定める労働条件に労働契約が違反している場合，違反する部分を無効にする「強行的効力」と，ⓑ強行的効力によって無効になった部分や最初から労働契約に定めがない部分を労働協約の基準で補塡する「直律的効力」から成る[＊3]。労働協約が普通の契約であればその効力は当事者（労働組合と使用者）にしか生じない。しかし，規範的効力は当事者以外の第三者である労働者に及ぶのだ。

では，組合員が望まない内容が労働協約で取り決められた場合，組合員は自身に規範的効力が適用されることを拒否できるのだろうか？　労働条件が労働協約によって不利益に変更された事案を通じて考えてみよう（〔判例43〕）。

（3）非組合員への「一般的拘束力」

労働協約が有するもう一つの特別な効力が，非組合員に対する「一般的拘束力」だ。一般的拘束力には，㋐ある工場事業場で働く非組合員に適用される

図1　規範的効力

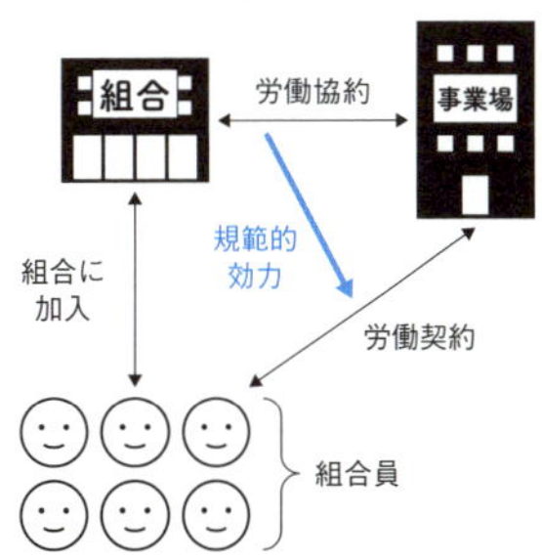

＊1｜労働協約
厚生労働省の調査によれば，日本では労働組合の90％以上が使用者と労働協約を締結している（厚生労働省「平成23年労働協約等実態調査の概況」4頁）。

＊2｜債務的効力
ただし，債務的効力は一般の契約としての効力にはない特徴も有しており（例：平和義務），両者が完全に同じというわけではない。

＊3｜規範的効力
例えば，「組合員の労働時間は1日7時間」と労働協約で取り決めたにもかかわらず，使用者がある組合員と「あなたは仕事が遅いから労働時間は1日8時間」という労働契約を締結したとしよう。この場合，ⓐの強行的効力によって労働契約の「労働時間は1日8時間」という部分は無効になり，無効となった部分はⓑの直律的効力によって「労働時間は1日7時間」という基準で補塡される。

❹ 図 2　事業場単位の一般的拘束力

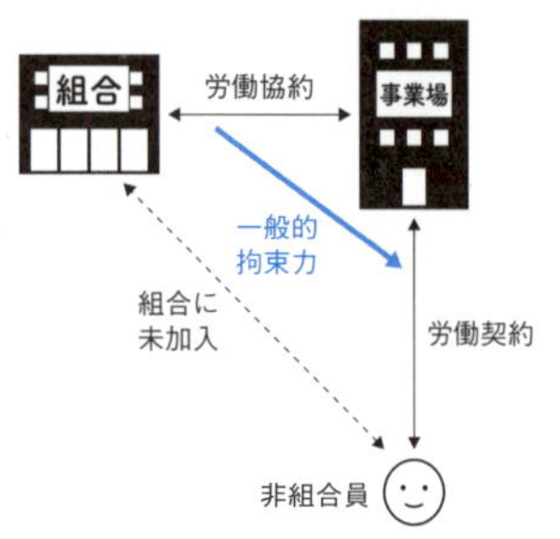

事業場単位の一般的拘束力（労組法 17 条）と，㋑工場事業場を超えてある地域で働く非組合員に適用される地域単位の一般的拘束力（同法 18 条[*4]）の 2 種類がある。

㋐の一般的拘束力についても規範的効力と同様に，非組合員が望まない内容が労働協約で取り決められた場合，非組合員は自身に一般的拘束力が適用されることを拒否できるかが問題となる（〔判例 44〕）。

2. 団体行動

（1）争議行為——労働組合の「伝家の宝刀」

上述のように，労働組合と使用者は団体交渉で合意に至れば労働協約を締結する。しかし，すべての団体交渉がスムーズに進むわけではない。労働組合の要求（例：賃上げ）を使用者が拒否することもあるだろう。そのような場合，労働組合は使用者から譲歩を引き出すために「団体行動」を実施して使用者に圧力をかけることができる（憲法 28 条）。

団体行動のうち，組合員が申し合わせて一斉に労務の提供を拒否するストライキ（同盟罷業（どうめいひぎょう））を中心とした圧力行為を「争議行為」という。争議行為を実施する権利（争議権）に対して憲法，労組法は大きく 3 つの保障を与えている。ⓐ刑事免責（労組法 1 条 2 項），ⓑ民事免責（同法 8 条），ⓨ不利益取扱いからの保護（同法 7 条 1 号）である。たとえば，労働組合が使用者に「私たちがストライキを実施して企業活動が止まると大きな損害が出るぞ。それがイヤなら私たちの要求を吞め」と圧力をかけることは強要罪（刑法 223 条 1 項）や不法行為（民法 709 条）になりうる。しかし，ⓐ刑事免責やⓑ民事免責により労働組合やその組合員に強要罪は成立しないし，不法行為に基づく損害賠償義務も生じない。また，ⓨストライキの実施に対して使用者が懲戒処分などの不利益な取扱いをすることは違法，無効になる。このように，争議行為はいざというときに強力な武器になる労働組合の「伝家の宝刀[*5]」であり，こうした武器があって初めて労働組合は使用者と対等に交渉することができる[*6]。

ただし，労働組合が何をしてもいいわけではない。ⓐ～ⓨの保障を受けられる争議行為は「正当なもの（行為）」に限られる（上記の各条文）。そこで，労働組合のどのような圧力行為が正当な争議行為といえるのかが大きな問題になる（〔判例 45〕）。

（2）組合活動——争議行為だけじゃない

労働組合の活動には争議行為以外にも，新規組合員獲得のための勧誘活動や組合大会の開催，組合費の徴収など様々なものがある。団体行動のうち争議行為を除いたこうした活動を「組合活動」という。組合活動を実施する権利（組合活動権）も争議権と同じく，憲法 28 条で保障された労働組合の権利である。

組合活動についても，ⓐ～ⓨの保障との関係で正当性の有無が問題になる。リボン闘争やビラ貼りといった企業の内部で行われる伝統的な組合活動（〔判例 46〕）に加えて，近年では街宣活動や Web 上での批判といった企業の外部で行われる組合活動（〔判例 47〕）も増えてきた。これらの組合活動の正当性がどのように判断されるのか，事案を通じて考えてみよう。

*4｜32 年ぶりの拡張適用
企業内組合が主流の日本では㋑の一般的拘束力はほとんど利用されてこなかったが，2021年，年間所定休日に関する労働協約が茨城県全域の大型家電量販店で適用されることになり，32 年ぶりの拡張適用として話題になった。

*5｜伝家の宝刀
2023年における争議行為の件数はわずか75件で，ピーク時の9581件（1974年）と比べて激減している（厚生労働省「令和5年労働争議統計調査の概況」10頁）。

*6｜集団的な物乞い
ドイツの判例には，「ストライキ権なしの協約交渉は一般に『集団的な物乞い』以外の何ものでもない」と判示したものがあるほどだ（BAG Urteil vom. 10.06.1980, BAGE 33, S. 185-195）。

43 労働協約による不利益変更

朝日火災海上保険（石堂）事件

最高裁平成9年3月27日第一小法廷判決（労判713号27頁）　▶百選91

事案をみてみよう

損害保険業を営むY社は，同じく損害保険業を営むA社の保険業務を引き継ぐこととなり，それに伴ってA社の労働者をA社での労働条件のまま雇用した。Y社と労働組合は交渉を通じて，A社出身の労働者と元からY社にいた労働者の労働条件を順次統一していったが，定年年齢については統一されないままになっていた（A社出身の労働者が満63歳，元からY社にいた労働者が満55歳）。

その後，Y社は巨額の赤字を計上する経営危機に直面した。退職金の高額化が経営悪化の一因であったため，Y社は労働組合と定年年齢の統一と退職金規程の改定について交渉を行い，労働協約（以下,「本件労働協約」という）を締結した。本件労働協約によって，A社出身の労働者であるX（本件労働協約締結の時点で満53歳の組合員）の定年は満63歳から満57歳になるとともに，退職金の支給基準率[*1]は71.0から51.0に引き下げられた。

本件労働協約の締結をめぐっては，次のような経緯があった。①交渉期間中，退職金算定の基準額を凍結する（交渉期間中の賃上げは退職金の算定にあたり考慮しない）という変則的取扱いが実施された，②労働組合は組織内で討議を重ね，組合員による職場討議や投票も行ったうえで本件労働協約の締結を決定した，③A社出身の労働者に適用されていた63歳という定年年齢は当時としては異例に高いものであった，④本件労働協約が定める定年や退職金の支給基準率は当時の損害保険業界の水準と対比して低水準のものとはいえず，また，その締結により①の変則的取扱いは解消されることになった。

本件労働協約により満57歳で定年退職となり新しい支給基準で退職金の支給を受けたXは，本件労働協約の効力は自身に及ばないとして，Y社に対して従前の支給基準に基づいて算定される退職金と現実の支給額との差額の支払等を求めて訴えを提起した。

＊1｜退職金の支給基準

本件において退職金は「退職時の本棒（月額）×支給基準率」によって算定されていた。それゆえ，支給基準率の変更により退職金額は約30%減額されることになる。

読み解きポイント

① 労働組合が組合員の労働条件を不利益に変更する内容の労働協約を締結することはできるのだろうか。

② 労働協約による組合員の労働条件の不利益変更が可能であるとしても，そこに何らかの限界はないのだろうか。

判決文を読んでみよう

「本件労働協約は，Xの定年及び退職金算定方法を不利益に変更するものであり，……これによりXが受ける不利益は決して小さいものではないが，同協約が締結されるに至った以上の経緯，当時のY社の経営状態，同協約に定められた基準の全体としての合理性に照らせば，同協約が特定の又は一部の組合員を殊更不利益に取り扱うことを目的として締結されたなど労働組合の目的を逸脱して締結されたものとはいえず，その規範的効力を否定すべき理由はない。……本件労働協約に定める基準がXの労働条件を不利益に変更するものであることの一事をもってその規範的効力を否定することはできないし……，また，Xの個別の同意又は組合に対する授権がない限り，その規範的効力を認めることができないものと解することもできない。」

この判決が示したこと

① 労働協約が組合員の労働条件を不利益に変更するものであることだけで労働協約の規範的効力が否定されるわけではなく，組合員の個別の同意や労働組合に対する授権がなくても労働協約による労働条件の不利益変更は可能である。

② 労働協約が特定のまたは一部の組合員を殊更不利益に取り扱うことを目的として締結されたなど労働組合の目的を逸脱して締結されたものである場合，労働協約の規範的効力は否定されうる。

解説

Ⅰ. 労働協約で労働条件を引き下げる！？

本件は，労組法16条によって組合員の労働条件を不利益に変更できるかが問題となった事案である。労組法16条[*2]を読むと，労働協約が定める基準に違反する労働契約の部分は無効となり，無効となった部分は労働協約の基準に置き換えられる（規範的効力）。そうすると，Xの従前の定年年齢や退職金の支給基準率は本件労働協約に違反しているのだから，従前の労働条件が本件労働協約の基準まで引き下げられることに問題はなさそうである。

しかし，そもそも労働協約に規範的効力が認められているのは，それが使用者との関係で劣位に立たされる労働者の労働条件の維持・改善に役立つからであった。労働基準法等によって労働条件の最低基準を法定したうえで，最低基準を上回る労働条件については，団結によって交渉力を高めた労働組合が使用者と対等な立場で自由に交渉・決定する。これが労働法の基本デザインであり（憲27条2項・28条，労組1条1項[*3]），規範的効力はこの基本デザインを実現するための効力である。労組法2条本文が労働組合を「労働条件の維持改善その他経済的地位の向上を図ること」を目的とする団体と定義するのも，こうした考えに基づくものといえる。そうだとすると，労働組合が組合員の労働条件を不利益に変更する内容の労働協約を締結することなど，できないのではないだろうか。

＊2｜労組法16条

「労働協約に定める労働条件その他の労働者の待遇に関する基準に違反する労働契約の部分は，無効とする。この場合において無効となつた部分は，基準の定めるところによる。労働契約に定がない部分についても，同様とする。」

＊3｜労組法1条1項

労組法1条1項は「労働者が使用者との交渉において対等の立場に立つことを促進することにより労働者の地位を向上させること」を労組法の目的のひとつに挙げている。

こうして本件では，労組法 16 条の規範的効力によって組合員の労働条件を不利益に変更できるのか，できるとしても限界があるのではないかが問題となった。

Ⅱ. 譲歩や駆け引きもできないこんな交渉じゃ

この問題について本判決は，労働組合が組合員の労働条件を不利益に変更する内容の労働協約を締結することもできると判示した。

判決文からは明らかでないが，その根拠としては，ⓐ労組法 16 条が規範的効力の及ぶ範囲を限定していないこと[*4]，ⓑ協約交渉がその時々の社会・経済状況を考慮した取引であることが考えられる（〔判例 **44**〕も参照）。ⓑは賃下げと引換えに雇用保障を要求する場面や経営危機を乗り越えるために一時的な賃下げに同意する場面などを考えると分かりやすいだろう。労働組合と使用者がこうした譲歩や駆け引きをできないというのでは，協約交渉は著しく不自由なものになってしまう。このような事態は，労使自治（労働組合と使用者の自由な交渉・決定）を広く認めていこうとする労働法の基本デザインと相容れない。

＊4｜文言の微妙な違い

強行的効力の対象について，労基法13条が「この法律で定める基準に達しない労働条件」，労契法12条が「就業規則で定める基準に達しない労働条件」としているのに対して，労組法16条は「労働協約に定める……基準に違反する労働契約」とするのみで，規範的効力の範囲を労働条件を引き上げる方向に限定していない。

Ⅲ. 労働組合の目的からの逸脱とは

もっとも，規範的効力による不利益変更がいかなる場合にも許されるわけではない。本判決によれば，労働協約が「労働組合の目的を逸脱して締結された」場合，規範的効力は否定される。

では，労働協約が「労働組合の目的を逸脱」するのはどのような場合だろうか。本判決はその一例として「協約が特定の又は一部の組合員を殊更不利益に取り扱うことを目的として締結された」場合を挙げる。使用者と締結する労働協約の内容について組合内部で意見が割れた場合，その内容は最終的には多数決で決める。この仕組みを濫用し，多数派の組合員が少数派である特定のまたは一部の組合員に意図的に不利益を与えてやろうとすることは，組合員の労働条件の維持改善を図るという労働組合の目的を逸脱しているといえる。そのような場合，もはや労働組合の目的を実現するために用意された規範的効力を肯定する必要はない，ということであろう。

このような目的からの逸脱は，ⓐ組合員が受ける不利益のほか，ⓑ協約締結の経緯，ⓒ使用者の経営状態（協約締結の必要性），ⓓ協約基準全体の合理性を考慮して判断する。本件について見ると，ⓐ X を含む定年間近の労働者に生じる不利益は早期退職や退職金の 30% 近くの減額と決して小さいものではない。しかし，**事案**①〜④に示されるⓑ〜ⓓの要素を考慮すると，本件労働協約が高年齢の労働者を殊更不利益に取り扱うことを目的にしているとまではいえないだろう。このように，特定のまたは一部の組合員に大きな不利益が生じるというだけでは，なお労働組合の目的を逸脱したことにはならないことには注意しておこう。

44 労働協約の一般的拘束力

朝日火災海上保険（髙田）事件

最高裁平成8年3月26日第三小法廷判決（民集50巻4号1008頁）　▸百選92

事案をみてみよう

本件の事案は〔判例 **43**〕とほぼ同じである。しかし，〔判例 **43**〕のXが本件労働協約を締結した労働組合の組合員であったのに対して，本件のXは非組合員であった。本件労働協約によって，本件のXの労働条件は次のように変更された。①定年年齢を満63歳から満57歳の誕生日とし，退職金は定年時に支給する。定年後は特別社員として再雇用し，給与は減額する，②退職金支給率を71か月から60か月に改定する，③代償金としてY社は約42万円を支払う。XはY社に対して，本件労働協約の効力は自身には及ばないとして，従前の支給基準に基づいて算定される給与・退職金と現実の支給額との差額の支払等を求めて訴えを提起した。

読み解きポイント

① 労働組合の組合員でない労働者（非組合員）に，会社と労働組合が締結した労働協約による不利益変更の効力が及ぶのはなぜだろうか。

② 非組合員の労働条件が労働協約によって不利益に変更されることを否定するためには，どのような条件が必要だろうか。

判決文を読んでみよう

(1)　「労働協約上の基準が一部の点において未組織の同種労働者の労働条件よりも不利益とみられる場合であっても，そのことだけで右の不利益部分についてはその効力を未組織の同種労働者に対して及ぼし得ないものと解するのは相当でない。けだし，同条〔労組法17条〕は，その文言上，同条に基づき労働協約の規範的効力が同種労働者にも及ぶ範囲について何らの限定もしていない上，労働協約の締結に当たっては，その時々の社会的経済的条件を考慮して，総合的に労働条件を定めていくのが通常であるから，その一部をとらえて有利，不利をいうことは適当でないからである。また，右規定の趣旨は，主として一の事業場の4分の3以上の同種労働者に適用される労働協約上の労働条件によって当該事業場の労働条件を統一し，労働組合の団結権の維持強化と当該事業場における公正妥当な労働条件の実現を図ることにあると解されるから，その趣旨からしても，未組織の同種労働者の労働条件が一部有利なものであることの故に，労働協約の規範的効力がこれに及ばないとするのは相当でない」。

(2)　「しかしながら他面，未組織労働者は，労働組合の意思決定に関与する立場になく，また逆に，労働組合は，未組織労働者の労働条件を改善し，その他の利益を擁護するために活動する立場にないことからすると，労働協約によって特定の未組織労働者にもたらされる不利益の程度・内容，労働協約が締結されるに至った経緯，当該労働者が労働組合の組合員資格を認められているかどうか等に照らし，当該労働協約を特定の未組織労働者に適用することが著しく不合理であると認められる特段の事情があるときは，労働協約の規範的効力を当該労働者に及ぼすことはできないと解するのが相当である」。

(3)　本件について見ると，本件労働協約が締結されるに至った経緯（労働条件統一が長年の懸案事項であったこと，経営悪化回避の必要があったことなど）から，組合による本件労働協約の締結には「それなりの合理的な理由があったものということができる」。しかし，本件労働協約の内容はその発効日にXがY社を定年退職すると同時に退職金まで減額されるというものであり，Xは「本件労働協約によって専ら大きな不利益だけを受ける立場にある」。さらに，Xは組合員の範囲から除外されていた。以上から，Xの退職金減額は「著しく不合理であって，その限りにおいて，本件労働協約の効力はXに及ぶものではないと解するのが相当である」。

この判決が示したこと

① 労組法17条の主な趣旨がⓐ労働協約による事業場の労働条件の統一，ⓑ労働組合の団結権の維持強化，ⓒ事業場における公正妥当な労働条件の実現にあることから，非組合員に対しても労働協約による不利益変更の効力は及ぶ。

② 労働協約を非組合員に適用することが著しく不合理であると認められる特段の事情がある場合，非組合員に労働協約の効力は及ばない。

解説

I．非組合員は蚊帳の外

本件は，労組法17条によって非組合員の労働条件を不利益に変更できるかが問題となった事案である。労組法17条[*1]を読むと，一定の条件を満たした場合には非組合員にも組合員と同じ労働協約が適用されると書かれている。そうすると，本件においてXが本件労働協約の適用を受け，その労働条件が組合員と同じように不利益に変更されることに問題はなさそうである。

しかし，話はそう単純ではない。第1に，労組法17条は非組合員にも「労働協約が適用される」としているだけで，具体的な適用のあり方については何も述べていない。労働協約が労働条件を労働者にとって有利に変更するだけなのか，不利益に変更することもあるのか，条文を読んだだけでは分からないのである[*2]。第2に，非組合員は組合員と違って組合加入によって自身に労働協約が適用されることを受け入れたわけではないし，組合総会等を通じてその締結過程に関与したわけでもない。労働組合が使用者と締結する労働協約について，非組合員は「蚊帳の外」だといえる。そのような者に対しても，組合員と同じように労働協約を適用してよいかは疑問である。

＊1｜労組法17条

「一の工場事業場に常時使用される同種の労働者の4分の3以上の数の労働者が一の労働協約の適用を受けるに至つたときは，当該工場事業場に使用される他の同種の労働者に関しても，当該労働協約が適用されるものとする。」

＊2｜労組法18条との比較

「労働協約が適用される」と書いてあるのだから労働協約の効力（労組16条）と同じ（不利益変更もOK）と考えられそうである。しかし，同じく「労働協約の……適用を受ける」と書かれている労組法18条1項（地域単位での一般的拘束力）によっては不利益変更はできないと解されている。結局，条文の文言は決め手にならない。

こうして本件では，労組法 17 条の一般的拘束力によって非組合員の労働条件を不利益に変更できるのか，できるとしても限界があるのではないかが問題となった。

Ⅱ．労組法 17 条の趣旨とは

この問題について本判決は，労組法 17 条の一般的拘束力によって非組合員の労働条件を不利益に変更することも可能であると判示した。その根拠は，㋐同条は規範的効力が非組合員に及ぶ範囲を限定していないこと，㋑労働協約は労使間の総合的な取引の結果であり，一部だけを取り上げて問題にするのは適当でないこと，㋒労組法 17 条の趣旨にある（**判決文 (1)**）。このうち，最も重要な根拠は㋒である。[*3]

では，㋒労組法 17 条の趣旨とは何だろうか。本判決はこれを，ⓐ労働協約による事業場の労働条件の統一，ⓑ労働組合の団結権の維持強化，ⓒ事業場における公正妥当な労働条件の実現だという（**判決文 (1)**）。正面から読んだだけでは理解が難しいので，就業規則による不利益変更と比較しながら考えてみよう。[*4] 就業規則は使用者の一方的決定により作成され，労働者側の関与としてはせいぜい「過半数代表」の「意見聴取」があるに過ぎない（労基法 90 条 1 項）。これに対して，労働協約は非組合員と「同種の労働者の 4 分の 3 以上の数の労働者」を組織する労働組合が「同意」を与えたものである。「　」で示した点からして，就業規則よりも労働協約の方が，非組合員にとって合理的な内容である可能性がはるかに高いと考えられる。それゆえ，ⓐ事業場の労働条件を統一する規範として労働協約の方が就業規則より適切であり，ⓒその内容で労働条件を統一することが事業場における公正妥当な労働条件の実現に資する。さらに，ⓑ労働協約の規制力が高まれば使用者に対する労働組合の交渉力が高まるし，労働協約に自らの意見を反映させたい非組合員の組合加入も促進されるから，労働組合の団結権も維持強化されることになる。

Ⅲ．労組法 17 条に潜む危険

このように，労組法 17 条は使用者を含む事業場全体，組合員を含む労働組合，非組合員のいずれにとっても使い勝手が良い「三方よし」の制度に思える。しかし，非組合員は組合員と違って，労働組合にとって所詮は「よそ者」である。非組合員はどのような労働協約を締結するかという労働組合の意思決定に関与できないし，労働組合も非組合員の利益を擁護する立場にない。労組法 17 条には，労働組合が自身や組合員の利益のために非組合員の利益を犠牲にするという危険が常に潜んでいるのである。この危険が現実化した場合，もはや上記ⓐ～ⓒの趣旨は妥当しなくなるから，一般的拘束力の非組合員への適用は否定されるべきであろう。

こうした考慮から，本判決は㋐非組合員が被る不利益の程度・内容，㋑労働協約が締結されるに至った経緯，㋒非組合員の組合員資格の有無[*5]等に照らして非組合員への労働協約の適用が著しく不合理[*6]と認められる「特段の事情」がある場合，労働協約の効力を非組合員に及ぼすことはできないとしたうえで（**判決文 (2)**），本件においても「特段の事情」を認めて X への本件協約の適用を否定している（**判決文 (3)**）。

＊3｜根拠㋐，㋑の考え方

㋐は「不利益変更できないとは書かれていない」という消極的な理由に過ぎない。㋑は労組法 16 条による労働条件の不利益変更（［判例 **43**］）を基礎づける論拠であり，なぜそれが非組合員との関係でも正当化されるのかに直接答えるものではない。

＊4｜就業規則と比較する理由

ここで就業規則が出てくるのは，労働者が自らその形成に関与していない労働条件の基準に拘束される点で，一般的拘束力と就業規則は共通するからである。就業規則による労働条件の不利益変更については［判例 **26**］を確認してほしい。

＊5｜組合員資格の有無

非組合員が組合員になろうと思えばなれたかを問うもの。これが問題となるのは，非組合員が自らの意思で「よそ者」の立場に立ったのか，やむをえずそうした立場に立たされたのかによって，非組合員をどれくらい保護するべきかが変わってくるからである。

＊6｜著しく不合理

就業規則による不利益変更の場合には変更が「合理的」でなければならないこと（労契法 10 条）と比較すると，不利益変更のハードルが低い（「著しく不合理」でなければよい）ことにも注意しておこう。

45 争議行為の正当性

御國ハイヤー事件

最高裁平成4年10月2日第二小法廷判決(労判619号8頁) ▶百選95

事案をみてみよう

高知県下のタクシー労働者が加盟するA組合は同県でタクシー業を営むX社に従業員の待遇改善を要求して団体交渉を行ったが，X社はこの要求を拒否し続けた。

この状況を打開するべく，A組合およびA組合のX社支部であるB分会はX社で2日間のストライキを行うことにした。そこで，A組合，B分会の幹部であるYらはタクシーの運行を阻止するため，組合員10〜15名とX社の車庫でござを敷き，タクシーの傍らに座り込んだり寝転んだりして車庫を占拠した。なお，A組合が運行阻止の対象としたのは組合員が乗務するタクシー（6台）のみであり，非組合員が乗務するその他のタクシー（36台）は通常通り運行していた。また，Yらがエンジンキーや自動車検査証[*1]の占有を奪取することはなく，X社もタクシー搬出の要望を文書や口頭で申し入れただけで，Yらが搬出を暴力等の実力行使で妨害することはなかった。

X社はYらに対して，Yらが上記行為により違法にX社の営業を妨害したとして，不法行為に基づく損害賠償（約50万円）を求めて訴えを提起した。原審[*2]がX社の請求を棄却したため，X社が上告。

＊1｜運行には車検証が必要

自動車は，自動車検査証（車検証）を備え付けなければ運行できない（道路運送車両法66条1項）。

＊2｜原審

高松高判平成元・2・27労判537号67頁。

読み解きポイント

① 本判決は説得活動の範囲を超えて不法に使用者側の自由意思を抑圧したり，その財産に対する支配を阻止したりする態様の争議行為をどのように評価しているだろうか。

② 本件において，Yらによるタクシーの運行阻止はストライキの実効性を確保するために必要であり，かつ平穏な態様で行われている。そのような場合でも，Yらの運行阻止行為は争議行為として正当と認められないのだろうか。

判決文を読んでみよう

(1)「ストライキは必然的に企業の業務の正常な運営を阻害するものではあるが，その本質は労働者が労働契約上負担する労務供給義務の不履行にあり，その手段方法は労働者が団結してその持つ労働力を使用者に利用させないことにあるのであって，不法に使用者側の自由意思を抑圧しあるいはその財産に対する支配を阻止するような行為をすることは許されず，これをもって正当な争議行為と解することはできないこと，また，使用者は，ストライキの期間中であっても，業務の遂行を停止しなければなら

＊3｜本判決以前の判例

朝日新聞小倉支店事件・最大判昭和27年10月22日民集6巻9号857頁，羽幌炭鉱事件・最大判昭和33年5月28日刑集12巻8号1694頁，山陽電気軌道事件・最二小決昭和53・11・15刑集32巻8号1855頁の3つの判例が引用されている。

ないものではなく，操業を継続するために必要とする対抗措置を採ることができることは，当裁判所の判例[＊3]……の趣旨とするところである。そして，右の理は，非組合員等により操業を継続してストライキの実効性を失わせるのが容易であると考えられるタクシー等の運行を業とする企業の場合にあっても基本的には異なるものではなく，労働者側が，ストライキの期間中，非組合員等による営業用自動車の運行を阻止するために，説得活動の範囲を超えて，当該自動車等を労働者側の排他的占有下に置いてしまうなどの行為をすることは許されず，右のような自動車運行阻止の行為を正当な争議行為とすることはできないといわなければならない。」

(2)「A組合は，労働条件の改善の要求を貫徹するために本件ストライキを行ったものであり，その目的において問題とすべき点はなく，また，その手段，態様においても，……X社の管理に係るタクシー42台のうちB分会の組合員が乗務する予定になっていた本件タクシーのみを運行阻止の対象としたものであり，エンジンキーや自動車検査証の占有を奪取するなどの手段は採られず，暴力や破壊行為に及んだものでもなく，C専務やその他の従業員が両車庫に出入りすることは容認していたなど，A組合において無用の混乱を回避するよう配慮した面がうかがわれ，また，X社においても本件タクシーを搬出させてほしい旨を申し入れるにとどめており，そのため，Yらがその搬出を暴力等の実力行使をもって妨害するといった事態には至らなかった……。しかしながら，これらの事情を考慮に入れても，Yらの右自動車運行阻止の行為は，前記説示に照らし，争議行為として正当な範囲にとどまるものということはできず，違法の評価を免れないというべきである。」

⇩ この判決が示したこと ⇩

① 説得活動の範囲を超えて不法に使用者の自由意思を抑圧したり使用者の財産に対する支配を阻止したりすることは許されず，それらの行為を正当な争議行為と評価することはできない。

② Yらによるタクシーの運行阻止がストライキの実効性を確保するために必要であり，かつ平穏な態様で行われたことを考慮に入れても，①の観点に照らすとYらの行為を正当な争議行為と評価することはできない。

解説

Ⅰ. 争議行為の正当性

本件は，Yらによるタクシーの運行阻止がX社に対する争議行為として正当と評価できるかが問題となった事案である。

X社が主張するように，Yらの行為は使用者の営業権を侵害する不法行為であり，Yらは損害賠償義務を負うはずである（民法709条）。しかし，**Introdution** でも見たように，Yらの行為は，もしそれが正当な争議行為であれば民事免責を受けることができ，Yらは損害賠償義務を免れる（労組法8条[＊4]）。そこで本件では，Yらの行為が争議行為として正当と評価できるかが問題となった。

＊4｜労組法8条

「使用者は，同盟罷業その他の争議行為であつて正当なものによつて損害を受けたことの故をもつて，労働組合又はその組合員に対し賠償を請求することができない。」

Ⅱ. ピケッティング――企業を囲む「組合員の柵」

本件のようなタクシーの運行阻止は一般に「ピケッティング」と呼ばれる。ピケットは，もともとは土地を囲む木柵や見張りを意味する。争議行為の場面では，ストライキ中に脱落組合員や非組合員が働いたり，取引先や顧客が使用者と取引したりするのを，スクラムや座込みによって妨害する行為を指す言葉として用いられる。

労働組合が争議行為に打って出るとき，ストライキに加えてピケッティングを行うのはなぜだろうか。それは，せっかくストライキによって労務の供給をストップしても，他の労働者に働かれたり取引先や顧客に取引されたりしたのでは，ストライキが使用者に対する圧力にならないからである。このことは，本件におけるタクシーの運行のように，企業間で仕事の内容にあまり差がない業務によく当てはまる。[*5] 本判決もX社を「非組合員等により操業を継続してストライキの実効性を失わせるのが容易であると考えられる……企業」と位置づけ，ストライキを機能させるためにA組合がピケッティングを必要とする状況にあったことを認めている（**判決文 (1)**）。

Ⅲ. 平和的説得論――最高裁の厳格な立場

では，ピケッティングは争議行為として正当と評価できるだろうか。ピケッティングは「働かない」という消極的な不作為であるストライキと異なり，使用者の営業に対する積極的な妨害行為であることから問題となる。

この点について，本判決は，「不法に使用者側の自由意思を抑圧しあるいはその財産に対する支配を阻止するような行為をすることは許されず，これをもって正当な争議行為と解することはできない」と判示した。非組合員等の就労を阻止するための働きかけは「説得活動の範囲」を超えない限りでのみ正当と認められるという（**判決文 (1)**）。「平和的説得論」とも称されるこうした厳格な立場は，ⓐストライキを機能させるためにピケッティングが必要であり（労働者側の利益が大きい），ⓑそのピケッティングは平穏な態様で実施された（使用者側の不利益は小さい）という特徴を持つ本件においても貫かれている（**判決文 (2)**）。

Ⅳ. 争議権は何のために？

本判決は平和的説得論を「ストライキの本質」から導いている（**判決文 (1)**）。ピケッティングがストライキに付随することからピケッティングをストライキの一部と把握したうえで，その正当性の限界はストライキの本質たる労務の不提供という消極的不作為＋αとしての平和的説得にあるというのだろう。しかし，ピケッティングはストライキそのものではないし，ストライキは争議行為の全部ではない。ピケッティングの正当性は「争議権保障の趣旨」から，ストライキとは別に考える必要がある。

Introduction でも見たように，争議権は労使対等を実現するために保障されている。そして，本判決も指摘するように，ピケッティングは労使対等に不可欠なストライキを機能させるために必要になる場合がある。そうである以上，ピケッティングも具体的な態様[*6]によっては正当と評価される余地があ[*7]ると考えるべきだろう。

＊5｜企業間で差がない業務
企業間で業務内容が大きく異なれば使用者が代替要員を探してくるのは難しいが，業務内容に差がなければ代替要因を簡単に確保できる。

＊6｜ピケッティングの態様
学説では，ピケッティングの相手方（脱落組合員や代替労働者なのか，それ以外の非組合員や取引先，顧客なのか）によってピケッティングの正当性の限界を区別して考える見解が有力に主張されている。

＊7｜原審の評価
本件の原審判決も，「ストライキ中の労働者がその実効性を確保するためピケ〔ピケッティング〕あるいは座り込みをもって使用者による車両の搬出を阻止しようとすることは必要・不可欠とも言うべき戦術であり，これを厳しく制限することはこのような業種の労働者の争議権を奪うに等しく相当とは言い難い」と判示してYらの行為を正当な争議行為と評価している。

46 組合活動――ビラ貼り

国鉄札幌運転区事件

最高裁判昭和54年10月30日第三小法廷判決(民集33巻6号647頁) ▶百選88

事案をみてみよう

日本国有鉄道[*1](Y鉄道)の企業内組合(=企業別組合)であるZ組合は，賃金引上げと人員削減反対を要求事項とする春闘[*2]に臨むにあたり，団結力の昂揚と要求のアピールを目的として組合員にビラ貼付の指令を出した。この指令を受けたXら組合員は，上司の制止を振り払いながら検修詰所のロッカー56個，操連詰所のロッカー14個に「新賃金をストで闘い取ろう」，「人減らし合理化をはね返そう」などと書かれたビラ(縦40 cm×横13 cm)を貼付した。Y鉄道の総裁はXらの行為が就業規則上の懲戒事由に該当するとしてXらを戒告処分に付した。なお，Y鉄道は上記ロッカーを含むY鉄道の物的施設に許可なく文字等を記載，掲示することを禁止し，Z組合に対しても組合掲示板以外の場所に文書を掲示することを禁止していた。もっとも，Xらがビラを貼付した詰所はいずれも職員(その大部分はZ組合の組合員)が休憩や就労前の準備のために使用する場所であり，旅客の出入りはまったくなかった。

Xらは戒告処分の無効確認等を求めて訴えを提起した。原審[*3]がXらのビラ貼付は正当な組合活動であるとして戒告処分を無効としたため，Y鉄道が上告。

＊1 | 日本国有鉄道(国鉄)

鉄道事業を主な目的とする公共企業体。略称は「国鉄」。巨額の赤字が続いたこと等から1987年に分割・民営化され，現在のJRが発足した。

＊2 | 春闘

企業別組合が新年度を控えた2～3月に，主に産業単位で足並みを揃えて団体交渉を実施することを「春闘」という。他企業との競争に負けることを恐れて自企業に対して強い主張ができないという企業別組合の弱点を克服するために，1955年から開始された。

＊3 | 原審

札幌高判昭和49・8・28判時764号92頁。

読み解きポイント

① 企業は自社の物的施設についてどのような権限を有するだろうか。

② 労働組合が企業施設を利用して活動する場合，労働組合の組合活動権と使用者の物的施設を管理する権限とはどのように調整されるべきだろうか。

判決文を読んでみよう

(1)「企業は，その存立を維持し目的たる事業の円滑な運営を図るため，それを構成する人的要素及びその所有し管理する物的施設の両者を総合し合理的・合目的的に配備組織して企業秩序を定立し，この企業秩序のもとにその活動を行うものであつて，企業は，その構成員に対してこれに服することを求めうべく，その一環として，職場環境を適正良好に保持し規律のある業務の運営態勢を確保するため，その物的施設を許諾された目的以外に利用してはならない旨を，一般的に規則をもつて定め，又は具体的に指示，命令することができ，これに違反する行為をする者がある場合には，企業秩序を乱すものとして，当該行為者に対し，……規則に定めるところに従い制裁として懲戒処分を行うことができる」。

(2)「当該企業に雇用される労働者のみをもつて組織される労働組合（いわゆる企業内組合）の場合にあつては，当該企業の物的施設内をその活動の主要な場とせざるを得ないのが実情であるから，その活動につき右物的施設を利用する必要性の大きいことは否定することができないところではあるが，……利用の必要性が大きいことのゆえに，労働組合又はその組合員において企業の物的施設を組合活動のために利用しうる権限を取得し，また，使用者において労働組合又はその組合員の組合活動のためにする企業の物的施設の利用を受忍しなければならない義務を負うとすべき理由はない……。……労働組合又はその組合員が使用者の許諾を得ないで叙上のような企業の物的施設を利用して組合活動を行うことは，これらの者に対しその利用を許さないことが当該物的施設につき使用者が有する権利の濫用であると認められるような特段の事情がある場合を除いては，職場環境を適正良好に保持し規律のある業務の運営態勢を確保しうるように当該物的施設を管理利用する使用者の権限を侵し，企業秩序を乱すものであつて，正当な組合活動として許容されるところであるということはできない。」

(3) 本件ビラ貼付の目的，態様，ロッカーの設置された部屋の大きさ・構造，ビラが貼付されたロッカーの配置，貼付されたビラの大きさ・色彩・枚数等からして，「貼付されたビラは当該部屋を使用する職員等の目に直ちに触れる状態にあり，かつ，これらのビラは貼付されている限り視覚を通じ常時右職員等に対しいわゆる春闘に際しての組合活動に関する訴えかけを行う効果を及ぼすものとみられる」。それゆえ，「貼付を許さないことを目してその物的施設についてのＹ鉄道の権利の濫用であるとすることはできない」。ビラ貼付がＺ組合の団結力昂揚に必要とされていた，ビラの文言も不穏当なものではなかった，ビラは紙粘着テープで貼付され剥離後に痕跡が残らないようにされていた，詰所は旅客が出入りしない場所でありビラ貼付によりＹ鉄道の業務が直接かつ具体的に阻害されるものでなかったといった事情は「上記の判断を左右するものとは解されない」。Ｘらのビラ貼付を正当な組合活動とすることはできず，本件戒告処分は有効である。

この判決が示したこと

① 企業は，人的要素と物的施設を総合して企業秩序を定立する権限を有し，その一環として物的施設を企業が許諾する目的以外に利用してはならない旨を命ずることができる。

② 労働組合が使用者の物的施設を利用する権限（使用者が労働組合による施設利用を受忍する義務）を一般に認めることはできない。使用者が物的施設の利用を許諾しないことが権利の濫用であると認められる特段の事情がある場合を除き，使用者からの許諾を得ない労働組合の施設利用は正当な組合活動とはいえない。

解説

Ⅰ．組合活動の正当性

本件において，ＸらはＹ鉄道が管理するロッカーに許可なくビラを貼付したこと

＊4｜労組法７条１号
「使用者は，次の各号に掲げる行為をしてはならない。
① 労働者が……労働組合の正当な行為をしたことの故をもつて，その労働者を解雇し，その他これに対して不利益な取扱いをすること」。

で懲戒処分を受けている。しかし，Xらのビラ貼付が「労働組合の正当な行為」（労組法7条1号[*4]）に該当すれば，Y鉄道の懲戒処分は不当労働行為として違法・無効になる（→**Introduction**）。そこで，企業施設に対するビラ貼付という組合活動の正当性をどのように判断するかが問題になった。

一般に，労働組合が業務時間外に企業外で行う組合活動（例：懇親会での勧誘，休日開催の組合大会）は使用者の権利利益と抵触せず，法的な紛争を生じさせない。しかし，企業別組合を主とする日本の労働組合[*5]は，業務時間中または企業内でなければ効果的な組合活動を実施できないことも多い（**判決文 (2)**）。この場合，労働組合の組合活動権（憲法28条）は使用者の権利利益（例：指揮命令権）と衝突する。組合活動の正当性は，これらの対立する権利利益をどのように調整するかという問題でもある。

Ⅱ. 施設管理権──企業秩序を守るために

本判決は，使用者には企業を構成する人的要素（例：従業員）と物的施設（例：自社ビルや社用車）を総合して企業秩序を定立する権限（企業秩序定立権）があるという。この企業秩序定立権から，物的施設を使用者が許諾する目的以外に利用してはならないというかたちで管理する権限（施設管理権）が導かれる（**判決文 (1)**）。「企業秩序」という概念が曖昧で労働者の行動を過度に制約しかねないという批判はある（［判例**32**］）。しかし，企業施設を好き勝手に使われたのでは経営は成り立たない。それゆえ，使用者の権利利益として施設管理権を考慮することは自然なことといえる。

Ⅲ. 受忍する義務，許諾する権利

では，労働組合の組合活動権と使用者の施設管理権はどのように調整すればよいだろうか。本判決以前は，企業別組合が企業内での活動を封じられると組合活動権が骨抜きになってしまうという考慮から，使用者には組合活動により自身の施設管理権が一定程度制約されることを受忍する義務があるという見解が有力であった（受忍義務説[*6]）。本件の原審判決も，Z組合が企業別組合であることを指摘したうえで「単にY鉄道の許可を得ていなかつた点だけをとらえて直ちにこれ〔注：本件ビラ貼付〕を違法視することは妥当でな」いとし，結論としても戒告処分を無効と判断している。

これに対して，本判決は受忍義務説を明確に否定したうえで，企業施設を利用した組合活動は使用者の許諾がある場合にのみ正当と認められるという見解を打ち出した（許諾説）。確かに，許諾説によっても，使用者による企業施設利用の不許諾が施設管理権の濫用と認められる「特段の事情」があれば組合活動は正当と認められうる（**判決文 (2)**）。しかし，本件のように比較的穏当な態様で実施されたビラ貼付であっても，本判決は「特段の事情」なしと判断している（**判決文 (3)**）。権利濫用が認められるハードルは極めて高い。原則として組合活動権よりも使用者の権利利益を優先する判例のこうした立場は，業務時間中に実施されたリボン闘争[*7]の正当性が問題となった事案（大成観光事件・最三小判昭和57・4・13民集36巻4号659頁等）でも貫かれている[*8]。

＊5｜企業別組合がメイン

厚生労働省の統計によれば，労働組合の約93.3%が企業別組合であり，組合員の約88.2%が企業別組合に組織されている（厚生労働省「令和5年労働組合基礎調査」総括表2）。

＊6｜受忍義務説

電電公社東海電気通信局事件・名古屋地判昭和38・9・28判時359号67頁。

「我国の労働組合は……企業別組織をとつているところから，……組合活動は，当該企業の諸施設を利用してなされる場合が多く，従つてこれら組合活動により，使用者の施設に対する所有権ないし管理権を侵害することになつた場合，常に使用者のこれらの権利が優先するとの立場でこの衝突の場を理解すべきではなく，労働者の組合活動も，また使用者のそれらの権利と等しく法的に尊重されなければならないとする立場でこれを理解すべきであろう。」

＊7｜リボン闘争

「要求貫徹」等と書かれたリボンやバッジ，腕章等を着用して業務に従事する組合活動。組合員の団結，使用者への圧力，顧客や社会全体へのアピールといった目的で行われる。使用者の指示に反して着用を続ける場合，組合活動権は使用者の指揮命令権と衝突することになる。

＊8｜許諾説に対する批判

許諾説に対しては，組合活動権の保障は使用者の許諾が得られない場面でこそ問題となるのであり，許諾説は企業内での組合活動権を否定するに等しいとか，「特段の事情」をもっと緩やかに認めて組合活動権の保障を図るべきであるといった批判がある。

47 組合活動——街宣活動

フジビグループ分会組合員ら（富士美術印刷）事件

東京高裁平成28年7月4日判決（労判1149号16頁） ▸百選89

事案をみてみよう

X社は印刷業を営む株式会社であり，A社はX社の一部門が分離して設立されたX社の子会社である。YらはA社の従業員であり，合同労組[*1]であるB組合に所属していた。

平成24（2012）年9月，A社が破産手続開始の決定を受け，これに伴ってYらはA社を解雇された。YらはX社に抗議するため，同月から平成26（2014）年4月にかけて次のような活動を実施した。①X社の本社敷地内で「X社はA社の社員を雇用する義務がある」，「偽装倒産を許すな！」等と記載されたビラや横断幕，写真を多数配布したり，屋上フェンスや壁に掲示したりする，②X社の本社正門前で①と同内容のビラを通行人に多数配布したり，周辺道路や駅周辺で幟（のぼり）[*2]を掲示し，拡声器で通行人に宣伝したりする，③X社が所在する区の区長やX社の筆頭株主，取引銀行，主要取引先等に対して紛争解決に向けた協力を求める要請書を送付する。

X社は，Yらの上記行為により取引先から取引を打ち切られる等の財産的損害を被り，名誉，信用が毀損された等として，Yらに対して損害賠償（2200万円）を求めて訴えを提起した（民法709条，719条1項）。

*1 合同労組
企業別組合と異なり，特定の企業に所属していなくても加入できる労働組合を合同労組という。従来から使用者と協調的な関係を築いてきた企業別組合と比較すると，使用者は合同労組に拒否反応を示すことも多く，労使紛争の激化に繋がりやすい。

*2 幟
写真のような縦長の旗。店の宣伝やデモ行進でのアピールなどで用いられる。

読み解きポイント

① 組合員が労働契約を締結する相手方以外の第三者に対して労働組合が行う組合活動は，憲法28条によって保障されるだろうか。

② 上記のような組合活動の正当性はどのように判断すればよいだろうか。

判決文を読んでみよう

(1)「憲法28条は，勤労者の団結する権利及び団体交渉その他の団体行動をする権利を保障している。その本旨は，労使間の団体交渉によって，労働組合を組織する労働者と使用者との間の労働契約関係の内容をなす労働条件が対等に決定されるようにすることを保障することにあるものと解され，直接労使関係に立つ者の間の団体交渉に関係する行為を保障の本体とするものであることは疑いがないが，一般に，労働条件は，使用者を取り巻いて現実に存する社会，経済その他の要因によって大きく左右され得るものであり，そのような実質を考えると，労働組合が労働条件の改善を目的として行う団体行動である限りは，それが直接労使関係に立つ者の間の団体交渉に関係する行為ではなくても，同条の保障の対象に含まれ得るものと解するのが相当である」。

(2)「しかしながら，このような団体行動については，同条の保障の本体となる行為のうち集団的な労務の不提供を中心的内容とする争議行為と異なり，自ずから限界があるものというべきで，団体行動を受ける者の有する権利，利益を侵害することは許されないものと解するのが相当であるから，これを行う主体，目的，態様等の諸般の事情を考慮して，社会通念上相当と認められる行為に限り，その正当性を肯定すべきである。」

(3) 本件について見ると，取引先銀行等に対する文書の送付は，X社に対する要請行動として理解することが困難なものである一方，営利企業であるX社の信用を著しく毀損するものである。また，Yらの行った表現は真実であるとも，真実であると信じるにつき相当な理由があったとも認められない。それゆえ，「Yらによる一連の行動は，直接には労使関係に立たない者に対して行う要請等の団体行動として社会通念上相当と認められる範囲を超えており，その違法性が阻却されることはない」。Yらは X社に対して，信用毀損による損害として350万円を支払う義務がある。

この判決が示したこと

① 労働組合が労働条件の改善を目的として行う団体行動である限りは，それが直接労使関係に立つ者の間の団体交渉に関係する行為でなくても，憲法28条の保障の対象に含まれる。

② 上記のような組合活動は，これを行う主体，目的，態様等の諸般の事情を考慮して，社会通念上相当と認められる行為に限り，その正当性を肯定すべきである。

解説

Ⅰ. 争議行為と組合活動の分水嶺

本件において，X社はYらの街頭宣伝活動（街宣活動）によって損害を被ったとしてYらに損害賠償を請求している。ここで，Yらの街宣活動が「同盟罷業その他の争議行為であつて正当なもの」（労組法8条[*3]）に該当すれば，Yらの街宣活動は民事免責を受け，X社はYらに損害賠償を請求できない（→**Introduction**）。そこで，Yらの街宣活動の正当性をどのように判断するかが問題となった。

正当性の判断基準は問題となる団体行動が争議行為か組合活動かによって異なるという見解が有力である（争議行為の方が正当性が広く認められる）。本判決もYらの街宣活動は争議行為ではないとしたうえで，その正当性の範囲には「争議行為と異なり，自ずから限界がある」と判示しており，この見解に立っている（**判決文 (2)**）。

では，ある団体行動が争議行為なのか組合活動なのかはどう判断すればいいだろうか。ここでは，ⓐ争議行為を業務の正常な運営を阻害する一切の行為とする見解と，ⓑストライキおよびストライキを維持強化する付随的活動に限るとする見解が対立している。[*4] 本判決は「集団的な労務の不提供を中心的内容とする争議行為」と判示して

*3｜労組法8条

「使用者は，同盟罷業その他の争議行為であつて正当なものによつて損害を受けたことの故をもつて，労働組合又はその組合員に対し賠償を請求することができない。」

*4｜組合活動＝争議行為以外の団体行動

いずれの見解からも，争議行為の定義に該当しない団体行動が組合活動ということになる。

おり，ⓑの見解に立つ（**判決文 (2)**）。そこで以下ではⓑの見解に基づき，Y らの街宣活動が組合活動であることを前提に話を進めよう。[*5]

Ⅱ. 第三者に対する組合活動？

企業別組合に典型的な組合活動（〔判例 **46**〕）と比較すると，本件の組合活動には，それが労働契約の相手方（A 社）以外の第三者に向けられているという特徴がある。しかし，労組法 8 条は使用者との関係でしか民事免責を規定していない。そこで，使用者以外の第三者（X 社）との関係でも民事免責が認められるかが問題となる。

この点，本判決は労組法 8 条の基礎にある憲法 28 条が勤労者に労働三権を保障する趣旨（労使間の団体交渉による労働条件の対等決定）から説き起こし，「労働条件の改善を目的として行う団体行動である限りは，それが直接労使関係に立つ者の間の団体交渉に関係する行為ではなくても，同条の保障の対象に含まれ得る」とする（**判決文 (1)**）。[*6] 労働条件が使用者を取り巻く社会，経済的要因に大きく左右される（**判決文 (1)**）というのは，例えば，子会社の人事労務が親会社の意向に大きく影響されるような場合である。こうした場合に親会社への組合活動が認められないのでは，憲法 28 条の本旨である労働条件の改善はおぼつかないだろう（〔判例 **04**〕も参照）。

Ⅲ. 街宣活動と名誉，社会的信用の狭間で

では，本件のような組合活動（街宣活動）の正当性はどのように判断するべきか。

本件のもう一つの特徴は，街宣活動が企業外で行われており，名誉や社会的信用という，企業内での組合活動で典型的に問題となる権利利益（例：〔判例 **46**〕の施設管理権）とは異なる権利利益が問題となっている点にある。こうした街宣活動は，労働組合が街宣活動の対象とする企業内に少数の組合員しか組織していないという背景の下で行われる。そのような労働組合がストライキやリボン闘争，ビラ貼りといった企業内での団体行動で使用者に圧力をかけるのは困難である。そこで，企業外での街宣活動によって関係者や世論の批判を呼び込み，対象企業に圧力をかけようというわけだ。

労働組合の組合活動権と対象企業の名誉，社会的信用をどのように調整するかについて，本判決は街宣活動の正当性を厳格に審査する方向を示す。本件のような第三者に向けられた街宣活動には「自ずから限界があ」り，第三者の「権利，利益を侵害することは許されない」というのだ（**判決文 (2)**）。確かに，判例は企業内での組合活動についても組合活動権より相手方の権利利益を優先する傾向を有する（〔判例 **46**〕）。しかし，組合活動によって「権利，利益を侵害することは許されない」というのは言い過ぎだろう。民事免責（労組法 8 条）は組合活動による権利利益の侵害を前提に，その違法性が阻却されることを意味する。それなのに，権利利益の侵害があれば正当性（民事免責）は認められないというのでは，違法性阻却の余地がなくなってしまう。

結局，本判決が言うように「主体，目的，態様等の諸般の事情[*7]を考慮して，社会通念上相当と認められる」（**判決文 (2)**）かによって正当性を判断するにしても，その判断は組合活動権の保障も考慮してより柔軟に行うことが必要であろう。

*5｜ⓑの考え方
ⓑの見解によれば，Yらの街宣活動はX社の業務を阻害してはいるが，B組合がストライキを実施していない以上，争議行為ではない。

*6｜第三者との関係
本判決はこの判示の少し後で「憲法28条による団体行動権の保障を受けた労働組合法8条が，正当な争議行為によって生じた民事上の責任の免責を定めているのも，以上と同旨をいうものと解するのが相当である」としており，使用者以外の第三者との関係でも労組法8条による民事免責が認められることを確認している。

*7｜諸般の事情
批判内容の真実性・真実相当性や街宣活動の時間・場所，声の大きさ，人数，労働組合が他にとりうる手段の有無，街宣活動に至った経緯などを考慮することが考えられる。

本章で学ぶこと

労働市場法

労働市場法

労働者と使用者のマッチングが行われる場である労働市場では，労働者と使用者のマッチングを促進する職業仲介業が活躍している。かつては，この職業仲介業が労働者を搾取するなど弊害が多くみられた。労働市場法では，こういった職業仲介業が生み出した弊害を除去・予防するための規制が設けられている。

また，労働市場に関する立法においては，労働者が失業時に被る損害を軽減し，より良い雇用へと繋げることを目的としたもの，あるいは端的に労働者と使用者のマッチングを促進することを直接の目的としたものも含まれる。たとえば，失業時の経済的な支援，労働者・求職者の能力開発，特定のカテゴリーの労働者（障害者，高齢者，若年者など）の支援などがこれにあたる。これらも労働市場法の一部をなす。

この章では，労働市場法に関わる裁判例のうち，障害者雇用，高齢者雇用，そして，職業仲介業の一種である労働者派遣法に関するものを取り上げる。

Contents

Introduction

労働市場法

1. 労働市場法で運命の赤い糸を探せ！

消しゴムくんが「終身雇用の時代は終わったよ」って言って転職していったけど，転職のエージェントに騙されて手数料を沢山とられたみたい。使用者が悪いことをしたら労働法の出番だけど，エージェントが悪いことをした場合はどうなんだろう？

労働者と使用者の締結する労働契約は，労働者の労働力を売り買いする契約であるとも捉えることができる。野菜を買いたい人と売りたい人が市場にやってきて野菜の売り買いをするのと同様に，お金を出して労働力を得たい人（＝使用者）と自らの労働力を買ってもらいたい人（＝労働者）が労働市場という名の市場で取引をする。比喩(ひゆ)的に言えば，労働市場は労働者と使用者が「運命の相手」を探す場と表現できよう。

労働市場では，労働者と使用者を仲介する職業仲介業が活躍しているが，歴史を遡ると，かつての仲介業者は，労働者の無知や失業下の苦境に乗じ，高額の手数料を徴収する，言葉巧みに騙して劣悪な労働条件の職場を紹介する，労働者の報酬の一部を不正に差し引くなどの悪行をはたらくことが多かった。多くの国では，この弊害を除去するために民間での職業仲介業を規制するようになった。[*1]

*1｜国際機関における民間職業紹介の原則禁止
1919年に創設された国際労働機関（ILO）では，創設時の第1号勧告（失業勧告）の時点ですでに有料職業紹介廃止の方向性を打ち出し，その後，職業紹介を国家独占とする原則を確立していった（1949年採択のILO96号条約など）。しかし，1990年代に入るとILOは路線を転換し，現在では民間の職業紹介が果たす重要な役割を認め，職業紹介や労働者派遣業などの職業仲介事業の存在を認めつつ，その枠組みのなかで労働者の保護を目指す路線を採用している（1997年採択のILO181号条約など）。

2. 労働市場法の体系[*2]

(1) 職業仲介サービスの規制

日本では，戦後，職業紹介サービスは原則として国が独占することとされていた（職安法旧32条1項）。また，労働者供給も原則として禁止されていたため（職安法44条），現在でいう労働者派遣もおこなうことができなかった。このように職業仲介サービスは長い間厳しく制限されてきた。厳しい制限は，歴史上みられた職業仲介業者の害悪に対処するためであった。

以上のように有料職業紹介事業の原則禁止は戦後の職業仲介法制の柱であったが，その後，規制は徐々に緩和されていく。規制緩和が特に加速するのは1980年代以降である。1985年には，労働者派遣法（「派遣法」）が制定され，一定の労働者供給事業が労働者派遣事業として認められることになり，また，職業紹介についても，1999年の職安法改正により有料職業紹介事業が原則自由化されたのである。

*2｜「出会い系労働法」
森戸英幸による名著『プレップ労働法』（弘文堂）では，労働市場法が労働者と使用者のマッチング（労働力の需給

派遣法は，かつてみられた労働者供給事業における中間搾取の弊害を予防・排除するため，大幅な規制緩和がなされた後の現在においても，港湾運送，建設業，警備業務，医療関係業務については派遣を禁止し，また，労働者派遣事業を許可制とするなど種々の事業の規制をおこなっている。近年では，非正規雇用問題の深刻化を背景に，同法は，派遣労働者の保護についても定めるようになった。

職安法は，職業仲介や求人・求職に関わる基本原則を定めるとともに，職業紹介に関する規制などを定めている。近年では，求職における労働者の個人情報保護に関する規定も充実している。

調整）において果たす役割を，インターネット上での不特定の他人との出会いを容易にする仕組みになぞらえて，「出会い系労働法」と称している。同書の初版では出会い系サイトをその具体例として挙げていたが，出会い系サイトが廃れてからはマッチングアプリを代わりに例示している。

(2) 失業者・求職者の支援，能力開発等

転職先がブラック企業で，サービス残業しろなんて言うから「そんなことしたくありません」って答えたらクビにされちゃったよ。収入がなくなっちゃって大変。求人情報をみると，プログラミングとかできると有利みたいだな。勉強しておけば良かった……

失業時に，労働者の生活を保障する仕組みがあれば，労働者は次の職探しに集中でき，適職を選択することが容易になる。そこで，雇用保険という制度において，労働者が失業や退職した場合に経済的な支援を提供している。特に，失業等給付は，労働者が失業した際に生活を支えるための給付金を支給するものとして重要だ。雇用保険にはこのほか，失業の予防や再就職の促進を目的とした給付もあり，労働者が新たなスキルを習得し，安定した就労を維持できるよう支援している。労働者の能力開発については，このほかに労働者が仕事に必要なスキルを身につけ，成長できるよう支援する職業能力開発促進法も重要である。

(3) 特定分野の政策

フデバコ社は60歳定年制だけど，その後5年間は嘱託社員っていう立場で働き続けられるみたい。65歳までは労働者が希望すれば働ける体制を整えなくちゃいけないと法律に書いてあるから作った制度なんだって。でも，この間嘱託社員になった人は，勤務日数も給料も正社員の時より大幅に減って困ったなあって言ってたよ。

障害者，高齢者，女性，若年者，外国人，非正規雇用など特定のグループの労働者や地域雇用など特定の領域の労働市場については，一定の措置を必要とする特殊な事情が存在しているため，グループごとや地域ごとに特別な立法がなされている。

たとえば，障害者については，障害者雇用促進法が一定割合の障害者の雇用が義務づけている。また，同法は事業主に対して障害を理由とした差別的取扱いを禁止するとともに，障害者に対して合理的配慮を提供することも義務づけている。

高年齢者についても，高年齢者雇用安定法が，事業主に対して60歳未満の定年を禁止するとともに，定年延長や継続雇用制度の導入による65歳までの雇用の確保などを義務づけており，高年齢者が働きやすい仕組みを整えている。[*3]

＊3｜70歳までの就業確保措置の努力義務

2020年の高年法改正では，65歳までの雇用確保に加えて，70歳まで の就業の確保措置（雇用または雇用以外形態での就労の確保または就労の継続を促す措置）を努力義務にとどまるものの事業主に義務づけている。

48 派遣

パナソニックプラズマディスプレイ事件

最高裁平成21年12月18日第二小法廷判決(民集63巻10号2754頁) ▶百選81

事案をみてみよう

Y社はプラズマディスプレイパネルを製造する会社で，訴外A社と業務委託契約を締結して，Y社工場内での製造を委託した。XはA社と製造工程の作業員として契約期間を2か月（更新あり）とする雇用契約を結び，Y社の工場でY社従業員の指示を受けながら就労していた。その後，Xは自らの就業が労働者派遣法に違反する偽装請負[*1]であるため，派遣先のY社に対して自らを直接雇用することを要求した。Y社は，偽装請負に関して労働局による是正勧告を受けたため，業務体制を見直し，A社との委託契約を終了させて，派遣会社からの派遣を受け入れることとした。

XはY社工場での就労継続を望んだため，A社を退職し，Y社との間で契約期間を約5か月とする雇用契約を締結し，就労したが契約期間満了時に更新をしないとされた。XはY社に対して期間の定めのない雇用契約上の地位を有することの確認を求めて提訴した。原審（大阪高判平成20・4・25労判960号5頁）ではXとY社間での労働契約の存在を認め，Xの請求がほぼ認容された。[*2]

訴訟において主として問題となったのは，XがA社に所属して偽装請負状態で就労していたことが，Y社との間の雇用契約の成立にいかなる影響を及ぼすかであった。というのも，Xの地位確認が認められるためにはXがY社に直接雇用された状態であることが認められることがXにとって有利となるからである。

*1｜偽装請負

就労の実態が派遣労働であるにもかかわらず，派遣労働ではない業務処理請負という形式をとっている状態をさす。業務処理請負とは，請負側が発注側の一定業務を請け負った上で，請負側の雇用する従業員が，発注側の施設内などでその業務をおこなうものをいう。たとえば，ある発注企業が，自らの企業施設内の清掃を清掃業者に委託し，実際に企業内施設で清掃業者の従業員が清掃業務をおこなう場合などがこれにあたる。業務処理請負においては，発注側が請負側の従業員（例で言えば清掃業者の従業員）に対して直接指揮命令した場合，それは派遣労働をおこなっていることになってしまうため偽装請負となってしまう。本件は，そのような偽装請負がおこなわれた事案である。

読み解きポイント

① 偽装請負は，派遣先との間での直接雇用を認める要素となりうるか。

② XY間での雇用契約の成立は認められるか。

判決文を読んでみよう

「〔注文主（派遣先）が請負人（派遣元）の従業員に直接指示をするという偽装請負状態にあったとしても〕このような労働者派遣も，それが労働者派遣である以上は，職業安定法4条6項〔現8項〕にいう労働者供給に該当する余地はない〔ので，職安法44条に違反しているとは言えない〕。」

「〔偽装請負は労働者派遣法違反ではあるが，〕労働者派遣法の趣旨及びその取締法規としての性質，さらには派遣労働者を保護する必要性等にかんがみれば，仮に労働者派遣法に違反する労働者派遣が行われた場合においても，特段の事情のない限り，そのことだけによっては派遣労働者と派遣元との間の雇用契約が無効になることはないと解すべきである。そして，XとAとの間の雇用契約を無効と解すべき特段の事情はうかがわれないから，上記の間，両者間の雇用契約は有効に存在していたものと解すべきである。」

「YはAによるXの採用に関与していたとは認められないというのであり，XがAから支給を受けていた給与等の額をYが事実上決定していたといえるような事情もうかがわれず，かえって，Aは，Xに本件工場のデバイス部門から他の部門に移るよう打診するなど，配置を含むXの具体的な就業態様を一定の限度で決定し得る地位にあったものと認められるのであって，……平成17年7月20日までの間にYとXとの間において雇用契約関係が黙示的に成立していたものと評価することはできない。」

この判決が示したこと

① 偽装請負は派遣法違反ではあるが，派遣法にいう「労働者派遣」に該当するので，労働者供給事業を禁止する職安法44条には抵触せず，同条違反のような反規範性を帯びるものではない。また，派遣法の趣旨等に鑑みれば，派遣法違反があっても特段の事情のない限り，そのことだけによっては派遣労働者と派遣元との間の雇用契約が無効になることはない。

② 派遣先が業務の具体的な指示をしていたとしても，採用に関与せず，給与を実質的に決定しておらず，かえって派遣元が就業態様を一定程度決定しうる地位にある場合は，派遣先との黙示の雇用契約の成立は認められない。

解説

Ⅰ．偽装請負の何が問題か？

使用者は，業務のうちの一部を他の企業等に委託して，これをおこなわせることがある。このような業務処理請負においては，注文主（派遣先）は自らの建物内などにいる委託先（派遣元）の従業員に指揮命令をすることはできない。このような行為は労働者供給と呼ばれ，戦前においては違法な仲介業者が労働者を搾取する手段として用いていたため，戦後，1947年に制定された職安法は44条でこれを禁止したからである。

1985年に制定された労働者派遣法は，この「労働者供給」のうち一部を「労働者派遣」として適法化したものと位置づけられるが，同法には，派遣可能な業務や派遣期間の上限など種々の制限が定められている[*3]。偽装請負は，労働者派遣法に定められた制限に違反するものであるため，労働者派遣法上違法なものである。

Ⅱ．本判決の意義

本判決は，たとえ偽装請負であったとしても，それは労働者派遣法上違法な「労働者派遣」であるに過ぎず，合法な労働者派遣と同じく「労働者派遣」であることには

＊2｜原審判決の構造
原審判決は，職業安定法44条が原則として労働者供給事業（供給契約に基づいて自己の管理下にある労働者を他人の指揮命令を受けて労働に従事させることを事業とすること）を禁止していることや労基法6条が中間搾取を禁じていることを重視し，本件のような脱法的な構造のもとで締結されたXA間の労働契約は，AY間の供給契約ともども，職安法44条および労基法6条に違反し，強度の違法性を有するため民法90条（公序良俗違反）により無効であると述べる。これにより，すべてが無効になったいわば白紙状態から，本件における各当事者間の法的関係をあらためて認定することになる。その上で，原審判決は，本件事実関係から客観的に推認されるのはXY間の労働契約のほかなく，両者の間には黙示の労働契約の成立が認められるとの結論を導いている。

＊3｜労働者派遣法の規制緩和
労働者派遣法は，制定当初，対象業務を専門的業務に限定していたが，1999年改正で原則自由化され，禁止業務のみ列挙する方式（ネガティブ・リスト化）にした。その後も，派遣期間の延長や製造業の解禁などがなされた。2015年改正では，派遣の期間制限の全面的見直しがされた。

変わりがないという認識のもと，「労働者派遣」である以上は職安法上の「労働者供給」に該当しないとの立場を示した。「労働者供給」に該当しない以上は，労働者供給事業を禁止する職安法 44 条には違反しないこととなり，この点において原審判決とは大きく異なる判断を示している。そして，職安法 44 条に違反しない以上は XA 間の雇用契約が無効になることはなく，XA 間の雇用契約が存在することを前提に，XY 間での黙示の雇用契約の成立を否定した。原審判決は，XA 間の雇用契約が無効により存在しなかったことを前提としていたため（＊2 参照），比較的容易に XY 間の雇用契約の成立を認めることができたが，最高裁判決ではこの前提がないことから，XY 間の雇用契約の成立が否定されたものと考えられる。

Ⅲ．違法派遣時の労働契約の申込みみなし制度

労働者派遣法の 2012 年改正により，違法な派遣を受け入れた派遣先に対する民事的な制裁として，派遣先による派遣労働者に対する労働契約の申込みみなし制度が創設された（40 条の 6）。この制度のもとでは，以下で示した①～④の場合に労働契約の申込みをしたものとみなされ，派遣先は 1 年間はその申込みを撤回することができない。この期間内に派遣労働者が承諾の意思表示をすれば，派遣先と派遣労働者の間で労働契約が成立することになる。

申込みみなし制度の対象となるのは，同条 1 項によれば，①派遣労働者を派遣禁止業務に従事させた場合（1 号），②派遣業許可を受けていない事業主から派遣労働者を受け入れた場合（2 号），③期間制限[＊4]に違反して派遣労働者を受け入れた場合（3 号・4 号），④いわゆる偽装請負等の場合（5 号），である。[＊5]

したがって，現行法制度のもとでは，本件のような事案は④に該当するものとして，X は Y との直接雇用契約関係が認められることになる。

＊4｜派遣の期間制限

労働者派遣法では事業所単位と個人単位の2種類の期間制限が設けられている（40条の2・40条の3）。事業所単位の制限として，派遣法は，同一事業所での受入れ可能期間は原則3年としている（ただし，一定の要件を満たせば延長可能。延長回数も制限なし）。また，個人単位の制限として，派遣法は，派遣元が同一派遣労働者を派遣先の同一組織単位（課に相当）に継続して派遣可能な期間は3年としている（ただし，派遣労働者が無期労働者や60歳以上の場合などは例外）。

＊5｜40 条の 6 の解釈問題

40条の6第1項ただし書は，本文に示した①～④の場合に該当していることについて，派遣先が「知らず，かつ，知らなかつたことにつき過失がなかつたとき」（善意無過失である場合）には適用されないと定めている。また，④の偽装請負等に関しては，派遣先が「法律の規定の適用を免れる目的」をもっていたことが要求されている。このような善意無過失や「適用を免れる目的」の有無がいつ成立するかについては，下級審判決でさまざまな立場が示されている。

49 障害者雇用――合理的配慮

日本電気事件

東京地裁平成27年7月29日判決（労判1124号5頁）　▶百選19

 事案をみてみよう

Y社で総合職として働くXは，Yに入社以降，社内外の意思疎通がうまくいかないことが多く，人事評価も低かったところ，体調不良を訴え，職場で「自殺したい。」「死にたい。」等と独語したり，職場を徘徊したりといった言動をとるようになった。

上司などの付添いによる数度の病院の受診などを経て，Xは平成22（2010）年4月にA病院で統合失調症の疑いがあり，1か月の休職を要するとの診断を受け，治療のため有給休暇を取得し，その消化後は病気欠勤となっていたが，同年7月30日，Yは，Xに対して，同日から平成24（2012）年2月29日まで休職を命じる旨の命令を出した（なお，同病院は最終的にアスペルガー症候群と診断した）。X（当時は総合職の3級に位置づけられていた）は，同命令に基づき休職していたところ，Yから，平成24（2012）年2月29日をもって休職期間満了により自然退職となる旨を告知され，以後の就労を拒絶された。

Xに適用される就業規則には，「第76条1項……に規定する休職期間〔私傷病休職の休職期間〕が満了した者」は「自然退職とする」旨の定めがある。

Xは，休職の事由は消滅していたとして，Yに対して，労働契約上の地位の確認などを求めた。

読み解きポイント

① 休職事由が消滅したとして，自然退職を免れるのはどのような場合か。
② 休職事由消滅の判断において，障害者雇用促進法[*1]上の合理的配慮提供義務はどのように考慮されるか。

判決文を読んでみよう

「本件休職命令は，解雇の猶予が目的であり，就業規則において復職の要件とされている『休職の事由が消滅』とは，XとYの労働契約における債務の本旨に従った履行の提供がある場合をいい，原則として，従前の職務を通常の程度に行える健康状態になった場合，又は当初軽易作業に就かせればほどなく従前の職務を通常の程度に行える健康状態になった場合をいうと解される。」

「本件では，……『休職の事由が消滅』といえるには，Yの総合職の3級として債務の本旨に従った労務の提供といえることが必要であ」る。

＊1｜障害者雇用促進法

元は1960年に制定された身体障害者雇用促進法であり，同法は事業主に対して一定割合の身体障害者の雇用を義務づける身体障害者雇用率などを定めていた（当初は努力義務。1976年改正で義務化）。1987年に知的障害者も適用対象にするなどの改正がおこなわれ，この時に障害者雇用促進法に改称された。雇用率制度は現在も存在する（適用対象は障害者雇用促進法37条2項参照）。本事件より後の2013年改正で，障害者に対する雇用における差別の禁止，合理的配慮提供義務などが定められた（差別禁止制度の施行は2016年4月1日）。現在では，アスペルガー症候群などの発達障害も，精神障害に含まれるものとして差別禁止や合理的配慮提供義務の対象となる（障害者雇用促進法2条1号）。本事件は，現在であれば，休職からの復帰にあたって，使用者は合理的配慮提供義務を果たしているか，配慮があったとしても復帰が現実的に可能であったかが問われることになるであろう。

「なお，Xの障害がアスペルガー症候群であることからすれば，障害者基本法[*2]が，事業主は，障害者の雇用に関し，その有する能力を正当に評価し，適切な雇用の機会を確保するとともに，個々の障害者の特性に応じた適正な雇用管理を行うことによりその雇用の安定を図るよう努めなければならない（19条2項）とし，発達障害者支援法[*3]が，国民は，発達障害者の福祉について理解を深めるとともに，社会連帯の理念に基づき，発達障害者が社会経済活動に参加しようとする努力に対し，協力するように努めなければならない（4条〔2016年改正前〕）としていることを考慮する必要がある。さらに，改正障害者雇用促進法……が，事業主は，その雇用する障害者である労働者の障害の特性に配慮した職務の円滑な遂行に必要な施設の整備，援助を行う者の配置その他の必要な措置を講じなければならない旨定めていること（36条の3）の趣旨も考慮すべきである[*4]。」

「雇用安定義務や合理的配慮の提供義務は，使用者に対し，障害のある労働者のあるがままの状態を，それがどのような状態であろうとも，労務の提供として常に受け入れることまでを要求するものとはいえない。そして，Xの従前の業務である予算管理の業務は，対人交渉の比較的少ない部署であるが，……Xの状態は，同部署〔休職前配置部署〕において就労可能とは認め難いものである。」

「〔Xが申し出た他の現実的に配置可能な部署での就労も不可能であるため，〕以上から，本件休職期間満了時，Xが，Yにおいて総合職3級の者が配置される現実的可能性があると認められる他の業務について労務を提供することができ，かつ，Xがその提供を申し出ていたとはいえず，『休職の事由が消滅』していたとは認められない。」

*2｜障害者基本法

1970年に制定された心身障害者対策基本法が1993年改正で改称され，障害者基本法となった。障害者の自立および社会参加の支援等に関する施策の基本原則を定め，当該施策を総合的かつ計画的に推進することを目的とする法律であり（同法1条），日本の障害者政策の基本法となっている。

*3｜発達障害者支援法

2004年制定。①発達障害を早期に発見し，発達支援をおこなうことに関する国および地方公共団体の責務を明らかにすること，ならびに②発達障害者の自立および社会参加のためのその生活全般にわたる支援を図り，もって全ての国民が，障害の有無によって分け隔てられることなく，相互に人格と個性を尊重し合いながら共生する社会の実現に資することの2つを目的とする（同法1条）。

*4｜雇用安定義務，協力義務および合理的配慮提供義務

本判決では，障害者基本法の雇用安定義務，および発達障害者支援法の協力義務は努力義務であること，また，当時は障害者雇用促進法に基づく合理的配慮提供義務は改正による施行前であったことを前提に判断している。また，**解説Ⅱ**で述べるように合理的配慮の提供義務も，過度な負担を伴う義務を事業主に課するものではない。

この判決が示したこと

① 原則として，従前の職務を通常の程度におこなえる健康状態になった場合，または当初軽易作業に就かせればほどなく従前の職務を通常の程度におこなえる健康状態になった場合に就業規則において復職の要件とされている「休職の事由が消滅」に該当し，休職期間満了を理由とする自然退職を免れることができる。

② 雇用安定義務や合理的配慮の提供義務は，使用者に対し，障害のある労働者のあるがままの状態を，それがどのような状態であろうとも，労務の提供として常に受け入れることまでを要求するものとはいえない。

解説

Ⅰ．私傷病による休職からの復帰と障害者への合理的配慮

労働者が，私的な場面で病気やケガなどをして就労が不能になった場合[*5]，就労義務を果たせなくなるので，使用者は労働者を有効に解雇することができる。もっとも，少なからぬ企業では就業規則で傷病休職制度[*6]を定めており，その企業の従業員ならば，同制度のもとで，傷病により就労不能となった場合でも一定期間雇用が維持される。傷病休職は，通常，傷病により一定期間以上欠勤が続く場合に労務への従事を免除ないし禁止する措置であり，休職期間が満了しても回復しない場合には，労働者は解雇

もしくは自然退職となる。したがって，傷病休職は，解雇猶予の機能をもつと一般的に捉えられている。本判決も，同様の評価をしている。

ただし，回復不能の判断を使用者が自由にできてしまうと，使用者の意のままに労働者との契約を終了させてしまうことができるため，解雇規制（〔判例 **22**〕）の潜脱がなされるおそれがある。それゆえ，回復可能性，復職可能性は慎重に判断される（〔判例 **31**〕）。

本判決は，上記を踏まえつつ，障害に基づく休職の場合の復職可能性の判断にあたっては，障害者基本法の雇用安定義務，発達障害者支援法の協力義務，および障害者雇用促進法の合理的配慮提供義務を考慮すべきとしている。

このうち，雇用安定義務と協力義務は努力義務にとどまるため，義務規定である障害者雇用促進法の合理的配慮提供義務（ただし事件当時は未施行）が特に重要となるところ，本判決は，この義務が「障害のある労働者のあるがままの状態を，それがどのような状態であろうとも，労務の提供として常に受け入れることまでを要求するものとはいえない」として，同義務の限界を示した。

Ⅱ．合理的配慮の具体的内容

障害者雇用促進法は，障害者差別の禁止[*7]と並んで合理的配慮[*8]の提供義務を定める。すなわち，同法は使用者に対して，⑴募集・採用において，障害者からの申出に基づいた当該障害者の障害の特性に配慮した必要な措置，および⑵雇用する障害者について，障害の特性に配慮した職務の円滑な遂行に必要な施設の整備，援助を行う者の配置その他の必要な措置を求めている。いずれも使用者にとって過重な負担となるときは義務が免除される（同法 36 条の 2 および 36 条の 3）。これらの障害の特性に配慮した措置を合理的配慮といい，同法 36 条の 5 に基づき合理的配慮指針（平成 27 年厚労告 117 号）が定められている。

障害は個人によりさまざまであるため，合理的配慮は，使用者と障害者の話し合いにより相互理解の中で提供されるべきとされる。たとえば，指針では，視覚障害者について，募集時であれば募集内容について音声等で提供すること，雇用後であれば，拡大文字，音声ソフト等の活用により業務が遂行できるようにすることなどの例が挙げられている。業務指導や相談に関し，担当者を定めることなど，職務の遂行それ自体に関わらないものも合理的配慮に含まれる。

本判決では，結論を導くにあたっては合理的配慮については考慮しないまま，自然退職は有効との結論を導いている。仮に，現在同様の事案が生じた場合には，障害雇用促進法に基づく合理的配慮の提供がされたうえで，復職が可能であるかが判断されることになるだろう。合理的配慮の内容としては，本件のように対人交渉に支障が生じる場合には，業務指導や相談に関し，担当者を定めることなどが考えられる。

＊5｜私傷病と労働災害

私的な場面ではなく，業務上の負傷，疾病，障害または死亡の場合には，労働災害とされ，労働者は労災保険など別の制度のもとで処遇されることになる（〔判例 **19**〕・〔判例 **20**〕参照）。

＊6｜傷病休職制度

傷病休職制度は，法律上設けることを義務づけられてはおらず，あくまでも使用者が任意に設けているものにすぎない。

＊7｜障害者差別の禁止

障害者雇用促進法は，募集・採用における均等な機会の付与，および賃金の決定，教育訓練の実施，福利厚生施設の利用その他の待遇についての障害者差別を禁止している（34条・35条）。同法36条に基づいて障害者差別禁止指針（平成27年厚労告116号）が定められている。

＊8｜合理的配慮という言葉

合理的配慮はreasonable accommodationの略語である。その内容は，障害者が職場等に適応できるように現実的な範囲で調整をすることである。使用者からの一方的な心遣いというニュアンスを含みかねない「合理的配慮」よりは「合理的調整」の方が内容をよく反映した表現かもしれない。

50 高齢者雇用

九州惣菜事件

福岡高裁平成29年9月7日判決（労判1167号49頁） ▸百選79

事案をみてみよう

Xは惣菜製造加工ならびに販売等を業務とするY社と期間の定めのない労働契約を締結して就労していたが，平成27（2015）年3月に60歳を迎え，同月末にYを定年退職した。Xは従前，フルタイム勤務で給与計算や決算業務などの事務を担当しており，定年退職前の賃金（通勤手当除く）は月額33万5500円であった。

Yの定年後再雇用規程では，労働条件は個別に定める，正社員時の労働内容と異なる場合があるなどの定めがあったところ，Yは定年退職前の平成27（2015）年1月に，Xに対して再雇用条件としてパートタイムでの雇用や賃金額等を提示した。提案された内容は，労働時間が約45％減少，賃金が約75％減額となるものであったため[*1]，Yが拒否し，そのまま退職をした。

Xは主位的にY社との雇用契約関係の確認および定年前の8割相当の賃金の支払を求め，予備的にY社の不合理な労働条件提示が不法行為に該当すると主張して損害賠償を請求した。

読み解きポイント

① 高年齢者雇用安定法（高年法[*2]）の継続雇用制度に基づいた定年後の再雇用において，使用者が著しく低い労働条件を提示することは可能か。

判決文を読んでみよう

（本判決では，賃金等の労働条件の根幹に関わる点の合意がなく，これを補う規範，基準等もないことを理由として労働契約の成立（再雇用）があったことが否定されている。したがって以下は不法行為の成立にかかわる判示である。）

継続雇用制度の下において，事業主が提示する労働条件の決定は，「原則として，事業主の合理的裁量に委ねられているもの」である。

高年法9条1項に基づく雇用確保措置義務[*3]は，私法上の効力をもたないが，「その趣旨・内容に鑑みれば，労働契約法制に係る公序の一内容を為している」ので，同法の趣旨に反する事業主の行為は，「事業主の負う高年齢者雇用確保措置を講じる義務の反射的効果として当該高年齢者が有する，上記措置の合理的運用により65歳までの安定的雇用を享受できるという法的保護に値する利益を侵害する不法行為となり得る」。

＊1｜原告の労働条件の変化

Xは退職前（フルタイム勤務），給与計算や決算業務などの事務に従事しており，賃金（通勤手当除く）は，月額33万5500円（時給換算で1944円程度）であった。Yは，退職後の労働条件として，当初は業務内容を，オペレーション（店舗決算業務40店舗），その他作業（タックシート補充管理等）と設定するとともに，週3日（1日あたり実働6時間），時給900円という条件を提示した。これにXが難色を示した後も，時給はそのままに，店舗決算業務を43店舗とし，勤務日を週4日にするという選択肢を提示するにとどまった。

＊2｜高年齢者雇用安定法

1971年に制定された中高年齢者雇用促進特別措置法を大幅に改正し，名称変更も加えた上で1986年に誕生した法律である。法の名称だけでなく，内容も大幅に異なるので，実質的にはこの時に全く新しい法律を制定したのにほぼ等しい。定年制の延長などの高年齢者の雇用確保のための施策を内容としている。

継続雇用制度は，「高年齢者の 65 歳までの『安定した』雇用を確保するための措置の一つであり，『当該定年の引上げ』（同 1 号）及び『当該定年の定めの廃止』（同 3 号）と単純に並置されており，導入にあたっての条件の相違や優先順位は存しないところ，後二者は，65 歳未満における定年の問題そのものを解消する措置であり，当然に労働条件の変更を予定ないし含意するものではないこと……からすれば，継続雇用制度についても，これらに準じる程度に，当該定年の前後における労働条件の継続性・連続性が一定程度，確保されることが前提ないし原則となると解するのが相当であ」る。また，「労働契約法〔旧〕20 条の趣旨に照らしても，再雇用を機に有期労働契約に転換した場合に，有期労働契約に転換したことも事実上影響して再雇用後の労働条件と定年退職前の労働条件との間に不合理な相違が生じることは許されないものと解される」。したがって，「例外的に，定年退職前のものとの継続性・連続性に欠ける（あるいはそれが乏しい）労働条件の提示が継続雇用制度の下で許容されるためには，同提示を正当化する合理的な理由が存することが必要であると解する。」

＊3｜高年法における雇用維持政策

高年法は，8条において60歳未満の定年年齢を定めることを禁止するとともに，9条において，（65歳未満の定年を定めている場合に）65歳までの雇用確保措置をとることを義務づけている。また，2020年改正で，新たに10条の2が創設され，使用者に対して，70歳までの就業機会確保の努力義務が課されることになった。

⇩ **この判決が示したこと** ⇩

① 継続雇用制度は，定年前と定年後の労働条件には継続性・連続性が一定程度確保されることが前提ないし原則となる制度であり，正当な理由なく継続性・連続性が確保されない労働条件を提示した場合には不法行為が成立する。

解説

Ⅰ．継続雇用制度における労働条件

高年法は，使用者に対して 65 歳までの雇用確保を義務づけており，使用者は①定年の引上げ，②継続雇用制度（希望する労働者を定年後も引き続き雇用する制度）の導入，③定年の廃止のいずれかの措置をとらなくてはならない（9 条 1 項）。多くの企業は，定年年齢を 60 歳に維持しつつ，雇用確保措置として，この 3 つの措置のうちの②の継続雇用制度を採用している。この場合，無期契約ではなく有期契約で再雇用するのが通例である。

もっとも，高年法は引き続いての雇用を義務づけるのみ[＊4]であり，再雇用後の労働条件の内容については定めをおいておらず，本件のように著しく低い労働条件を提示することは同法において明文で禁止されているわけではない。

この論点についてまず問題となるのは，再雇用で有期契約を締結していることから，有期であることを理由とした不合理な労働条件の相違を禁止したパート有期法 8 条（労契法旧 20 条）の適用である。最高裁は長澤運輸事件において，継続雇用制度に基づく再雇用であることは「その他の事情」として考慮され，労働条件の不合理性を否定する要素の一つとして機能することを示した（〔判例 **34**〕**解説**）。したがって，パート有期法 8 条のもとで再雇用後の労働条件低下は一定程度許容されているとみられる。

本判決は，著しく低い労働条件の提示自体が不法行為を構成することを示し，その理由として(a)高年法が「安定した雇用」の確保を目的としていること，(b)継続雇用制

＊4｜高年法 9 条 1 項の私法上の効力

高年法9条1項に違反した場合，厚労大臣は助言・指導，その後は勧告や勧告に従わなかった場合のその旨の公表などをおこなうことができる（同法10条）。これら行政上の措置に加えて，同項違反が私法上効力をもつかが問題となる。裁判例や通説は，同項の行政取締法規としての性質や義務内容の特定性が低いことを理由に，違反から直ちに私法上の効力が発生するわけではないと解する。

度以外の雇用確保措置（定年延長，定年廃止）では，労働条件の変更が予定等されておらず，仮に引き下げるとしても合理的理由が必要となることを挙げる。この判示の背景には，高年法が定める雇用確保措置は，老齢年金の支給開始年齢が65歳に引き上げられたことに呼応したものであり，年金受給までの所得保障政策でもあることを考慮すると，著しく低い労働条件での継続雇用は，実質的にみて継続雇用とはいえないという判断があったものと考えられる。

Ⅱ. 労働条件変更の程度

著しい労働条件低下を伴う再雇用は，その申込み自体が違法となるとしても，どの程度の労働条件変更であれば違法とされるかという問題は残る。この点について本判決は，定年前後での「継続性・連続性が一定程度確保されること」に言及して，従来の労働条件との継続性・連続性を重視する姿勢を示唆している。この場合，定年前の労働条件を基準として一定程度の不利益な変更のみが原則として認められるにとどまる。

しかし，他の裁判例には，たとえば，年額約970万円から130万円弱への賃金の大幅な低下を「厚生年金の報酬比例部分……の約85％の収入が得られる」として許容したものもある（トヨタ自動車事件・名古屋高判平成28・9・28労判1146号22頁）。もっとも，この裁判例では，高年法の趣旨から，従前の業務内容と継続雇用後の業務内容とが「全く別個の職種に属するなど性質の異なったものである場合には，もはや継続雇用の実質を欠いて」いるので，許されないと述べて，事務員から清掃員への職種転換は違法と判断しており，労働者がこれまでおこなってきた業務と著しく乖離した業務に従事させることは高年法の趣旨と相容れないとの立場をとる。

なお，高年齢者の賃金が60歳以降に低下した場合の所得保障制度として高年齢雇用継続給付がある。同給付は雇用保険上の制度であり，雇用保険の被保険者であった期間が5年以上ある60歳以上65歳未満の労働者について，原則として60歳以降の賃金が60歳時点の賃金と比べて75％未満に低下した場合に支給される（賃金減額分を一部補填するものとして機能する）。この制度は，企業が60歳以上の労働者に対して25％以上という大幅な賃金減額をおこなうことが違法ではないことを前提としていると理解することができる。この理解を踏まえると，大幅な賃金減額があっても，それは高年法9条の継続雇用制度の趣旨には反しないとの解釈が生じることになるが，その妥当性には疑問の余地も出てこよう。

判例索引

最高裁判所

高等裁判所

地方裁判所

労働委員会

\ START UP /

労働法判例 50 !

2025年4月10日　初版第1刷発行

著者　大木正俊
鈴木俊晴
植村　新
藤木貴史

発行者　江草貞治

発行所　株式会社有斐閣
郵便番号　101-0051
東京都千代田区神田神保町2-17
https://www.yuhikaku.co.jp/

デザイン　堀 由佳里

印刷・製本　大日本法令印刷株式会社

ISBN 978-4-641-24383-5